伊永文 著

宋代市民日常生活

中国工人出版社

目录

时 序

宋城楼上报时之鼓，只不过是一种标示，坊巷市井，直至四鼓后方静，五鼓又有趁卖早市者，复起开张。时序，已被商业活动充满……

晨　景

当晨光还在城市脸庞上闪动，巷陌里已传来了铁牌子的敲打声了——

来自寺院的行者、头陀，一手执铁牌子，一手用器具敲打着，沿门高叫着"普度众生救苦难诸佛菩萨"之类的佛家用语，同时，以他们平日练就的念佛的嗓音，大声地向坊里深处报告着现在的时辰……

起初，报晓的本意是教人省睡，起来勿失时机念佛。这样，行者、头陀们在日间或当月，过节时便可以上门要相应的报偿了：施主将斋饭、斋衬钱赐予他们。由于行者、头陀所具有的唤醒痴迷的本色，加之他们每日恪守时间准确无误，日子一久，行者、头陀便成了职业的报晓者了。

这种职业的报晓者，甚至还从东京、临安等中心城市走到村路之上，陆游诗便是证明："五更不用元戎报，片铁铮铮自过门。"所不同的是在大城市中的报晓者，还担负了向市民报告当天气象的任务，晴报"天色晴明"，阴则报"天色阴晦"……

天气的预报，表面看去是提醒市民注意冷暖、未雨绸缪，实际是受商品市场利益驱动的一种别致的服务。"烧香点茶，挂画插花。四般闲事，不宜累家。"临安的这一俗谚，非常形象地道出了任何轻微的服务性工作，都是要付以金钱的。

那么，在报晓的同时兼报天气，自然要增加酬劳的砝码，这是可想而知了。这就如同东京乾明寺的尼姑，也将自己的刺绣物件拿到大相国寺市

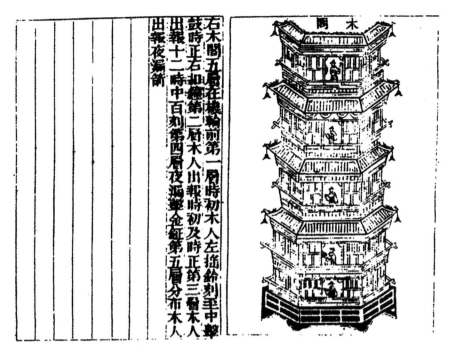

右木閣五層在機輪前第一層時初木人左搖鈴刻至中輒擊鼓時正右如擊第二層木人出報時初及時正第三層木人出報十二時中百刻第四層夜漏擊金鉦第五層分布木人出報夜漏箭

宋代木人报时图

场上出售，性质是一样的。所以，临安的天气预报是非常准时的，无论风雨霜雪，报晓者也不敢稍有延误。

说到报晓的行者、头陀，使人不禁想起钱钟书《管锥编》中所述：中世纪欧洲盛行的《黎明怨别诗》，说的是：报更夫或望风的友人代报晓鸡，使情侣自酣睡中惊起。如果将此与宋代城市报晓者相比，显见，中世纪欧洲的"报晓催起"，多为"私情幽媾"，而宋代城市的报晓者，念佛色彩渐褪，唤市民早起投入市场洪流的意识增强——

因为自宋以来，城市的功能发生了重要的转变，渐由政治、军事中心转向商业中心，以至各地的城市构成了一个全国性的商业市场，其中，东京、临安以其首都地位而独领风骚，成为一个大市场。

这个大市场的晨景究竟如何？从宋话本中得知：在临安候潮门外，才到四更天，就有"无数经纪行贩，挑着盐担，坐在门下等开门。也有唱曲儿的，也有说闲话的，也有做小买卖的"。

这像大战前的寂静，但已为正式开始的早市准备了华彩乐章。我们还可以从《清明上河图》中再找到印证，这幅长卷的起首部分也是：早晨，树木夹峙的郊野小路上，两个人，一前一后，赶着一队五匹驮载着煤炭的毛驴，向汴城走来……

这是宋代城市每天醒来的第一序曲，它透过这晨景勾勒出了中国古代城市和发达的郊区相结合布局的特点，在宋代笔记中就有许多这样的记载：每天一大早，东京南薰门外都有驴驮着麦子，成队络绎而来……

它标示出发达的郊区承担着向城市输送生活物品的任务，联系《清明上河图》中汴河虹桥上下的五头背驮着圆滚滚的粮袋子的毛驴，更可看清这一特点。这种唤作"驮子"的毛驴，是东京早市不可缺少的。

这些驴驮子驮载着的各式货物，不仅仅来自郊区，还有来自远方的两浙布帛、广东珠玉、蜀中清茶、洛下黄醋……又将都市作坊生产的和铺席出售的各样物品，如墨、笔、旗帜、香药等，驮载到四方，我们仿佛看得见在这驴驮子背上驮载出的一束束转运贸易的历史新曙光……

与驴驮子的橐橐蹄声交相呼应的是汴河舟楫的舵、橹击水声，舵、橹搅碎了倒映在汴河上旭日的光影，搅碎了汴河堤岸酣睡市民的梦境……一艘艘满载各种货物、粮食的船只，自汴河驶来，驶入东京——

像输血一样，将安邑之枣，江陵之橘，陈夏之漆，齐鲁之麻，姜桂藁谷，丝帛布缕，鲐鳖鳅鲍，酿盐醯豉，米麦杂粮等一一输入东京，可以说，无所不有，不可殚纪，这才使东京变得无比鲜活。

从史籍看，东京经济的生命线为汴河，每年从这条河运来的江、淮、湖、浙数百万石米，及至东南物产，百物重金，不可胜计。东京的粮食和使用的各种物资，主要依靠汴河船只运输的供给。

宋代市民日常生活

从《清明上河图》的右面看去，有一艘停泊在汴河岸边的货船，役夫正从船上往岸上背粮袋子；在另一端的一艘货船上，几个役夫也正在从船上往下扛货物……这是繁忙的汴河运输的一个缩影，正是从这里，市场交易的帷幕才逐渐拉开……

倘若站在汴河之畔高处向下望，就会看得更加清楚，汴河集中着当时世界上最优秀的客、货、漕、渡各式船只，船板交错，重叠钉成，船首采用压水舱式，即利用船首甲板的一部分，敞舱使水流由此自由通过。

船尾有可调节往后作纵向上翘的平衡舵，船中桅杆底座为人字形，根据需要可放倒或竖起，并用数十根绳索支张予以定位。船上居室、货舱齐备，有桨有橹，其橹甚长，八人齐划方行。

划橹的船工，一侧四人前倾，一侧四人后仰，抬头低首，各具神态，齐心合力，用劲搏浪，使我们从他们身上受到一种勃勃的生命力量的感染，这确实是东京早晨最为动人的一幕。

当我们将目光从早晨时的汴河繁忙运输景象，转入汴河岸上，从东京

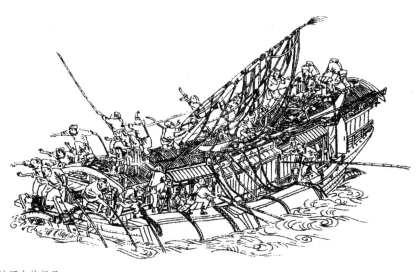

汴河上的船只

城内最早开市的地方开始，我们就会看到早晨的"人力市场"，在每一街巷口处，都围聚着一群群形形色色的人，他们中间有木竹匠人、杂作挑夫、砖瓦泥工、道士僧者……

这些"人力"们，一个个伸颈伫立，只盼着被来人呼唤。这些来自四面八方的"人力"，之所以绝早出来出卖其劳力，就是因为在大城市里，集中着一大批百万巨贾、封疆大吏、权威势要、衙门官署……这就需要一个庞大的人力市场为他们服务。

而每天早晨就是这些达官贵人选择这些"人力"的最佳时候，更准确一点说，是低级市民们在等待着高级市民的雇佣。在雇佣者与被雇佣者之间，活跃着经纪人。如政和年间在东京为官的王安国，其儿媳妇有身孕，要找奶妈，有一女侩向他介绍：有一死去丈夫的女子，要求出卖自身。于是，王安国用三万钱将那女子买来当奶妈。无独有偶，政和八年（1118），湖北的孟广威，其夫人生一男孩，急找奶妈，而且要找姿容美丽者。孟请来"牙侩"，提出这一要求。许多牙侩一并努力招募，才找来这样一位符合孟广威所提标准的奶妈。

以上两条史料中的女侩、牙侩均为经纪人之别名，它反映出了宋代城市中人力早市所拥有的商业经济背景，即雇佣者与被雇佣者都要依靠着主持商品性质的交换而从中获得酬劳的经纪人。

这就表明了人力市场已具有相当浓厚的商业性，从人力市场包容对象来看，女侩的出现，已经是大量的妇女涌入颇具商业色彩的人力市场的一个信号，可见其广泛性、经常性和一定的规范性。

正是在这种背景下的人力市场上的低级市民们，支撑起了宋代城市的生活基础，在早晨渐次展开的纷纭熙攘的城市画卷中，放眼望去，到处都可以看到这些"人力"们忙碌的身影——

钢铁作坊里，马上要送到针铺的针灸用针、缝衣刺绣针，及剪刀、锅釜、耕具、利刃等，迎着熹微的晨光而射出清光。

虽然天色尚暗，但"般载"、牛车已停在机坊、织坊前，来搬运女工们制出的供应市场的精美布匹了。

大道一旁，工匠正在为一爿即将开张的大店紧张扎缚一平面作梯形的檐子，每层的顶部都结扎出山形的花架，其上有鸟兽等各种饰物，檐下垂挂着流苏的彩楼欢门。

作为一种新颖商品的纸画儿，上面有人，有山，有花，有兽，有神佛，此时在大街上也摆成了琳琅满目的长廊，等待人们购买。

自五更油饼店、胡饼店就响起的擀剂、翻拍声，节奏不断地与桌案轻轻交谈，远近相闻，为市民传递去赶早市的讯音。

客店灯烛还未全熄，窗棂已被又一批来货卖的商贩之声推开了。

寺庙的早祷磬鼓还没有敲，鹰鹘店出售的鹰鹘已被挑选者惊醒，发出了鸣叫。

健步如飞的菜农的担子上闪烁着露珠的晶莹，闪花了来买新鲜蔬菜的市民的眼睛。

开门的浴池散发着浓浓的香气，与不远处的香药铺席上的香味混合在一起，缓缓飘逸。

青衣素裹、白发苍苍的婆婆步履从容，笑容可掬，沿街拍打着那高大的朱门，向显贵之家兜售珍珠。

是劳作奔忙的市民，使城市沸腾了！他们，有木匠、银匠、铁匠、桶匠、陶匠、画匠，有箍缚盘甑的、贩油的、织草鞋的、造扇的、弄蛇货药的、卖香的、磨镜的、鬻纸的、卖水的、卖蚊药的、卖粥的、卖鱼饭的、鬻香的、贩盐的、制通草花的、卖猪羊血羹的、卖花粉的、卖豆乳的、货姜的、贩锅饼饵蓼馓的……

千差万别、填塞街市的众多的市民，目标只有一个，那就是奔向晨光中的市场。

当幞头铺擦洗的大字招牌被朝阳镀亮，

当染店又一匹新花布摆上柜台被朝阳染红，

当拉货的太平车轮被朝阳飞速地闪耀，

当朝阳走入纸坊为金纸银纸抹上一束光泽，

当朝阳开始逡巡在色彩纷呈的果子行，

当朝阳照射在尼姑的绣作上升起一片暖意，

宋代城市数百个行业，随着赶早市的市民洪流一齐"亮相登场"了，其数量为洋洋大观 410 余行。

这是远比宋代以前任何一个时代城市的商业都丰富的行业的集中展示，这也是不弱于宋代以后的时代甚至远比民国时期的商业都丰富的行业数目。

宋代城市的商业已形成了庞大的网络，这一网络是由点面结合而构成的，点即是深入坊巷、遍布全城的各种商肆，面即是铺店林立、位于全城中心地区的商业区。这种点面结合的商业布局，是一种较早较新的营业方式。

市场既有特殊的商品，也有一般的商品，还有零售商品等，出售这些商品的早市铺席，各式各样，五花八门，主要有——

纸札铺、柏烛铺、刷牙铺、头巾铺、粉心铺、药铺、七宝铺、白衣铺、腰带铺、铁器铺、绒线铺、冠子铺、倾锡铺、光牌铺、云梯丝鞋铺、绦结铺、花朵铺、折叠扇铺、青篦扇子铺、笼子铺、销金铺、头面铺、翠铺、金纸铺、漆铺、金银铺、犀皮铺、枕冠铺、珠子铺……

小的如针铺、颜色铺、牙梳铺、头面铺，大的如动辄以千万计的肉市、菜市、米市、花市、珠子市……只要有用，就可设置。甲市铺席兼批发性质，就是故楮羽毛这类货物，在临安也有"铺席发客"。

所以，全国各地的诸行、铺席买卖商贩，都纷纷到临安来"侵晨行贩"，利用早市来批发货物，以便进行自己一天的生计。许多铺席之所以在早市上一现，热闹至饭前，市罢而收，原因也就在于此。

尽管早市是在早饭前这一段时光，但可以说白日所有上市的商店铺席

《清明上河图》中的香药铺

均在早晨的市场上一一展现了。像临安的陈家画团扇铺，显然是陈姓者以画团扇而出名的铺子，它很可能是陈画家根据市民需求在团扇上作画，因其画技卓绝而赢得了赞誉，遂做此卖团扇生意的。

这也说明了宋代城市的早市经营者，已具备很强的品牌意识，一旦经营状况看好，就以自己姓氏或特征命名设店。这样的商家相当之多，如东京的丑婆婆药铺、潘家黄耆圆、余家染店、王道人蜜煎、李庆糟姜铺……临安的双条八划子店、李官人双行解毒丸、许家槐简铺、朱家裱褙铺、张家金银交引铺等，其中久经时间检验而享盛名的名牌店铺亦不在少数。像东京大相国寺的书铺，经营者都是些有很高鉴赏眼光的版本专家，他们不仅售书，而且集编辑、刻印、出版、发行于一身。

实际上，这样的书铺，在临安早市上并非一家。如贾官人经书铺、张

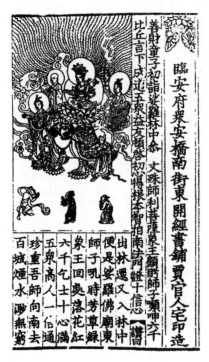

《文殊指南图赞》。宋嘉定三年（1210）
临安府贾官人宅刻本

官人诸史子文籍铺、太庙前尹家书籍铺、陈宅书籍铺等。它们都是非常有名的批发兼零售书铺，在临安书业中享有很高的威信。

从遗存的这些书铺所贩卖的书籍来看，都有品牌的标明，如尹家书铺所出书均记有"临安府经籍铺尹家刊行"等字。各地书商、书贩、好书者蜂拥于早市书铺，多是慕类似尹家书铺大名而来的，而各家书铺在早市批发零售书籍，在宋代城市中营造了一片书香的天地……

临安早市上的精神商品可谓既佳又多矣，物质方面的商品在早市上也是可与之平分秋色的，像在早市上批发零售的温州漆器铺，自东京到临安，始终在早市上稳稳占有一个位置，这显然是由于漆器有着非常好的销路。

1959年，淮安出土的北宋绍圣元年（1094）杨氏墓葬中有七十余件漆器，如八棱形漆盒、葵花瓣漆碟、漆碗、漆盘、漆钵，其中就有"温州口家造"、"杭州胡家造"等黑书铭记。杭州出土的宋代漆碗、漆盘，也都在外口下朱书"壬午临安府符家真实上牢"的铭文，于此可以得出这样一个结论：

东京、临安早市上批发零售出去的温州漆器是很多的，这是由于市民阶层生活需要所形成的，也是与温州漆器的制造精美分不开的。高濂在《遵生八笺》中为此赞叹宋代漆器道：刀法之工，雕镂之巧，俨若画图。这

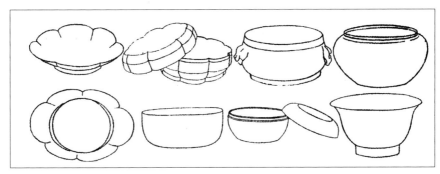

宋代温州漆器图

道出了宋代城市早市上的漆器铺历久不衰的一个原因。

的确，任何一种商品倘若没有精美的外观是很难打动顾客的，而这一点在宋代城市商品买卖中是特别讲究的，每一种商品都是竭力美化，只求吸引市民购买。这就使人想到宋代城市早市上那种特殊的叫卖时的吟唱——

在描写宋代城市生活的作家的笔下，外地到临安来的人，见到顶盘挑架、遍路歌叫的商贩，无不认为稀奇。这又使人想起英国著名作家阿狄生所写《伦敦的叫卖声》中的一段话：

> 初来乍到的外国人或者外地乡绅，最感到吃惊的莫过于伦敦的叫卖声了。我那位好朋友罗杰爵士常说，他刚到京城第一周里，脑子里装的全是这些声音，挥之不去，简直连觉都睡不成。相反，威尔·亨尼康却把这些声音称为"鸟喧华枝"，说是这比什么云雀、夜莺，连同田野、树林里的天籁加在一起还要好听呢。

两相比较，何其神似！不过阿狄生所写的是18世纪的伦敦叫卖声，这显然比11世纪的宋代城市早市上的吟唱水平要逊色得多。这种历史的巧合，标示出了宋代城市发展远远领先于西方城市的发展。

从宋代城市早市上叫卖商品的吟唱，我们难道感受不到宋代城市早市商品发展的程度吗？更不要说宋代市民是将早市上的叫卖声，当成一种艺术景致来欣赏的，这远比18世纪伦敦关于叫卖应不应该和如何去叫卖的争论先进得多，文明得多。

据宋代《事物纪原》中说：出卖商品的吟唱"必有声韵，其吟哦俱不同"。以此我们可以去观察四月东京早市上的卖花吟唱：

> 牡丹、芍药、棣棠、木香种种上市，卖花者以马头竹篮铺排，歌

叫之声，清奇可听，晴帘静院，晓幕高楼，宿酒未醒，好梦初觉，闻之莫不新愁易感，幽恨悬生，最一时之佳况。

唐五代《卖花声》曲调，为双调，平声韵，前后片各五句，共 54 字。北宋的张舜民曾以《卖花声》曲调创作过两首词，这个曲调很有可能与宋代城市早市上的卖花吟唱接近。

换言之，《卖花声》词至少在体制上给予卖花吟唱很大影响。现无《卖花声》的音韵词调流传下来，但从孟元老传神的刻画中，已经可以领略到宋代城市早市上这种卖花吟唱的独特魅力了。

而且孟元老在描写东京"天晓诸人入市"时，曾用"吟叫百端"来形容东京早市上的吟唱景象，这种景象一定是十分热闹而又十分生动的，所以到元代，有人写了一出《逞风流王焕百花亭》，专用大段篇幅来记述宋代城市早市上水果商贩的吟唱，足见当时商贩为推销商品而吟唱不绝已是早市上不可缺少的一景。

夜　色

宋代城市又一个深夜。

一阵又一阵，一段又一段，从酒楼、茶馆伎艺人指下口中传来的作乐声，市民的欢笑声，丝竹管弦之调，畅怀痛饮之音，传入深宫，传到仁宗的耳畔。

仁宗不禁问宫人：这是何处作乐？当宫人告诉他说这是民间酒楼作乐，仁宗不由感叹起自己在宫中冷冷清清，羡慕起高墙外面的夜市生活来了……

这是出自《北窗炙輠录》的记叙，如果将这条史料放在整个古代城市生活史中去考察，就会发现这条史料是很珍贵，很有用的。因为皇帝羡慕城市夜生活，在宋代以前还未有过这样的记录，并且在宋代以后也不多见。

这条史料所透露出的信息可以说是划时代的，那就是在宋代城市里，传统的坊市已经崩溃，为商品交换开创新路，而显示着充沛生机的夜市生活，尤其是那素以清心寡欲自我标榜的仁宗也都产生歆羡之情的文化夜市，成为历史趋势的最鲜明的标志……

根据史家的研究，中国古代城市最早的夜市出现在唐代的中晚期，其依据是当时的一些文人的诗作里，出现过这样的句子：

夜市千灯照碧云，高楼红袖客纷纷。

水门向晚茶商闹，桥市通宵酒客行。

烟笼寒水月笼沙，夜泊秦淮近酒家。

类似这样的描写，还可以搜罗出一些来，但数量不会太多。依笔者之见，这种夜市即使有，也是极其有限的，因为唐政府有规定：城、坊、市门必须在日头一落就关闭，城市里面普遍夜禁，连燃烛张灯也有限制，若有违犯，要受到处罚。或者说，唐代的夜市只出现在少数的商业繁盛区，而且多限于供达官豪吏纵情声色的场所。它与宋代城市那种真正属于市民自己的夜市，无论是在深度上还是广度上，都是不可同日而语的。

每逢夜幕降临，宋代城市又腾起一片片比白天还要喧嚣的声浪。这时，如果徜徉于夜色中的城市，可以毫不夸张地说，除了看不到奔驰的汽车，听不见机器的轰鸣，人们恍如走入现代社会一样——

一丛丛市民聚集在瓦舍勾栏里，兴致盎然地观看一出由书会才人新编的《宦门子弟错立身》杂剧。

一块块空地被比赛风筝、轮车、药线的少年们占满，他们仰望夜空，欣赏着有史以来的对火药的和平利用。

一爿爿铺面敞开窗，打开门，像《清明上河图》中所绘的那样，商品密布，干净整齐，经营者向顾客献上殷勤的微笑。

一行行团行、店肆，像春天的花朵，一齐竞相开放，谁也不甘落后，那边厢叫卖像黄鹂唱着歌儿，这边厢的糖行又送来浓香。

一排排石质塌房，居水中央，将各地客旅寄藏的货物收纳于怀，为建设夜间防火、防盗的货栈做出了示范。

一队队太平车，从城中出发，乘着夜色，缓慢而又稳健地走向汴河堤、浙江岸，为明日远航的船只送去货物。

《清明上河图》中的各式市民

一条条水渠，流淌淙淙，清澈而又动听，穿城入槽，四方贯通，夜间加工麦面、茶叶的水磨之声在空中回响。

一扇扇被灯火照亮的作坊纸窗，将织工的精细、铁工的辛劳、药工的专注、印工的细致……像剪影一样，一一映现。

一簇簇果子，在摊床上争芳斗艳，在烛光下别是一番颜色，使最挑剔的市民也禁不住止步看上一眼。

一杆杆灯笼，像群群飞散的流萤，引着市民去马行街，去蒋检阅园圃，去一处处"胜地"，赏玩那里的夜景。

宋代城市的夜市，对市民来说，是一杯畅怀的琼浆，舒心极了，在这里，听不到官吏的呵斥，看不见怒马甲胄的将军，寻不着拖朱曳紫的宰相枢密……这是因为像张衡的《西京赋》中所说的"方轨十二，街衢相经；廛里端直，甍宇齐平"的城市格局已不复存在了，代之而起的是随街设坊、面市建屋的生动的新风格。道路已打通，街区不封闭，市民可以像鱼游春水一样无拘无束、自由自在地在夜市上漫步、吵闹、打情骂俏，逐神怪于"露台"下，迎"社火"于街道上……

宋代市民的夜市生活较之前代已发生了巨大的变化，所以人们经常提起"忆得少年多乐事，夜深灯火上樊楼"。这一夜市现象，还被小说家予以剪裁，写成了话本《闹樊楼多情周胜仙》：死而复生的痴情女子周胜仙，在夜深之时，到灯火齐明的樊楼上去寻找开这樊楼酒店的范二郎。小说家以"樊楼灯火"为创作背景，足见夜市生活在市民心目中不可或缺的位置。

以东京马行街夜市为例，这条街长达数十里，街上遍布铺席商店，还夹杂官员宅舍，从而形成坊巷市肆有机结合的新格局。尤其是这里的夜市，要比东京著名的"州桥夜市"景象更加壮观。

用孟元老的话来说，这里的夜市"比州桥又盛百倍"，其繁华热闹可想而知，以至在马行街的夜市上，车马拥挤，人不能驻足。具有百余万人口的东京，大概会有上万、上十万或更多的市民到这里逛夜市。

时间好像在马行街上突然令人惊奇地放慢了脚步，成群的市民，含着香糖，打着口哨，边逛边看，仔细品评，悠闲地打发这似白天一样的光阴。在这条街上，有说不尽的奇丽，数不完的雅趣。仅马行街北就有密密麻麻的医药铺：金紫医官药铺、杜金钩家、曹家独胜药丸子、柏郎中的儿科、任家的产科……这些店铺均打出独具特色的商标招牌，或用形象，或用实物，就像饶州城市售风药的高姓市民用手执叉钩、牵一黑漆木猪的形象以为标记一样。

这些药铺不仅仅能向市民提供周到的服务，且有不小的观赏性。如那家卖口齿咽喉药的，竟在铺面装饰了宋代最著名的李成的山水画，这显然是由于李成的山水画享有"神品"的美誉。时人这样评论李成："凡烟云变灭，水石幽闲，树木萧森，山川险易，莫不曲尽其妙。"所以连皇太后也争购李成的画，贴成屏风，让皇帝来玩赏。药铺也装饰上李成的山水画，这无疑会抬高这家药铺的品位。不用说，到这家药铺观看李成画的市民，不在少数，反正在马行街的夜市上什么都可以看清。

因为那又明又亮的灯火，足可以照天，可以将长达数十里的马行街辉映得如同白昼一般！即使夏日，整个天下都苦于蚊蚋，可是蚊蚋由于恶油，却在马行街的夜市上绝了迹！

怪不得大文豪苏轼满怀感慨地写道："蚕市光阴非故国，马行灯火记当年。"此中流露出多么深的对马行街夜市的怀念啊。这是因为马行街上的夜市是以服务性行业为胜的，以苏轼的身份，他当然可以在这里寻找到上乘的服务。

由此而推及其他市民，无论是何等身份，出于什么缘故，处于什么样的位置，只要需要，只要付出酬劳，都可以在夜市上找到适合自己情趣和嗜好的消遣方式，这是宋代城市夜市一个最为显著的特点。

如北山子茶坊，内建一"仙洞"，一"仙桥"，吸引得仕女结伴来此夜游吃茶。又如有一官吏深夜回家，碍于路远，便到市桥赁得一马；此时已是

宋代石棺刻宴饮杂剧图

二更，但赁马者服务极为周到，牵马送其至家门。

还如许多提瓶卖茶的小贩，为了等待深夜才能归来的官府衙门人员，竟整个夜晚在市场上守候着。这就形成了东京热闹之处，夜市通晓不绝的景象。即使寻常四梢远静去处，冬月虽大风雪或阴雨，也有这种服务性夜市。

还有另一种单纯的出售商品的夜市，如从黄昏就开始的东京潘楼大街夜市，长达数坊之地，集中卖头面、冠梳、领抹、珍玩、动使之类的商品，持续时间最长。

尤其七夕节时，尽管潘楼所卖"乞巧物"，"伪物逾百种，烂漫侵数坊"，可是市民仍蜂拥而至，竟使车马不能通行，人进去就出不来。

到潘楼夜市的市民不一定都买得起价钱昂贵的"乞巧物"，像那可值一囊珠子的"泥孩儿"，就鲜有人敢问津。他们主要是来观赏，闹腾到深夜散去，才算尽兴。这就是画史上真正开始以"状京城市肆车马"为题材的生活基础，是继宋代燕文贵画《七夕夜市图》后众多此类画作的源流。据此也不难想见这种季节性文化夜市是多么的使人眷恋和向往了。

这就使我们看到了另一种可以与服务性商业性的夜市相媲美的文化夜市的景象，它是一种由高度发达的商品经济带来的较为独特的现象——

"夜行山步鼓冬冬，小市优场炬火红。"陆游所描述的小文化夜市在当时已屡见不鲜，像南宋后期嘉兴府的乌青镇上，竟也有几处像模像样的文化夜市，如有八间楼的八仙店南瓦子，鼓乐歌笑至夜深三更才罢……

文化夜市的出现，不单单赋予宋代城市市场以新的内容，同时也给宋代城市的文化，主要是不断壮大的市民阶层的娱乐性文化，吹来一股强劲的新风。这在大城市中尤为突出，现仅就临安夜色中的市场撷取几个片段，来感受一下文化夜市摇曳婀娜的多彩风姿——

在中瓦前，有那么一位上了年纪的"点茶婆婆"，头上戴着三朵花，老相却偏要扮个俏容，使逛夜市的市民见之无不发出笑声。可是她高门大嗓

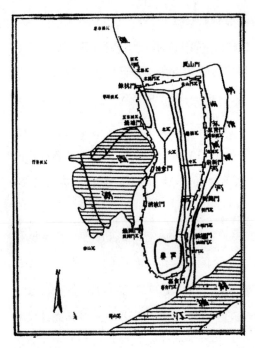

临安地图

叫卖香茶异物，则是有板有眼，错落有致，完全可以称得上是一种伎艺表演。

　　这种吟唱，本是在勾栏瓦舍中唱令曲小调、纵弄宫调的"嘌唱"的一种转化，因为临安市井里的诸色歌吟卖物之声，就是采合宫调而成的，和"嘌唱"有异曲同工之妙。况且，这位老婆婆，也是受过伎艺训练的。因为《都城纪胜》中说过：不上鼓面的"嘌唱"，"只敲盏者，谓之打拍"。这位点茶婆婆，就是一面唱，一面敲盏，掇头儿拍板，这表明了她对"嘌唱"的熟练，说她是卖茶汤，不如说她卖"嘌唱"来招顾客更为合适。

　　这种一身二任，将自己的贩卖加以伎艺表演的卖茶婆婆，在临安夜市上不乏其人，可以说是一种普遍的现象，如那一边唱着曲一边卖糖的洪进，白发老头看箭射闹盘卖糖，等等，统可称之为"商业伎艺化"。

不应否认这种现象的文化品位，但它毕竟还是与出售商品有关。可是那种较为纯粹的精神产品呢？却也商业化了，像夜市上数量颇多的算卦摊。本来算卦先生的形象是方正的，开个卦肆，也要像宋话本《三现身包龙图断案》中所写："用金纸糊着一把太阿宝剑，底下一个招儿，写道：'斩天下无学同声'。"可是在临安的夜市上，算卦先生却不是这个样子，打出的招牌就十分花哨，如中瓦子浮铺的"西山神女"，新街融和坊的"桃花三月放"等。以"五星"自誉的就有：玉壶五星、草窗五星、沈南天五星、野巷五星……

卦肆取稀奇古怪的名字，其目的是一目了然的，就是招引更多的顾客。有的算卦先生甚至高唱出了"时运来时，买庄田，娶老婆"的调子，特别是在年夜市上，在御街两旁的三百多位术士，竟抱着灯"应市"：有的是屏风灯，有的是画灯，有的是故事人物灯，有的是傀儡神鬼灯……精通《周易》，善辨六壬的算卦先生，竟以多种多样的灯为标识。尽管有时逢年节的因素，但这主要是投入商业竞争的一种手段，或可称之为"伎艺商业化"。

据洪迈记叙：居临安中瓦的算卦先生夏巨源，算一卦可得 500 钱。有这样高的报酬，我们也就比较容易理解为什么一条御街两旁就能集中三百多名算卦先生了。如此之多的人集中一处，算卦先生当然要为突出自身特色而求新立异了。

像有的算卦先生就常穿道服，标榜为"铁扫帚"，这就吸引了许多出卖劳力的下层市民找他算卦。这种将伎艺商业化的做法，在夜市上已形成了非常普遍的现象，如五间楼前坐铺的卖"酸文"的李济——

李济，史书并无记载，但能以卖"酸文"讨生活，定是身手不凡者。所谓"酸文"，有两个层面的意思：

一是依其机敏智慧，针砭时弊，制造笑料，以文字的样式出售给市民，鬻钱以糊口，如元杂剧《青衫泪》中所说：做"一个酸溜溜的卖诗才"。

二是可以引申为一种专以滑稽、讽刺取悦于人的伎艺样式。像宋杂剧绢画《眼药酸》，图中有一演员，身前身后挂有成串的眼睛球，冠两侧亦各嵌一眼睛球，冠前尚挑一眼睛球，身挎一长方形袋囊上亦绘有一大眼睛球。

联系李嵩《货郎图》所绘玩具担上，即插有几个类似的眼睛球，依此推之，眼睛球为宋代城市一种较为常见的玩具，也就是说以它标明为酸，为调笑。在杂剧里以酸为调笑对象的剧目很多即可证明。将酸文卖出，这反映出了宋代夜市上已有大量这样的供求双方，一方是有知识的人，根据市民口味，编写文章出售；一方是具有一定文化欣赏水平的市民，喜欢听到、看到或得到酸文或类似酸文这样的娱情作品。

宋代城市中有不少这样的事例可以证明夜市上卖酸文和买酸文是怎样进行的——

据《夷坚志》中载，在东京就有秀才以卖诗为生，市民出题目让诗人

《眼药酸》图

作诗，而且非要他以"浪花"为题作绝句，以红字为韵，这秀才作不好，便向市民推荐南薰门外的王学士，王按市民要求欣然提笔写道：

一江秋水浸寒空，渔笛无端弄晚风。

万里波心谁折得？夕阳影里碎残红。

市民们无不为王学士的才思敏捷而折服。

还有南宋的仇万顷就曾这样立牌卖过诗，每首标价30文，停笔磨墨罚钱15文。一富家做棺材，要求仇以此作诗，仇疾书道：

梓人斫削象纹衫，作就神仙换骨函。

储向明窗三百日，这回抽出心也甘。

卖傀儡商贩图

又有一位妇人以白扇为题，仇刚要举笔，妇人要求以红字为韵，仇不假思索写出了：

常在佳人掌握中，静待明月动时风。

有时半掩佯羞面，微露胭脂一点红。

还有一妇人以芦雁笺纸求诗，仇即以纸为题写道：

六七叶芦秋水里，两三个雁夕阳边。

青天万里浑无碍，冲破寒塘一抹烟。

一妇女刚刺绣，以针为题，以羹字为韵，来向仇买诗，仇遂书云：

一寸钢针铁制成，绮罗丛里度平生。

若教稚子敲成钓，钓得鲜鱼便作羹。

以上可见，卖诗极需敏锐才情，非长期磨炼不能做到，而且较难的是，卖诗者要根据市民的不同职业、不同性别、不同需要作诗，这就需要有广博的知识，熟悉市民阶层生活，才能应付自如。

至于卖酸文者，难度就更大了，他不但要根据随时发生的事情，加以艺术生发，顷刻之时，捏合而成，而且还要有诙谐调侃掺渗其间，使市民心甘情愿掏钱来听、来看、来买，倘不具备这一点，便无法在夜市上生存。

这就如同夜市上画山水扇子的张人一样，画扇虽是一种绘画艺术，但必须按照市场经济运作的程序进行，只有这样，才能使买卖双方都活跃起来。值得肯定的是，临安夜市很好地使伎艺商业化了……

夜色中李济卖酸文、张人画扇子等获得了良性的发展，装点得临安文化夜市分外红火，以至一些刚刚从考场出来的举子，都不顾疲倦，相率游逛这文化夜市。为了应付类似这样有闲情逸致的人，许多商家则彻夜营业——

钱塘门外的丰乐楼，有时将近二更，还有大船停泊靠岸，服饰鲜丽的贵公子，携十几个姬妾，登楼狂欢，歌童舞女，伴唱伴舞，一时间，喧沸的丝管弦乐，传遍西湖上空，使人忘记了这是深夜……

在那大街上还有许多四处游动装有茶汤的车担，卖茶汤的小贩，其用意是想以此方便奔走累了、唇干舌燥的市民，让他们呷一口香茶，饮一碗甜汤，提神爽气，以继续去那有"夜场"的勾栏瓦舍游玩。

一切都那么充满了文化情调，但又不失其商业性，二者有机结合，水乳交融，从而写就了中国古代城市夜市最具光彩的篇章。

风流娘们

女伎，妓女，不愧为文学艺术的化身，杂技饮食的传人，经济繁富的象征；她们的爱情，她们的歌舞，她们的举手投足，她们的嬉笑怒骂，书写了中国城市历史新的一页。

女 伎

东京，金色的秋阳中，一层又一层的市民，密密排列在宽阔的御街上，引颈翘望。是欢迎远方嘉宾，还是争看巡行贵人？都不是，市民是等待着一队队在皇宫为上寿活动而表演的女童出来，她们是四百余个容艳超人的妙龄女童啊——

一个个，十七八岁，尖尖的脸，细细的眼，弯弯的眉，薄薄的唇。头戴花冠，或着红黄生色销金锦绣衣，或扎仙人髻，或卷曲花脚幞头。她们像穿行春风的杨柳，摇摆着纤柔的腰，移动着细碎的步，红黛相媚，顾盼生辉……

日常里，虽然东京庆典之时也有这样的妇女聚会，髻鬟峨峨，服装华焕……可多是诸王邸第、公侯戚里、中贵人家的妇女，即使有歌姝舞姬，也都是饰珠翠，佩珠犀，如以美贵绝伦而闻名的狄氏，靓妆却扇，亭亭独出而名动一时，颇有些今日时装模特儿展览之风味。

那些豪门佳丽与大量的扮色俱佳的伎艺女童不可同日而语，市民当然不愿放过这亲睹伎艺女童鸾集凤翔的良辰，看一看她们的仪容，以分享到一点情意的愉悦，或能从她们的发髻、服饰上得到一点借鉴，以使自家的女儿日后也能长成像她们那样。

这些伎艺女童走到市民眼前来了，她们还跃上高头大马，策骑驰骤。许多青春少年，豪俊小子，从以睹女童风采为快的市民行列里跃出，如追逐花蜜的蜂儿，紧随其后。这些平日桀骜不驯的后生，抢着向女童们送宝具、献果酒……

这种狂热场面，可谓之现代城市"追星族"之滥觞。目睹这一情景的孟元老，是生活在东京最奢侈时期的贵族，他着力描述市民在大街上对女伎的追逐，意在以一滴水见太阳，以透露出即使一般的市民，也开启了对女伎欣喜若狂的心潮。

在市民的心目中，成为一名女伎艺人是很不简单的事情。且不说称得上女伎的，几乎都要仪形秀美、光彩溢目，更难得的是女伎要具备多方面的伎艺才能——她要会插科打诨，她可以和雅弦声；她要会翻翻飞剑，她可以填词作赋……

正像向子諲吟咏能著棋、写字、分茶、弹琴的女伎赵总怜那样："风流模样总堪怜。"在市民看来，多才多艺的女伎，是城市中最耐品尝的鲜花，野芳幽香，一朵比一朵美艳，是一道穷妙极妍的风景。

出自宋、金之间文人之手的《宦门子弟错立身》，就刻画了一位对女伎十分痴迷的贵族子弟延寿马的形象。他倾慕散乐女伎王金榜，只见她："有如三十三天天上女，七十二洞洞神仙，有沉鱼落雁之容，闭月羞花之貌。鹊飞顶上，尤如仙子下瑶池；兔走身边，不若姮娥离月殿。"

延寿马要抛家别业，与王金榜一块去"冲州撞府，求衣觅食"，这不禁使人想起有人在墓葬的雕砖上都要刻上自己喜欢的女伎形象。那是河南偃师宋墓出土的有楷书"丁都赛"三字的雕砖像——

在这块长 28 厘米，宽 8 厘米，厚 3 厘米的砖面上，只见她，体态清盈，星眸潋潋；幞头诨裹，高簇花枝。上身内着抹领，外罩紧袖窄衫，下身紧裤及袜，足蹬筒靴，腰系巾帕，此为最流行的妇女时装"吊敦服"。她还背插团扇，双手合抱胸前拱揖，好一副表演的风流模样。

孟元老记述，丁都赛是作为杂剧艺人出演的。宋杂剧不同于元杂剧分类之细，而是综合歌唱、说白、舞蹈、武技等艺术为一体，仅看一看周密

丁都赛

所录《官本杂剧段数》，便可知道宋杂剧所含之广了。想来丁都赛各类艺术必然娴熟出众。

孟元老说丁都赛等六人之"后来者不足数"，又证丁都赛为东京杂剧女伎中之佼佼者。丁都赛形象被模勒造型烧制成砖，这无疑是那些生前崇拜这位著名女伎，身后又怕寂寞的喜好女伎者费心竭力所为。市民将雕刻砌入墓室之际，正是丁都赛活跃舞台之时，可见丁都赛在市民中的声誉已不是一般女伎所能比拟。

于此联系许许多多市民，之所以从清早就泡在勾栏瓦舍里，逍遥俯仰，不觉抵暮，欣赏踊跃旋舞、乖觉洒脱的女伎，如丁都赛之流的表演，不能说不是一个重要的原因。这就如《宦门子弟错立身》中的延寿马痴情于女伎王金榜的原因一样。书中列举了王金榜可以表演——

负心的王魁，千里送寒衣的孟姜女，脱像云卿鬼做媒，鸳鸯会，卓氏女，郭华因为买胭脂，琼莲女，船浪举，临江驿内再相会等节目，以至延寿马为此发誓要"不图身富贵,不去苦攻书,但只教两眉舒"。女伎可以说已经成为广大市民心灵上的一剂舒心药了。

这种以伎艺诱招顾客的女伎,和以调笑卖淫为主的妓女是有区别的。不错,在宋代典籍中,"伎"和"妓"是通用的,但在宋代城市中并不等于有伎艺的女子就是妓女。且不说那些专在瓦子里、露台上献艺的女伎,只说说在宫廷服务的女伎就不同一般——

在一次真宗和近臣的宴会上,席间言谈涉及庄子,真宗忽命人呈诵《秋水》,马上就来了一位翠环绿衣妆扮的小女童。她神色自若,当众朗朗背诵《秋水》,闻者竦立恭听。这位小女童,可称是对《庄子》下过一番功夫的。这只是宫中专门供职的女伎偶然的一次表演。

在武技方面,宫中女伎也是被培养得出类拔萃的。政和五年(1115)四月,徽宗在崇政殿,就曾展开一次别开生面的检阅,先是让五百余名男

明《三才图会》中马箭图

子，表演操练、骑马射箭、拉硬弓等，然后，徽宗又让一队女伎表演类似的节目——

她们也跃马飞射，用阔于常镞的矢镞射断那随风飘摆的细柳枝，又射那疾奔的马拖曳着满地滚动的绣球。此两项是骑射中难度最大的，最难驾驭的。楼钥曾专写《骑射抱球戏》诗歌咏这种情景：

前骑长缨抱绣球，后骑射中如星流。

绣球飞砈最难射，十中三四称为优。

透过诗句，不难想见此类骑射的艰难程度，可就在此类青年男子专擅的天地里，却涌来一群伎艺女童，她们像男子一样纵马，却比男子驰骋得更加飘逸；她们像男子一样射弓，一下便可将长三尺二寸、弦长二尺五寸、能破坚于300步外的神臂弓如满月拉开……

女童弯弓盘马的表演，使一旁观看的五百多个专以此类伎艺为职的班直子弟大感羞愧，自叹弗如，更不要说这群女童还别张一军，踞鞍击丸，一时间，出现"凤尾杖交团月合，龙门球过一星飞"的动人景象……

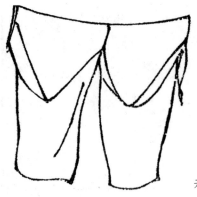

开裆夹裤

女童所表演的这种"击球"运动，和传统的马球有所区别，是一种"驴球"。驴球之所以在宋代城市有长足发展，和东京妇女的穿着密切相关。东京的妇女不穿宽裤与檐制旋裙，"必前后开胜"，穿开裆夹裤或长裤，如福州黄升墓出土的宋妇开裆裤和浙江兰溪南宋墓出土的宋妇长裤，以便活动和乘骑，这就是驴球运动始作俑者为东京女伎的一个重要原因。

　　此风气也传于男士。有人登第后，发放到州县做主簿，竟也是骑着妻子的驴去赴任。而且在北宋初年，就有郭从义以善击驴球而扬名。赵匡胤命他表演，只见郭跨驴殿庭，周旋击拂，曲尽其妙。赵匡胤大喜，特在身旁赐给郭一个座位。慰奖之余，赵匡胤向他指出这种驴球不是他这样的人应该打的，这使郭大惭……

　　看来乘驴击球，应以女伎为宜，这固然有妇女服装方面的原因，但也和驴的小巧、耐力不无关系。因此由女伎表演的驴球又称为"小打"——

　　一百多个女伎，穿棉袄，着丝鞋，各跨雕鞍花辔驴子，"花装"成男子模样，分为两队，手拿涂金银围的彩画球杖，直奔场地上立着的一个彩结小球门。一队的"朋头"即射手，要将队员传给她的球带射进球门，唤作"入孟"，才算胜利。另一队女伎，则向前争占，不让"入孟"，可抢球供本队"朋头"射门。两队为此互相追逐，展开抢夺。两队女伎无不拼命向前，一直到皇帝赐下优厚赏物，才停止这场比赛。

　　从语言角度追溯，"孟入"的来源乃是"蜀人打球一棒入湖者谓之猛入，音讹为孟入"。由此可知"入孟"场面一定十分激烈。因为"入孟为胜"，所以有文士在应举时，就梦见打球一棒"孟入"，一朝他登科，"则一棒孟入之应也"。"入孟"简直成了成功的别名了。

　　一场女子驴球比赛，多达百余人，必然有正式、替补队员之分。驴躯体小，骑在上面，周转虽灵活，但重心低，长时间打球很累，必须频繁换人。其他诸如球场、球门、旗帜、球杖、球质大小、乘骑、服饰、装具、乐队、唱筹的裁判、比赛的章程和"大打"的男子马球相差大致不远。

这种驴球，无论在中国还是世界上，都是空前绝后的。在宋代以前，《旧唐书》中曾记剑南节度使设置了女子驴球队，但因制钿驴鞍及诸服用，皆装饰侈靡，日费数万，其表演不如马球多。至宋代，李攸《宋朝事实》有了明确记载：跨驴击球，供奉分朋戏，在御前以为乐。后因打球名不雅，改为"击鞠院"，列为军中之戏。在城市中打驴球已是经常的了，宋代以后，则无从找见女子打驴球的踪影。

宋代驴球得到长足发展，其中主要原因是宋代较之其他时代，都非常重视女伎的多方面技能的培养，练习打球是其中很重要的一项。宋白曾写过这样的诗句：

> 昨日传宣唤打球，星丸月杖奉宸游。
>
> 上阳宫女偏跻捷，争得楼前第一筹。

女童还要学习其他方面的伎艺，并且经常演练。也是这位宋白的宫词诗，对此展开了生动的描画：

> 帝语皇坟味有余，万几无暇旋生疏。
>
> 终须别置三千女，分记金华殿里书。

> 后苑秋晴校猎归，淡妆宫女尽戎衣。
>
> 数中供奉谁精熟，斜勒骄骢掠草飞。

> 御府书踪字字奇，散教宫女仿来时。
>
> 研精笔法难停稳，并恨羲之与献之。

如此等等，俯拾皆是。皇家对女伎可谓情有独钟，以至爱屋及乌，还

宋仁宗皇后旁之宫女像

将伎艺作为贵妃入选宫中标准之一。叶绍翁《四朝闻见录》给人们讲述：慈圣太后在娘家时，经常在寒食节间玩掷钱游戏，她掷出的铜钱可盘旋好久，侧立不倒，可为一绝。大约此事传进宫中，未过多长时间，她便被招聘入宫。

慈圣太后的入选，原因当然不止于此，但伎艺是她入选的一个重要因素，这却是不应忽略的。从东京、临安两大城市的"御前应制"活动来看，皇家所宠爱召集最多的主要是女伎。如小唱，有李师师、徐婆惜；嘌唱，有安娘；叫果子，有文八娘；杂剧，有杨总惜；等等。甚至临安元宵之夜所进行的傀儡表演，也都装扮成衣装鲜丽、腰肢纤袅的女伎……

究其根源，这是因为女伎用实力和风采，在众多的伎艺中奠定了自己颇具竞争力的独特位置。举例而言，有的女伎为了使自己的孩子也成为东京有名的伎艺人，便自幼加以调教。有一个刚满三岁的小儿，可没有他不会唱的乐曲，而且唱起来按皆中节，围观者里三层、外三层，连专职的教坊伶人，也都称赞这是奇迹。

说穿了，这是由于幼儿有一位精通乐曲伎艺的母亲，使他在娘怀里食乳时，就捻手指应节，由习惯而养成唱曲的特殊才能。不独如此，在所有的伎艺门类中，都可以找见这类具有高超伎艺本领的女伎。试以临安上千名的著名伎艺人所从事的行当来看——

散乐：张真奴

踢弄人：小娘儿

掉刀蛮牌：朱婆儿、俎六姐

讲史书：张小娘子

棋待诏：沈姑姑

演史：宋小娘子

说经诨经：陆妙静

小说：史慧英

影戏：黑妈妈

队戏：李二娘

唱赚：媳妇徐

鼓板：陈宜娘

杂剧：肖金莲

唱京词：蒋郎妇

诸宫调：王双莲

唱耍令：郭双莲

覆射：女郎中

撮弄杂艺：女姑姑

射弩儿、打诨：林四九娘

这一名目的列出，是临安市民对杰出女伎的杰出本领的认可和推崇。由此我们也可以知道宋代城市女伎主要是在歌舞乐曲方面成就突出。目前出土的宋代文物，以讲唱歌舞的女伎为多数可以做证。这从河南禹县白沙镇北宋墓壁画上可见其端详——

图中共绘 11 位女伎，她们或高髻，戴团冠、花冠，或男子装束，戴翘脚花额幞头。她们持乐器作演奏状，有大鼓、杖鼓、拍板、觱篥、笛、笙、排箫、琵琶，纷作乐声，给一作曲膝扬袖之舞的女伎伴奏。

观看这"大曲舞蹈"的是一对夫妇，从其座椅下和垫子前绘有金银铤与饼等物，及钱贯、贡纳货币场面观察，他们是在城市从事商业活动者。他们在其墓地还将女伎表演置于面前，可以想见生前必定眷恋女伎不能自拔，从而揭示了喜好女伎的风气，已从东京、临安那样的大城市蔓延到小城镇里。

以南宋隆兴府樵舍镇上的富豪周生为例。一天，一经过此地的卖艺人

女伎

王七公，引领着一位名唤千一姐的女伎来为他表演。这女伎不仅容色美丽，鼓琴佳，长弈棋，可书写大字，还善梅竹。周生命她唱词，千一姐所唱皆妙合音律。周生大喜，立即召来牙侩，与王七公立下契约，给予官券千缗，买下了千一姐。

一个小镇上的富人就如此热衷于有伎艺的女子，而且有多种伎艺的女子也满足于在小镇上落脚，显示出了女伎的供求双方是相当活跃的。一方是喜好女伎者，一方是拥有伎艺的女子，构成了一种也可以称得上是兴隆的"买卖"了。于此引出了这样一个颇具戏剧性的故事——

四川兴元一家市民，在路上捡到一个小男孩，将其带回家养育。这个小男孩越长越漂亮，夫妻俩便商议，教他歌舞，把他装扮成女伎，因为这样就可以将他售数十万钱。此后，这男孩便被关闭在深屋中，节制饮食，他的肤发腰步，都被加以严格的调治和修饰。待他长到十二三岁，俨然是一美女形象了。这对夫妇便将他带到成都，教给他新的乐声，加之他非常警慧，这对夫妇不让人见着他。

这样一来，人们更以为他是奇货，许多市民来求他为妻，可这对夫妇一口回绝说：我们这女儿应当归贵人所有。他们这样一说，好事者更接踵盈门，为的是见"她"一面。看一面，"她"便马上避开，就这一面也要钱数千，叫作"看钱"。时间长了，"她"的名声越来越大。

有一来成都的通判，慕名见了"她"一面，立刻神情恍惚，非要得到这位"女子"不可，与其父讲了价钱，一直给到70万钱，这对夫妇才将其"女"售给通判。通判喜不自禁，摆下宴席，与来祝贺的客人痛饮，并要此"女子"唱歌以助酒兴。欢闹到了半夜，通判拥此"女"进入房中，这时，才知"她"是男子，通判连呼受骗，派人去找其父母，已茫然难觅踪影，告官府去捕捉，也无音讯……

一对夫妇，含辛茹苦，不辞烦难地将一弃男培育成俊俏女伎的过程，不妨视作宋代城市女伎成长短史。从这位假女伎的故事可以反照出市民生

宋代市民日常生活

活对女伎的迫切需要之情。这对夫妇之所以费尽心机，将男孩训练成非同寻常的女伎模样，无非是因为出色的女伎可以赚来数量可观的金钱罢了。

如在潭州开场的一位善歌宫词的女伎，每一天可挣得数百券，豪门争延致之，日掷与金钗等，使她年余便积累万钱。又如一位官员在杭州宴客，就因一女伎善作"合生"，那官员就日赏她万钱……

所以上面所说的假女伎敢冒风险而上，它发生于兴元至成都等城镇之间，可知宋代四川城市此类事一定不在少数。1970 年四川广元市罗家桥宋墓出土的石刻图画上有两图，各绘有八女伎，有奏乐者，有舞旋者，乐器纷呈，舞姿蹁跹……这透露出了市民对女伎的喜欢，主要集中在乐舞类女伎身上。

我们还从宋人话本中看到：在宋代城市里，媒婆给人撮合婚事，首先也是讲好女子会很多乐器，以"李乐娘"自誉。一般市民也都要培养自己的子女唱曲，这唤作"教成一身本事"。北宋东京低级吏员之家的庆奴，由于"唱的好曲"，在生活无着流落镇江的时候，便到酒店"卖唱"为生。

为赚钱而唱的乐伎，由于训练有素，往往都是歌喉婉转，字真韵正，使人百听不厌。至于城市中的舞蹈，可以用《繁胜录》中的一句话概括："诸色舞者，多是女流。"最为突出的是临安，街市上三五成队的乐人，擎一二女童舞旋，唱小词，专沿街市"赶趁"……

可以说，歌舞女伎成为宋代城市女伎的主流。金人攻陷东京前，一次来索千名女伎，主要也是限于歌舞伎，就能说明这个问题。但这不等于说女伎仅歌舞一种，在宋代城市中，女伎的范围是很宽的。1992 年 2 月，河南洛宁县东宋乡大宋村出土的北宋乐重进画像石棺可证——

石棺上有《散乐图》，其图为一吹觱篥女伎，一吹箫女伎，二拍细鼓女伎，一舞蹈女伎。此样式在河南安阳天禧镇等宋墓均有发现，为北宋大小城镇最为常见的小型女伎散乐。

在散乐两侧，各有一窗棂式屏风。左屏风前、桌后、右侧各立一女，

《散乐图》中碾茶侍女

左女拿茶托，端茶杯，右女双手端盘。桌前一女，双手扶碾轮在槽中碾茶末。右侧屏风前、桌后一女，双手端一碗，此女对面站一端酒杯女，桌前一女双手端圆盘，盘上放一注子。一《进茶图》，一《进酒图》，交相映衬。

从这画像石棺看出，宋代女伎是各式各样的，不独吹拉弹唱，也有娱侍女伎，名目不一，有所谓身边人、本事人、供过人、堂前人、拆洗人、针线人……这位乐重进，就是歌舞女伎和侍候女伎并重的，他的这一生活方式，标示出了宋代城市女伎的两个方面——

在大量的歌舞女伎一旁，也同样存在着一个以出卖生活技术为生的庞大的女伎队伍，在东京人力市场上的"女使"，就是这一类型的代表。通过"女侩"或"牙人"，随时都可以雇用或买到这样的女伎。

王明清的《玉照新志》、洪迈的《夷坚志》都记叙道：政和年间，一官员的儿媳妇怀孕，一官员夫人生男孩，均通过牙侩雇、买到了一位奶妈。可知这种以生活技术谋生的女伎是很多的，并已形成了行当，已有专门的

《瑶台步月图》中女伎服侍女主人像

牙侩经纪人。

而且，市民对这种以生活性技术谋生的女伎的要求非常之高。侯君素的《旌异记》中就曾讲述过这样一个故事——

晏元献家有一老乳媪燕婆，为晏家服务数十年。燕婆死后，晏家对她仍时节祭祀，并经常见到燕婆托梦来说："冥间甚乐，但衰老须人扶持，苦乏人耳。"晏家便为燕婆画二女伎，送去焚之。可又梦见燕婆来说：送去的女伎软弱不中用。晏家叹异，便请工匠用厚纸格绘二美婢，送去焚之。他日晏家又梦燕婆来谢："新婢绝可人意，今不寂寞矣"……

这个故事相当生动地刻画了一位终身以生活性技术为职业的老女伎的心愿，她服侍人一生，逝世后在阴间仍向往女伎的服侍。倘女伎无美好技能与容颜，老女伎怎么会向阳间传递出这一请求？

生活技术性女伎之技能，与歌舞女伎之歌舞相比，其境界绝不逊色。就以"针线人"来说，虽是缝补刺绣，但本事很高强。《单符郎全州佳偶》

《半闲秋兴图》中侍女像　　　　　《春宴图》中年长侍女

中所介绍给司户作"针线人"的李英，"第一手好针线，能于暗中缝纫，分际不差"。

　　又如临安车桥下的"璩家装裱古今书画"铺中，有个18岁的女儿，被郡王所赏识，其原因是郡王在轿中看见她身上系了一条绣腰巾，换言之，也就是此女的绣工被郡王看中。璩秀秀的刺绣本事有《眼儿媚》词为证：

　　　　斜枝嫩叶包开蕊，唯只欠馨香。曾向园林深处，引教蜂乱蝶狂。

　　有这样的针线功夫，自然要使郡王青睐有加，璩秀秀趋奉官员命运自然难免。因为璩家无钱将她嫁人，只能以璩秀秀将针线伎艺献与官员府第来谋一生路。因此我们不难理解，连都市寺院的尼姑，都纷纷转向以"绣工"赚钱。曹希蕴就曾为东京乾明寺尼姑的"绣工"作诗，说她们是"为他人作嫁衣裳"。

尼姑都以学"绣工"为本行，这从另一个角度证明了在城市里女子就业有较大优势。所以在临安的小户人家，都重女轻男，倘若生下女孩则爱护得如捧珍珠，因为待女孩长大，可以随着她的姿质，教给她一种艺业，以此待价而沽。

当然，女伎之伎艺应培养至上乘。即使女伎中最为"下色"的厨娘，所拥有的伎艺也是要十分精湛。从中国历史博物馆所藏河南偃师出土的此类画像中就可以知道她们的形象——

她们均梳高髻，穿宽领短衣，着长裙，或烹茶，或涤器。其中"斫脍画像砖"上绘有：高木方桌，一把短柄刀，大圆木菜墩上有大鱼一条，刀旁

斫脍画像砖

有一柳枝穿三条小鱼，挽袖露出臂上长圈套镯的厨娘，脚边有一盆水，桌下一方形火炉，炉火熊熊，上置一双耳铁锅，锅中水正沸腾……

这使人想起叶梦得所记：在南馔未通行东京时，京城里竟无能斫鲙者，只有梅圣俞家一厨娘会，故欧阳修等人想吃鲙时，便提鱼前往梅家。看来艺有专门，厨娘也并非是女子就可胜任，必须要专门训练。以临安厨娘为例，那就是一种具有较高伎艺的职业——

有一当过太守的官员，委托人物色一位厨娘，不几日，委托人便为他寻到了一位有容艺、晓书算的厨娘。一旬过后，厨娘果然来到了，不过她是派一脚夫拿一信先来，太守见信中要求用车去接她，辞语很委婉，字迹特端楷，便知此厨娘非庸碌之辈。果然，一入门，着红裙绿裳的厨娘，容

宋代厨娘画像砖

止循雅。太守还未尝她做的饭菜，就已十分高兴。待初试厨娘手艺，只见她团袄围裙，"银索攀膊"。

所谓"攀膊"，乃是市民为便于操作而发明的通用工具。如李公麟所绘《百马图》中：二铡草人衣袖都用绳索缚定挂于颈项间，以把袖子高高抃起。高级者才用银索"攀膊"，足见厨娘气度的不凡。待她掉臂而入，切抹批脔，惯熟条理，真有庄子比喻的运斤成风之势。她做出的食馔，芳香脆美，济楚细腻，难以用语言形容。

能够雇佣具有这样不俗伎艺的厨娘的，非豪门贵户莫属，但这并不意味着市民阶层就不能享用这种女伎手艺了。在宋代岭南地区，无问贫富，女子都要研习庖厨，勤练习刀俎，如果能够擅长醯醢菹鲊，那就是大好女子了，市民们争着聘具有这样伎艺的女子为婚姻，征婚时甚至出现了这样的笑话：我家女子不善裁袍补袄，若修治水蛇、黄鳝，一条胜似一条……

女子必须具有良好的庖厨伎艺，已成为宋代市民择偶的一个基本标准，这也成为许多女子成名的一个看家"法宝"。以厨娘这一行当来看，在宋代城市中以女子命名的名牌食品和食店已不在少数。

其中突出者，如李婆婆杂菜羹、王小姑酒店、王妈妈家茶肆、汴河岸卖粥妪、金明池酒肆卖酒女，如此等等，必是厨艺精良，经营得法，才广泛传于市民之口，进入记叙都城生活的专书。

像宋五嫂鱼羹，在东京饮食行业中就有名气，南渡临安后，仍然以独特味道享誉京城。赵构曾尝过她的鱼羹，仅这一次，宋五嫂就得了10枚金钱、100枚银钱、10匹锦绢。由于曾经御赏，市民便纷纷趋向，宋五嫂由卖鱼羹遂成富媪。

宋五嫂鱼羹选料讲究，烹调技术与众不同，故始终为市食中翘楚，否则身处左江右湖环境中的市民，便去喝其他人家的鱼羹了。

还有不少以妇女称谓命名的店铺和商品，也是由于特殊的伎艺而扬名，如丑婆婆药铺，陈妈妈泥面具、风药铺，卖卦的西山神女，印刷行业中刻书的婺女。吉州舒公窑的女伎舒娇，制出与哥窑等价、栩栩如生的瓷玩具。还有临安五间楼前大街上，那戴三朵花的婆婆，敲响盏，掇头儿拍板，用伎艺表演来卖"点茶"……

正是这些女伎，以独特的魅力，极大地丰富了宋代城市的风貌，并给予当时的少数民族地区以影响。如金代燕京的下棋最高国手就是一位号称"妙观道人"的女子，这无疑是步宋代城市女伎"象棋沈姑姑"的后尘。仅此一点就足以使人窥见宋代城市女伎形象是多么光彩夺目了。

妓 女

水光潋滟晴方好，山色空蒙雨亦奇。

欲把西湖比西子，淡妆浓抹总相宜。

西湖与女子浑为一体，这一美妙的比喻，是来自苏东坡的切身体会。已忆不起是苏东坡第一次还是第二次在杭州时的作为了，反正是苏东坡以后的杭州太守姚舜明，听一位曾经侍候过苏东坡的老娼娓娓道来过——

他一有闲暇，就约许多宾朋游西湖，次序是：早晨在山水最佳的地方吃饭，吃完饭，让每位客人乘一只船，选出队长一人，再各领着几位妓女，随便到哪去。

吃完中午饭后，再敲锣集合在一处，登上望湖楼、竹阁等处欢闹，一直到深夜一二鼓，夜市未散时，他们才拿着烛火回城，引得人们夹道观看。

众妓女，华服纵马，踩着月光，异香馥郁，光彩夺人，恍如仙子下界。观看这支归还的千骑队伍，已成为当时杭州的一大胜事。

苏东坡一次出游就可集合起千余妓女，这反映了杭州的"烟花业"是非常发达的。据史载：杭州各处都有妓馆，从上、下抱剑营、漆器墙、沙皮巷、清河坊、融和坊、荐桥、新街、后市街，到金波桥等两河以至瓦市，如《钱塘梦》中所说：金城"有三十六条花柳巷"。而杭州只不过是北宋时

明刊本《西湖二集》插图

的一郡而已。

　　作为北宋首都的东京，妓馆则如同市民日常生活必需的食店一样，遍地皆是，触目皆有，真应了"食色，性也"的古训。像"院街"的曲院街西，竟都是妓馆，可称为"妓馆街"。

　　尤其在繁华地段，像御街东西朱雀门外，还有下桥南、北两斜街，都是妓馆。这些街均为东京最长、最宽之道，可设置多少妓馆，不难想象。早在北宋初年，陶谷就粗略说过东京的鬻色户籍有万数之多，证之以上所说，这倒并非夸大，而是保守统计。

　　由于妓女多，妓女分为不同层次。罗烨《醉翁谈录》曾描述了不同层次妓女的景况。有人认为《醉翁谈录》是因袭唐代的《北里志》，其实不然，笔者考证认为，《醉翁谈录》所记主要为两大类妓女，皆为东京真情。

一类是最好的妓女，住处就见品位。其起居为宽静房宇，三四厅堂，其庭院有花卉假山，怪石盆池，其小室皆帷幕茵榻，左经右史……她们个个能文词，善谈吐，妙应酬，评品人物，答对有度。门前，仆马繁多，豪少来游；屋内，进士不绝，崇侈布席……

另一类妓女，则多是出自世习散、杂剧之家。朝贵们的宴聚，必有这类妓女携乐器而往的身影。她们在闲暇时，便聚到东京较大的金莲棚中，各自表演拿手好戏。这样的妓女，用丝竹管弦、艳歌妙舞，炫人耳目，以动其心。对她们求欢的，多是膏粱子弟，他们一看上眼，待散后，便访其家，纵情玩乐……

这两类色艺并重的妓女，是东京，也是整个宋代城市妓女的主流，唤

宋初戴花冠妇女

作"官妓"。因为官府有公私宴会,都要点妓女去祗应,所以,凡在籍的娼户,便都叫"官妓"。官妓的一个重要使命是点缀官府主办的娱乐等重大活动。例如,一到看争标、观旱戏时,金明池的棂星门里对立彩楼,官府便让官妓排列上面,以壮观瞻。

官妓的另一个重要使命,是被官府征用于颇具商业色彩的买卖活动中。熙宁年间,王安石实行新法,政府散"青苗钱",为此在谯门设置了酒肆,百娃持钱走出者,便诱之饮酒,十钱便花去二三钱了。又怕市民不来饮酒,则命官妓坐肆作乐,以蛊惑民心……

临安一年一度的官府开煮新酒,都要"点呈",酒库雇来许多有名的、秀丽的官妓来掀声势,她们以其不同的装束分为三类:一类珠翠饰头顶,穿销金衫儿、裙儿;一类顶冠花,着衫子褡袴;一类穿红大衣,戴特大髻,号为"行首",为官妓中之佼佼者。

官妓们还各执花斗鼓儿,或捧龙阮琴瑟,真是衣着映照,乐器并擎;娉婷妖媚,相得益彰。服侍她们的婆嫂,也乔装成市井中的绣体浪儿,为她们牵引绣鞍宝勒骏骑。还有许多官员子弟用人托着诸色果子蜜饯,亲自持杯频频劝酒。这样的人物景象简直就似杂剧中的一个片段。

加上官妓们前有借请来的宅院诸司人家的虞候押番为之开路,后有手擎罗扇衣笈的浮浪闲客卫护,这支由官妓组成的美酒专卖宣传的队伍,引得成千上万的市民密密排列街头观看,一时形成了"万人海"的场面……

这种官妓表演景象,在宋代城市中并非绝无仅有。在王公贵族家是可以看到类似景象的,不同的是这里聚集不起万人场面。不过无论从服饰还是从表演来说,王公贵族的"家妓",是毫不逊色于官妓的。我们可以南宋左司郎官张镃家妓为例——

张举行"牡丹宴会",一堂虚寂。张问:香发了吗?左右答:已发。卷起帘子,异香自出,郁然满座。一群家妓以酒肴丝竹,次第而至。又有数

宋代市民日常生活

紫酱色
红
白
白衣
红裙
浅绿
白
朱
朱
浅橙

开元寺北宋壁画中的一支女子小乐队，正在为王妃的祈祷伴奏

十家妓，头戴牡丹，衣领皆绣牡丹颜色，歌唱《牡丹词》，进酹而退。

　　还有十数家妓，换装出来，大抵簪白花则穿紫衣，簪紫花则穿鹅黄衣，簪黄花则穿红衣。这样喝了有十杯酒，这群家妓的衣服与花也随着换了十次。酒会结束时，数百名歌舞家妓，列行送客，烛光香雾，歌吹杂作，使来宾恍若仙游……

　　于此可以了解到，王公贵族的家妓已经非常专业化，歌舞技巧高，服装也别致，人数数百，规模很大，从而反映出了宋代城市中的家妓已达到了相当可观的水平。

　　相对于官妓，家妓又指一些下等妓女，普通唤作"私妓"，即在自己家中招引嫖客，所以又叫"私窠子"。宋话本《新桥市韩五卖春情》中所描绘"私妓"的情况较为典型——

金奴的母亲，由于丈夫无能，家中也无别的生意，在年轻时靠出卖肉体度日。待其年近五旬，嫖客来得少了，女儿金奴便又来"接代，也不当断这样行业"。这种母女相传的是隐名的娼妓，在自己家中接客。在新桥市上开丝绵铺的吴山，因迷上了"私妓"金奴，不顾身体"炙火"，反复"行事"，结果肚疼不适，险些丧了性命……

用话本主人公吴山的话来说："传与少年子弟，不要学我干这等非为的事，害了自己性命。男子六尺之躯，实是难得，要贪花恋色的，将我来做个样。"《新桥市韩五卖春情》的作者还一语双关地将其作品说成是"风流话本"，证明这类情况在宋代城市不在少数，至少在临安以私妓闻名的就大有人在，如文字季惜惜、媳妇朱三姐、一丈白杨三妈、浴堂沈盼盼……

应该说，宋代城市中风流妓女还是以那种色艺并重的官妓为先。这不仅仅因为官妓的数量，在宋代城市妓女中最多，她们可以成为妓女的集中代表，也不仅仅在于妓女活动的范围多是酒楼茶肆、舞榭歌楼这样诱人的地方，最为主要的是宋代城市的妓女，大多具有夺人的容颜。

换言之，姣好的姿色，是成为妓女的先决条件。以政和年间李献民所撰《云斋广录》为个案，李献民所描述的妓女，无一不是形体相貌动人——

像在四川丹棱县的李达道，在后花园遇到一女子，见她微嚲（duǒ）香鬟，脸莹红莲，眉匀翠柳，真蓬岛仙女，便以为她是"娼家"。皇祐年间，吴女盈盈吸引人之处，也是容艳，千态万貌，奇性殊绝，用李献民的话来说是"所谓翘翘煌煌，出类甚远"……

如此等等，不一而足。文人们用上乘的辞藻，最佳的情思，根据细致入微的观察，调动一切美化手段，对宋代城市妓女做了精确的描写，人们都可以从这类描写中获得被描绘的妓女是何种类型美人，她们又是在怎样的氛围活动的清晰印象——

她们，明眸闪闪，风姿绰绰；鬓发玄髻，光可以鉴；皓齿朱唇，星眼晕眉；香腮莹腻，体态轻盈；粉妆玉琢，灼烁芳香；被服杂错，巾帼鲜明；靥辅巧笑，神飞倾城；娇态千变，万种风情；宴堂深轩，芙蓉帐暖；爽歌凝云，谈论双频；舞腰乱旋，时换新音；手嫩胸白，簌簌轻裙；扶肩昵语，悄唱低吟……

宋代城市妓女，仿佛比她们所处的那个时代的一般女子更为生动，更赏心悦目，其实，这是一种被精心修饰出来的"人工美"，一颦一笑，一言一动，走坐立睡，喜爱嗔怒，都那么艺术化，以至可以使人"从头看到脚，风流往下跑；从脚看到头，风流往上流"……她们，秀色可餐，媚态如春，不由人不魂销魄荡。

纤纤的脚，袅袅的腰，能酥软权倾朝野大员的肌骨；饱满的乳，含春的面，能化解宦海的险恶，党争的酷烈；社稷情，军马苦，官场怨，同僚恨，在妓女的温暖呵护中，统统变作缥缈的云烟。

妓女，像一乘奇妙的仙槎，将狂放的子弟，轻佻的郎君，落魄的公卿，失意的缙绅，一一吸束，载驶到惬意的彼岸。这就是那拥有三宫六院的风流天子徽宗，也要步入这征逐城市妓女的行列的原因。

在谈到男人与妓女交往的历史时，不能不首先提到妓女与士子的关系。在宋代城市里，一个值得注意的现象是，这里聚集着，用《繁胜录》的话说，是以十数万计的读书和准备考试的莘莘学子，也可以说，天下读书种子的精华尽萃于东京、临安这样的大城市里。

这是一群处于青春躁动期的年轻人，但他们不能像恶少年那样闲逛滋事，也没有策肥拥姬的贵公子的气派，只能整日苦读，精神寂寞，而一旦高中，则身价百倍，需要向人炫耀，若金榜落第，则垂头丧气。巨大的反差，使他们渴望异性的抚慰，况且这些人多半或家室不在，或婚姻未结，加之他们的经济状况，多处于社会"中产阶级"，妓馆就成为他们最频繁光顾的去处……

有一位叫沈君章的士子，喜欢并常去妓馆，有一天他宿在妓馆，因感

妓
女

冒归家，两腿特别疼痛，其母按着他的腿说：儿读书良苦，经常深夜读书，学中乏炭薪，故冻坏了。沈君章听到这话，直觉天下无容身处，当即在心里发誓：从今以后再也不去妓馆了。

这个故事所传递出来的讯息是：士子是妓馆光顾最多者，以至小说家不得不选取沈君章这一故事来加以劝诫。但从另一方面说，青衫愁苦，红粉怜才，才子佳人的故事频频发生，妓馆已不可遏止地成为士子最理想的精神乐园。

在与妓女眉目传情，而能使自己的心灵有所寄托的感情游戏中，柳永成为最优秀的代表。笔者之所以这样说，乃是因为柳永未一味沉湎于色情和淫荡放肆，而是温良恭俭让，一脉深情地将妓女作为讴歌对象，而倾注了自己的全部心血——

他赞美东京妓女的舞蹈："几多狎客看无厌，一辈舞童功不到。"他欣赏妓女婉转圆润的歌喉："一曲阳春定价，何啻值千金。"他倾心妓女的性格："心性温柔，品流详雅。"他沉醉于妓女佳娘的一颦一笑，一举一动："举意动容皆济楚"……

存世的两百余首柳词中，我们看到，在柳永的笔下，妓女像彩虹，像轻风，像神仙，像精灵，使人似乎忘记了这是肉欲交易而产生的精神产品，相反，却是身心浸溶于一个由微笑和快乐所织成的甜美的梦境中，减一分狎昵，添一分痴情……

柳永抛却了假道学的面具，调动起自己擅长音乐、善制曲谱的本领，驰骋开了他那本应在贡院应试的才情，专为适应妓女的歌咏，大量地写作了那种突破小令、点化俚言俗语，隔三四句甚至五六句用一次韵，形式不拘的长调慢词，以使妓女更便于抒情，伴红牙拍板曼声低唱，以展现缠绵细腻的感情……

由于妓女所处的市井地位，柳词经妓女之口，很快就传向了社会的各个方面，以至"凡有井水处，即能歌柳词"。这不能不归功于妓女的传唱，柳永从妓女那里获得了远高于试场上所能够得到的称誉。柳永通过妓女扩大了词的影响，而妓女也在与柳永的交往、传唱柳词的过程中提升了自己的文化品位，于是便出现了这样的场景——

一日，柳永从樊楼前过，受妓女张师师呼唤上楼。张请柳永为她填词，柳永正要写，一叫刘香香的妓女上楼来，刘又让柳永为她作词，柳永便应允思索，正在这时，又一妓女钱安安上楼，也向柳永提出写词的要求……

东京的妓女就是这样如饥似渴地求柳词，因为柳词有名，能移宫换羽，一经品题，声价陡涨，所以妓女对柳词的追逐，犹如走兽奔于麒麟，飞鸟翔于凤凰，竭力奉应，甚至不惜金物。

同时，妓女在演唱柳词时，也能渐渐悟出个中三昧，学得填词技法。像张师师就会填词，她可以即席借柳词韵律，与柳永唱和，其词境竟也会使柳永大喜。而且，妓女填词作诗不让须眉，不独张师师，可谓极为普遍——

像北宋杭州妓女琴操，她能纠正一官吏咏秦少游《满庭芳》的错误，官吏颇惊讶，便向琴操提出将全首词改韵歌咏，琴操应声而吟，依秦词原意而生发，巧易新韵，不露痕迹，起承转合，流畅自如。

这表明了妓女琴操所具备的驾驭词的功力，是相当深厚的，倘无长时间对词的揣摩和锤炼，是无论如何也做不到的。与此相映照的是，北宋杭州的妓女周韶，笑着向一位官员要求脱离妓女的户籍，那位官员提出：可作一绝句才能允许。周韶几乎不假思索，将自己所穿的白衣服及当时的心情融入诗中：

陇上巢空岁月惊，忍看回首自梳翎。

开笼若放雪衣女，长念观音般若经。

优美的诗意，引起在座人感叹。于是，周韶得以"落籍"。

在临别之际，同辈妓女都挥毫写诗，为周韵送行。其中胡楚写的是：

> 淡妆轻素鹤翎红，移入朱栏便不同。
>
> 应笑西园桃与李，强匀颜色待秋风。

龙靓写的是：

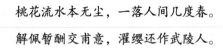

> 桃花流水本无尘，一落人间几度春。
>
> 解佩暂酬交甫意，濯缨还作武陵人。

这样的诗，语句境界均无懈可击，不使胡楚、龙靓享有极高的诗名才怪呢。那位与柳永齐名、造语工巧的张子野，晚年在杭州时，虽多为妓女作诗词，可是他的诗词意境、韵味，却被诗评家认为远远不如胡楚、龙靓。

有的妓女年老色衰，但依其诗才，也可在争艳的群芳中显出。淳化三年（992）十月，东京太平兴国寺的牡丹花儿盛开之际，有一老妓女，在寺壁上题了首诗：

> 曾趁东风看几巡，冒霜开唤满城人。
>
> 残脂剩粉怜犹在，欲向弥陀借小春。

这首诗切景抒情，竟使这位老妓女的住处又车马盈门了。

看来，妓女具备赋诗作词的能力是很必要的，因为只有这样，才能得到士大夫的好感。于是，妓女就注意在文化修养上下功夫，其中不乏学有专长者，如书法一项就人才辈出，成绩斐然——

王之望的《临江仙》，描述妓女的书法技艺，令人叹异："对客挥毫惊满座，银钩虿尾争新，数行草圣妙如神。"又如长安娼妓曹文姬，尤工翰墨，自桌到窗，可书之处，均作练习，每天数千字，人称她为"书仙"，笔力可推为"关中第一"。所以许多豪贵之士，愿赠金输玉，求与她为偶者，不可胜计。

还有楚州官妓王英英，善笔札，学颜鲁公体，晚年作大字甚佳。梅圣俞就曾专为她赠诗道：

> 山阳女子大字书，不学常流事梳洗。
> 亲传笔法中郎孙，妙作蚕头鲁公体。

从诗句看，王英英根本就没有一点官妓的影子，反而更像一位卓有成就的书法家。

许多妓女就是由于拥有不俗的文化品位，而一跃成为贵人击节赞赏的知己朋友。这样的例子在宋代城市妓女中是非常多的，以上所说仅是显露出的冰山的一角。妓女只有有文化，才更容易得到贵人的容纳和宠爱，这是整个趋势。

像南宋将领张俊得钱塘妓女张秾后，他的往来公文，都委与张秾书写。拓皋战役时，张俊曾在前线寄信给张秾，希望她照看好家事，可张秾回他一书，博引霍去病、赵云等名将杀敌的事，让张俊莫以家为念，以坚其克己报国之心。张俊将此书上奏给皇帝，皇帝阅后大喜，亲下手谕，加封张秾为雍国夫人。

像张秾这样由妓女转变为贵夫人，又参与公务机要，并得到皇帝褒奖，是极个别的。绝大多数妓女得到的只能是贵族的欣赏而已，而且这种欣赏的目光往往聚焦于妓女的肢体上，如贵族颇感兴趣的妓女的脚——

北宋后期，升任驻守长安军事长官的强渊明，去蔡京处辞行，蔡京调侃道：到那里要吃冷茶了。蔡京这样说是因为长安的妓女脚小，走起来慢，所以端的茶必冷。这条史料透露出北宋城市妓女缠足已较为普遍。

在这条史料之前，就有了这样的记录：大文豪苏东坡曾作过一首《菩萨蛮·咏足》。以苏东坡之文名，专咏缠足妓女的舞蹈，这不单是揭开了中国诗词史最早的专咏妓女小脚的一页，也标示着贵族阶层意欲推动妓女缠足的进程。

与苏东坡同时代的赵令畤，去刘平叔家玩，刘平叔出八名家妓，以脚绝、歌绝、琴绝、舞绝，乞赵赠词。赵令畤专写《浣溪沙》，称赞"稳小弓鞋三寸罗"。从浙江衢州南宋墓出土的冥器女鞋看，其头高翘，底尖锐，全长 14 厘米，宽 4.5 厘米，高 6.7 厘米，与赵令畤所写"弓鞋"不相上下。

缠足兴起，主要是由于城市贵族对妓女审美情趣的变化。就连僧人了元也写出了"觑著脚，想腰肢如削"这样引人浮想联翩的词句，原因就在于：裹小的女人之脚，在当时人看来，是女人整个身体中最性感、最诱人的部位。

那生于北宋，在南宋为官的史浩的两首《浣溪沙》词，为我们提供了这样一个再准确不过的参照：

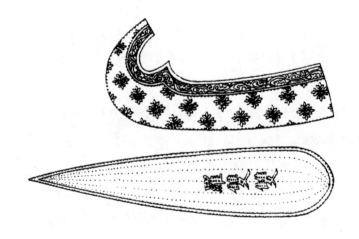

　浙江衢州南宋墓出土的三寸金莲银鞋样

一握钩儿能几何？弓弓珠靥杏红罗，即时分惠谢奴歌。　　香压幽兰兰尚浅，样窥初月月仍多，只堪掌上恹琼波。

珠履三千巧斗妍，就中弓窄只迁迁，恼伊划袜转堪怜。　　舞罢有香留绣褥，步余无迹在金莲，好随云雨楚峰前。

在达官显贵的眼里，妓女缠足，才能愈发体现其瘦、小、尖、弯、香、软的美来，才能使人春情荡漾，欲火难忍。缠足之所以始于妓女，其目的只有一个，就是供贵族们更舒服地玩弄。

至于妓女的生存好坏，贵族们是很少关心的。像东京"南曲"的妓女颜令宾，一旦得病，则无人光顾了。她强扶弱体，写下了"气余三两喘，花剩两三枝。话别一樽酒，相邀无后期"的诗句，让小童子送给她昔日按

宋代缠足女子

诸衙门行牒而奉候的朝士郎君，希望他们能为她的死作哀挽之词。

"香魂竟难论"，"谁来为鼓盆"，这一哀章道出了许多妓女的真实境遇。这不禁使人想起那些与士子发生真实爱恋的妓女，"人间最苦，最苦是分离。伊爱我，我怜伊"。艨艟巨舰，也载不动这沉甸甸的恋情。

可是，往往是妓女倾心，也换不来士子的真心，换来的是始乱终弃，背信弃义。于是，在宋人的笔记小说中，出现了一系列的抨击这类负心汉的故事，哀痛欲绝，令人肠断。像话本《王魁》——

山东济宁府秀才王魁，在进京的过程中，得遇一位妓女敫桂英，两人一见钟情。敫桂英出资帮助王魁应试，王一举中为状元，马上变心，聘崔相国之女为妻。敫桂英激愤自刎而死。王魁闻信暗喜，谁知敫桂英显灵，将王魁追索到了阴间……

此故事是士子对妓女始乱终弃的典型，它反映出了为数不少的士子对妓女好玩不好匹配的心态，同时它寄寓的意义是：妓女是值得同情的，谁若是玩弄妓女而不负责任，那不管他是什么样的人，都要付出相应的报偿。《王魁》这样的话本小说，将这种思想宣泄得淋漓尽致。

但是，从整体来看，妓女，作为高度发达的城市树上的一个"果实"，她是依附于这棵树的，而这棵树又以她的风采，显示着自己的繁华。她已经将自己的根须深深地扎在这棵树所赖以生存的土壤之中了。

所以，妓女的生活又有糜烂的一面，以至有的妓女已被深深熏染而不能自拔，并努力去充当这一方面的角色。这种被达官贵人包装起来而光芒四射的形象，浸透着多少刻骨的辛酸，只有亲历者才会有感受，可是她们仍要做出浑然自如、轻松潇洒的模样，这真不知是喜还是悲？

像东京"南曲"的潘琼，就有万贯财产。一次她招待一举登科的华状元，摆下盛馔，每举一盏，都有乐色百戏为之表演。第二天，华状元取出百余两白金，让潘琼为她再设一席，可是，潘琼却说这些白金只能作夜来佐樽的小费，吓得华状元赶快离开了潘琼的住地。

—宋代市民日常生活—

毋庸置疑，作为妓女，潘琼自身不会有什么资财，她之所以举措豪侈，主要是以皇帝为首的贵客厚赏的结果。有的高级妓女，露一次面便可得到斗金，这在宋代城市中已不是什么新鲜事。

如徽宗爱慕名妓李师师，便拿出内府珍藏的紫茸皮衣、四支彩色的细毛布、两颗珍奇的瑟瑟珠、白金廿镒为进见礼。一旦如意，徽宗竟将国宝"蛇蚹琴"赐给了李师师，至于各种灯盏、奇茗、名饮、辟寒金钿、舞鸾青镜、金虬香鼎、端溪风味砚、玉管毫笔、剡溪绫纹纸、玉彩珊瑚钩等，则无法计算。

这种在妓女身上一掷千金的作风，是为了显示其雄厚的财力，无比的地位，浪漫的情调。红颜溢坐，美目盈堂，王公显贵自是乐此不疲，互相攀比，从而使城市妓女的消费，似波涌浪翻，滚滚直上，成为宋代城市畸形繁华的一个重要原因和一个独特的景观。

如淳祐年间的妓女徐兰，名著一时，吴兴乌墩镇的巨富沈承务，便驾

绣枕晓镜图

大船到她家一嫖。留恋半年，便在徐兰身上花费了数百万金钱，徐兰的名声更加远传，公子大贾等有钱人士，无不趋赴，致使徐兰家益发如人间仙境一样——

堂馆华丽曲折，亭榭园池点缀其间。锦缬铺地，帐幔销金，十余位侍婢执乐器伺候。金银玉玩具，名人书画，饮食受用器皿，其精妙可为整个吴地之冠。

正因如此，南宋南方城市中的许多小户人家，有女便日夜盼望长成，长成后便不惜用重金求师教女乐艺，目的是让女儿得到官宦的传唤或卖给富家为妾，用女儿的身体来赡门户。他们嗜钱如饴，为钱至爱也可送出。

天台的陈润道有感于这一习俗的毒害，曾专作一首《吴女》诗，大声向政府疾呼，让他去做"吴守"，以改掉这一恶习。但是，妓女在宋代城市中已经形成了行业，是其繁盛的标志，怎么能触动得了？

在东京及其他中小城市中，甚至有许多无赖男子，也学会了以色媚世，以图衣食。北宋政府一直未正式禁止，一直到了政和年间，才开始立法：凡是男子为娼者，重打100杖，告发人得赏钱50贯。

可是在南宋临安新门外竟专有男娼的"巢穴"，这些男子抹胭粉，着丽服，还乔模乔样做针线活儿，连口气称谓都与妇人一样。他们这种变态的形象，实在令人作呕。然而，谁也没看见有兵丁举着从北宋就订有的禁止男子为娼的条牌来严令禁止他们行娼。

正是由于政府默许的态度，才使娼妓业阴暗的一面愈益发挥着作用。在宋代笔记小说中所描写的城市生活中，许多犯罪活动，均有妓女参与其间。在妓女参与的犯罪活动中，最为常见的就是《武林旧事》中所说的"美人局"，即以妓女为姬妾，诱引少年上当。我们可以从《夷坚志》中选择这样的事例，以窥知这些丑恶勾当的内幕——

宣教郎吴约，家富饶财，久在南方，多蓄珠翠奇货，有可值千缗的骏马鞍勒。吴约携带这些物品，到临安谋官，留滞临安期间，与邻近寓馆诸客熟悉了。其中有一宗室赵监庙，与吴居住百步之间，赵多次用酒馔果蔬来慰问吴，吴亦回报南中珍异。赵邀吴至居舍，妻子卫氏出见，卫美色妙年，吴为之心醉，遂同饮席，笑狎谑浪，目成云雨，忘形无间……

一日，赵向吴借仆马准备去婺州，吴马上借给。卫氏则传信于吴，让他来会面，吴应邀至赵家，与卫氏唱酬应和。及暮留宿，吴将就枕，忽闻叩门甚急，乃赵归来，吴急趋伏床下。卫问赵何以遽还，赵说因浪大不能渡江，便打水洗脚，赵且洗且浇，水流满地，吴在床下移避，窸窣有声，赵秉烛照见吴。叱使出来，辱骂责打，绑缚于地。

吴请输金赎罪，乞怜不已，愿纳百万，赵也不答应，增至三倍，再加上鞍马服玩，赵才将吴松绑，命壮夫数辈，尽掇吴的所有财产装去。同邸无不为吴不平，认为这是猾恶之徒，以妓女诱吴作的戏，根本不是真宗室夫妇。吴方醒悟，往视赵家，已空无一人。吴悔恨不已，但已无糊口之费，由此心志惘惘，且遭人讥议，遂感疾沉绵，未赴官就死了……

笔者之所以不厌其长地讲述这一故事，实在是因为这一故事极为典型，它开中国城市黑社会利用妓女诱骗男人钱财之先河，它是妓女不光彩行径的真实写照，是帮助我们观察宋代城市妓女全貌的一个不可或缺的方面。

赢钱赌物的游戏

关扑、相扑，一经济，一竞技，究其最终目的无非是赢钱赌物，可作游戏观。

关 扑

一个人为了一个黄柑花费了一万钱，这说起来好像是匪夷所思的奇事，而在宋代城市里则确确实实，乃是"关扑"之反映。《夷坚志·李将仕》中说：

一个即将赴临安当官的李生，住在与一小宅相对的旅馆。他发现那宅内有一妇人，常立帘下阅市，有时好歌唱。李生听其音，大为赞赏，但只见其双足，未见妇人真面目。

一天，有一持永嘉黄柑叫卖的人从旅馆前经过，李生坐在旅馆前眺望那宅内妇人动静，不见妇人，闲极无事，便要"关扑"黄柑。结果一扑起来，心不在焉，钱如流水输去，也不曾赢得一个黄柑到口。

此事重心虽然在李生如何落入那妇人的圈套，但它是以"关扑"为由头的，这表明"关扑"在宋代已是极其平常的社会现象了。怪不得后来的书会先生以此为雏形，专门作了一篇《赵县君乔送黄柑子》的小说，小说相当生动地写了一位宣教郎，因想勾引他人家眷——

一日，正在门首坐地，呆呆地看着帘内。忽见个经纪，挑着一篮永嘉黄柑子过门，宣教叫住，问道："这柑子可要博的？"经纪道："小人正待要博两文钱使，官人作成则个。"宣教接将头钱过来，往下就扑。那经纪蹲在柑子篮边，一头拾钱，一头数之。怎当得宣教一边扑，

智遠廟中賭錢

一关扑一

明刊本《刘智远白兔记》插图

一心牵挂着帘内那人在里头看见，没心没想地抛下去，扑上两三个时辰，再扑不得一个浑成来。

至此，小说家非常准确地把握了关扑的人的心理活动，写道："欲待再扑，恐怕扑不出来，又要贴钱；欲待住手，输得多了，又不甘伏。"通过以上这些惟妙惟肖的文字，我们大致了解了何谓"关扑"和如何进行"关扑"。

从字义上看，"关"自春秋以来有"关节"、"关闭"、"关口"等意解，也有"交"、"涉及"、"参与"之意。如汉代扬雄的《太玄经》中有："升降相关，大贞乃通。"《注》："关，交也。"《后汉书》："通道玉关，隔绝羌胡，使南北不得交关。"又如《世说新语》："既共清言，遂达三更，丞相与殷，共相往反，共余贤，略无所关。"

就"扑"字原义说，前人或释为"争到曰扑"，或解作"手相搏曰扑也。"两种解释都具有竞争、搏斗以角胜负的意思。如果说人们所熟悉的力士相扑，是角力竞技于竞技场，那么据此推知，所谓"关扑"，可作参加竞争解，如专门研究宋代买扑制度的裴汝诚、许沛藻两位专家所言：所谓买扑者，或以买主们互出高价竞争于卖主之前，角逐之状，酷似力士相扑，更直白一点说要像力士角逐那样赌物赢钱。

在宋代城市真就是这个样子，像前面引述的小说，是作者忠实承袭了发生在宋代城市里的故事而创作的。一万钱还赢不得一个黄柑到口，还丢了官人的面子，那位宣教郎禁不住连声叫道："可恨！可恨！"这种从富有跌到窘迫的境遇，是颇具刺激性的。

有多少市民，只要有一文钱或几文钱，就去关扑，将钱扔在地上扑，看着钱辗转翻腾，既可以一玩，又可以通过一扑或几扑，将成倍的大宗钱财赚来。所以我们翻开《东京梦华录》，就可看到这样的画面——

无论春夏还是秋冬，市民常常将关扑赢来的衣服、茶酒、器皿等，挑

宋代市民日常生活

挂在一根根长长的竹竿上，迎着人群，伴着歌叫，在闹市中穿行，好不惬意，好一派炫耀……膨胀的商品经济生活也的确给市民提供了越来越多这样的契机。

在东京，在临安，一般商贩的货物，或玩具，或糖果，或衣或镜，或珍珠宝玉，既可出售，也可能关扑。顾主与商人以买卖之物商定，按质论价关扑。如一尾重七八斤的鱼，扑时需要五文钱。赢即得物，输则失钱，简便易行，只要有钱有物就行。

关扑时，扑的双方就拿钱在地上或瓦盆中扑，不费任何力气，有道是："你博一千，博我这胳膊也无些儿困。"但是关扑并非漫无规矩，用宋人的话来说：掷钱为博者戏，看钱的正面多少，正面"曰字，曰幕前"。

凡钱是背面，则称为"纯"。几个钱全部掷成背面，则称为"浑纯"，"浑纯"是赢的标志。如宋代有的市民"一扑五钱皆黑，一钱旋转不已，竟作字，一人曰几乎浑纯及榜，乃为小荐第一"。

在关扑进行时还有些约定俗成的具体说法，像元杂剧《同乐院燕青博鱼》中说关扑时，"如不要你蹲着腰虚土里踪，叠着指漫砖上墩；则要你平着身往下撇，不要你探着手可便往前分"。

一扑起来就意味着扑钱，关扑的人无不小心翼翼，有的竟紧张得"呀，呀，呀，我则见五个镘儿乞丢磕塔稳，更和一个字儿急留骨碌滚，吓得我咬定下唇，掐定指纹"。因为稍有不慎，顷刻之间，失去本钱乃至万钱并非不可能。

但就是这样的关扑，使那些生活陷入困境的市井小民看见了一线光亮。如盐官县黄天荡的余三乙，已到行乞于市的地步，幸亏妻子存了数匹布，他便以此为资，跑到临安，"扑卖头须篦掠"为生去了。

可是这种偶然性很大的赌博，并非能解人于倒悬。在东京，有的市民已两天没有饭吃，就找熟人赊了一条鱼，晨起去大街上关扑，希望能赢点钱，作全家之食。谁知与一待发榜的举子掷骰赌钱，却叫举子一掷胜了，

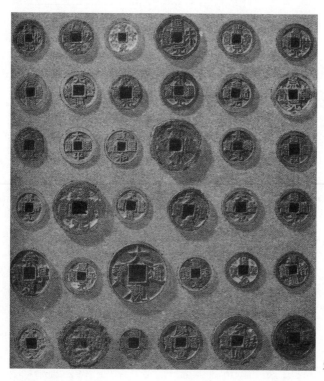

宋代钱币

赊来的鱼，扑没了，就等于这一家市民食物和财物全没有了。

这真是资本微薄，且希望无定，然而，有市民确实从一扑中得到车马、地宅、歌童、舞女以及器皿、食品……这就撩起了生活在社会底层的市民无论如何也要去关扑的念头。宋话本《史弘肇龙虎君臣会》中就描写了这种关扑状态中的市民形象——

有扑鱼的市民，扑输了仍不甘心，又央借"扑过了鱼"，准备再到前面扑赢得几个钱，以养老娘，然后来还借给他鱼的郭大郎，一条鱼竟被寄予这么大的期望。那扑过鱼的郭大郎见他说得孝顺，便将鱼借给他去扑。

扑鱼的市民，满怀信心拿着鱼，路过一酒店，被酒店中一恶棍李霸遇叫住"扑鱼"，结果李霸遇"扑不过，输了几文钱，径硬拿了鱼"。扑鱼的市民无奈，以实相告借给他鱼的郭大郎，郭大郎愤愤不平，便去酒店找那赖鱼的恶棍。两人因"扑鱼"，在酒店展开了一场厮打。

话本作者，选择宋代城市中最为常见的、与普通市民联系最密切的关扑为素材，是有寓意的。一是它可以最直接地反映出一般市民的生活概况，二是通过郭大郎为扑鱼而拔刀相助，褒扬捍卫关扑的合理性的行为，抨击破坏关扑的败类。

在描写此景此情之前，话本作者特加一伏笔，说："这郭大郎因在东京不如意，曾扑了潘八娘子钗子。潘八娘子看见他异相，认作兄弟，不教解去官司，倒养在家中。"这实际也道出了郭大郎的成长过程，他是由一个不遵关扑法度的市民，转化成了一个视捣乱关扑为敌的市民，这细微的一笔，却是有深刻含意的。

因关扑而横眉相向，虽为个别，但折射出了关扑关系到市民的切身利益，说有的市民身家性命系于关扑之上，并不为过。绝大多数关扑的市民，是希望通过赌物赢钱，改善境遇或谋到好处。

可是扑起来是凶是吉，无法把握，所以，市民们又在扑前虔诚地祷告一番："我去这新盒子内，拿的这常占胜、不曾输、咨富贵的马杓、明滴溜的六文头钱问：钱哪！我若是告一场响豁，便是我半路里落的这勤殷。"

有的市民甚至以关扑来测定自己是否应该做某件事。如南宋嘉定十年（1217）九月，一孔姓官吏的门客郑复礼，因见市上有三文十纯博鸡并钱的游戏，勾起他对孔家小姐垂涎已久的想法，他便借关扑——

如果用骰钱祝之得一个"纯成"，便去拐孔氏女，结果他随手便得了一个"浑纯"，但他还不放心，又借骰钱"一祝"，结果又得一个"浑纯"。也许这样的运气是少见的，郑复礼在这天夜里，便将孔家小姐拐走了。

运气好坏，只要去扑一下便知端详，何乐而不为？这大概是所有参加关扑的市民的心理吧。这样的市民不止一个，各式各样的关扑形式便相应出现。东京有这样一位扑卖饧的小商贩——

《同乐院燕青博鱼》杂剧插图

　　他为使市民能与自己一扑，自己又不蚀本，精心设计，做了一个三尺圆盘，上面画有数百个禽鱼器物，它们长不过半寸，大约如人小指，小的只有两个豆粒那么大，而且细到禽有足，鞋有带，弓有弦。

　　扑卖饧商贩旋转这埚细的圆盘，用别着五色羽毛的针箭，招揽市民"扑买"，买者投一文钱，便可用针箭向旋转的圆盘射去，扑卖饧商贩一边看，一边高声唱叫白中某，赤中某，余不中这样的行话。

　　待圆盘旋止定住，卖饧者再看看与自己观察是否有差，若无差，射中圆盘上的禽鱼器物的市民，就可以吃到美味的油饧。而扑卖饧商贩，从圆盘上取下针箭，再旋转圆盘，开始下一次的"扑卖"……

　　这样的关扑，相当典型，它足可以代替发生在宋代300年中大大小小城市中的关扑的基本面貌。我们或可将它称为赢钱赌物的游戏。正是由于关扑中有娱乐的因素，这就更使市民向往这一可以娱悦精神又给人以希望的活动。

北宋政府不得不想方设法，满足市民关扑游戏的热烈欲望。自北宋后期，每年一入正月，开封府便张榜告示全城：元旦、冬至、寒食这三大年节，放关扑三日。每到此时，市民都喜气洋洋的。

不唯度佳节，而且要痛痛快快地关扑游戏，所以市民们一大早就出门，互相庆贺，即使再贫穷的市民，也穿上新洁的衣服，把酒相酬，好像要用酒来助兴。在关扑的日子里，入市店饮宴已成习惯，并相沿成为东京独特的风俗。

其实，何止一般的市民因关扑而纵情，王公贵人也纷纷参与其中，他们乘坐的车马在关扑的地段走驰不歇。关扑的地段非常广大，如马行街、潘楼街、州东门外、州西梁门外、州北封丘门外、州南一带……

这些地段，彩棚连接，彩棚里铺陈着冠梳、珠翠、头面、衣着、花朵、领抹、靴鞋、玩好等物，扑卖商贩的高声吟叫，与关扑彩棚间的舞场、歌馆传来的笙乐，高低相和。坊巷间的关扑，稍有逊色，多是食物、果实、柴炭之类。

可是，不管尊卑贵贱，关扑都紧紧吸引住了每一个市民。入夜，连一向深居简出的大家闺秀、名门贵妇都迈出门槛，抛头露面，纵赏关扑。然而韶光易逝，每次关扑不过三天，欢乐短暂，广大市民无不盼望着集中的关扑……

北宋政府不得不在春天开金明池、琼林苑，在这狂欢的黄金时刻，特意纵人关扑游戏。只见那金明池中心的五殿上下回廊，摆满了钱物、饮食，一簇簇扑卖者，一堆堆扑买者，吃五喝六，兴致勃勃。不少人还到横跨池中心与池岸的仙桥的两边，在瓦盆内掷头钱，似乎想沾仙气取胜。

在与金明池南北相对的琼林苑里，除酒家、占场表演的伎艺人，其余空闲地方，全为扑卖商贩所占。他们在搭扎起的华贵彩幕中，铺设珍玉奇玩，彩帛器皿……张择端所绘《金明池争标图》中就展现了这种彩幕中万头攒动的景象。

市民们面对各式各样的物品，无不怦然心动。他们往往就地关扑，或以乐艺女伎为一掷，或以一笏扑出三十笏，毫不罕见。大到车马地宅，小至歌姬舞女，都可一一划价下赌。

这就更促使市民关扑的热情难以衰竭，即使下雨刮风，金明池内，琼林苑里，游人也从不间断。当然，许多市民是为赏春光、看伎艺而来。可是为市民提供一个关扑游戏的理想所在，也不能说不是金明池、琼林苑从三月一直开放到四月的一个重要原因。

然而，北宋的这种赢钱赌物的游戏，无论其深度还是广度，与南宋相

《岁朝货郎图》中的货郎

较，还是有一定的距离。这种距离主要表现在与市场紧密相连的程度上。从南宋临安的早市、夜市上，我们可以看到——

从吃的，如糖蜜糕、灌藕、时新果子、象生花果、鲜鱼、猪、羊蹄肉、猪胰胡饼，到用的，如细柳箱、罗桶杖、诸样藤作、银丝盒子、乌木花梨动使、画烛；从穿戴的，如花环钗朵、篋儿头饰、销金裙、缎背心、销金帽儿、逍遥巾，到玩耍的，如四时玩具……可以说应有尽有，都一一排列上市，参与关扑。

随着时令节序的转移，扑卖商贩也随之变换着自己关扑的品种，像春、冬之际，就扑卖玉栅小球灯、奇巧玉栅屏风、棒灯球、走马灯、闹蛾儿、玉梅花、元子槌拍、金橘数珠、糖水、鱼龙船儿、梭球、香鼓儿等时令之物。

夏、秋时节则关扑青纱、黄草帐子、挑金纱、异巧香袋儿、木犀香数珠、梧桐数珠、藏香、细扇、茉莉盛盒儿、带朵茉莉花朵、挑纱荷花、满地娇、背心儿、细巧笼杖、促织笼儿、金桃、陈公梨、炒栗子、诸般果子等应景之物……

这种关扑，完全是市场经济性质。扑卖商贩是根据市民的生活需要，制造和安排关扑物品的。如临安天气最热的时候，市民们都在宽阔处避暑纳凉，扑卖商贩便投其所好，在街市上扑卖蒲合、生绢背心、黄草布衫、苎布背心、黑伞、花手巾、紫纱裙、凉伞、凉簟、凉枕、凉鞋……总之，一切消夏衣着用具，均在关扑之列。

而且南宋临安的关扑，专门化程度也较高，在每一个传统节日里，节物关扑就分外红火。比较突出的是七夕节时，小贩们捏造牛郎织女泥土玩具，扑卖盈市。

七夕节时在御街上扑卖着干红背心、系青纱裙儿的魔合罗泥孩儿玩具成为节日一景。魔合罗泥孩儿一个可值上千钱，非常昂贵，但其形象华美端正，惹人喜爱，故七夕这天，自北宋东京起，就将扑卖魔合罗当成过七夕的一项重要活动。临安更甚，工匠也纷呈绝技，以至用金银打造魔合罗，其中以苏州的制作为第一。市民们争相扑买，有一首谑词风趣地描写这一情况道：

> 天上佳期，九衢灯月交辉。摩睺孩儿，斗巧争奇。戴短檐珠子帽，披小缕金衣。嗔眉笑眼，百般地敛手相宜。　转晴底工夫不少，引得人爱后如痴。快输钱，须要扑，不问归迟。归来猛醒，争如我活底孩儿。

魔合罗是由于纳入关扑的运行之路而分外繁盛起来，这倒是发生在宋代城市市场上的一个饶有兴味的现象。

它表明了此类时令节物关扑，尽管摆脱不了市场经济的痕迹，但渗透其中的游戏意味却是相当的浓。确切地说，临安的扑卖商贩已越来越多地具备了伎艺人的味道，和其他伎艺一样，在临安的十三军大教场、教奕军教场、后军教场、南仓内、前权子里、贡院前、佑圣观前的宽阔地方"作场"，扑卖物品多是供人观赏玩耍的：

各色凉伞、小银枪刀、诸般斗笠、打马象棋、杂彩梭球、宜男肩儿、悬丝狮豹、杖头傀儡、宜男竹作、锡小筵席、杂彩旗儿、单皮鼓、大小采莲船、番鼓儿、大扁鼓、道扇儿、耍三郎、泥黄胖、花篮儿、一竹竿、竹马儿、小龙船、打马图……

市民们已经把赢钱赌物的关扑，越来越多地当成一种消遣乐事。就以扑卖中的"打马图"为例，它的雏形原是一将十马的"关西马"和一种无将二十四马的"依经马"。这两种"马棋"，流传很久，各有图经，行移赏罚，互有异同。

宣和年间，市民采取二种马棋之长，又定名为"宣和马"。到了南宋，这种特为闺房雅戏的马棋，已用五十六采之间，行九十一路之内，明以赏

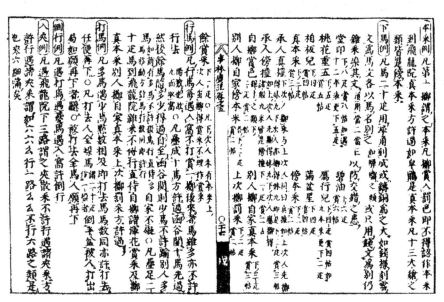

打马图例

罚，十分完备，出现在扑卖市场上。

　　下这种棋时，二人至五人，均聚钱置盆中，看上去下棋者是运指麾于方寸之中，可实质是决胜负于几微之外——赢钱赌物。但由于这种"打马象棋"，在打马图上，"或衔枚缓进，已逾关塞之艰；或贾勇争先，莫悟阴堑之坠"，很好地发挥了娱乐游戏的作用，使市民玩而忘返，用它来扑卖，无疑会刺激扑卖市场更加蓬勃发展。

　　也就是说，关扑虽然与市场紧密相连，但由于宋代城市中的这种关扑，所具有的游戏娱乐性很强，即使真龙天子也禁不住玩心大动。仁宗就经常与宫人关扑，可是仁宗关扑的手法不高，刚出了1000钱，便输了个一干二净。

　　仁宗欲罢不能，便向宫人商借他输去的一半钱再扑，可是宫人却不肯将赢来的钱，再还给仁宗。虽然仁宗说自己输掉的钱，乃是百姓的钱，自己一天就妄用了百姓千钱，但这不过是故作姿态，遮人耳目，在掩关扑玩乐之实。

但后来的皇帝连一点遮掩也不需要了。理宗曾命小太监在内苑效市井关扑之戏，在御座前互扑为乐。这是为了使市民关扑时的真实情景再现，求得开心。小太监们当然不会放过这个良机，尽情掷钱关扑，因为他们所使用的"纯镘骰钱"，都是由内库供给的；需要多少供给多少，所有目的，只在"以供一笑"……

在皇帝的心目中，万贯金钱是第二位的，娱乐游戏才是第一位。但在市民那里，却是二者兼并的，更多的市民是将赢钱赌物放在第一位，这也是宋代城市扑卖市场特别繁荣的一个内在原因。

不过从风俗习惯角度看，关扑盛行也是风俗自身发展的规律。像"一阳节"来临之际，临安崇尚乡风，关扑"斗鸡"火热，一般是用三文钱作一扑，可饶两贯钱，或饶一贯五百文钱，"倘拗一钱饶三扑。"

许多市民竟在这时，在大街上拦住行人，执意"斗扑"。这种关扑样式，很难说它完全是受市场意识左右，或者说它受娱乐游戏主导，依笔者之见，它是两者有机的结合。

相　扑

如果说踢气球是一种较为轻松的体育运动，迅速在市民中间得到推广的话，相扑则是一种较为激烈的强身健体的运动，也得到了市民的喜好和认可。宋代城市的相扑，和其他风行的争标、蹴鞠运动一样，最初也是起自军队——

宋太祖在戎旅之中，就曾制定过一条角力斗殴以较胜负、渐增俸缗、迁隶上军的"圣训之法"，这是非常明确的以相扑训练增强将士体质的措施。统一全国后，这条规定并未停止执行，皇宫经常从诸州解发强勇之人，训练他们成为专业的"相扑手"，并仍将其归为军队建制。

在实行用相扑锻炼体质制度方面，以南宋军队执行为最佳。建炎中兴，当时有著名的张俊、韩世忠、刘光世、岳飞四将，以韩、岳兵最精，其精兵之源，主要得力于韩世忠、岳飞在部队中贯彻了"相扑"的练兵方法。

韩世忠、岳飞常常在军中举行相扑比赛，倘若谁获胜，便将他另入一籍，每押队的"旗头"缺少了，就从此籍中选拔。又让他们互相比赛相扑，决出其中勇力出众的，封为副将。

韩世忠、岳飞还设置了亲随军，这支亲随军，又谓之"背嵬"。顾名思义，选入此军中，能称得上"背嵬"的，其体魄必是强硕无比，力壮如牛；形象也必是豪犷奇异，气势逼人，他们都是从优秀军士中选拔出来的。

倘若一人被选为"背嵬"，军内从统制官以下，都来馈送厚礼，大加犒赏，从而也就使军中以相扑为荣的风气大兴。由于"背嵬"者勇不可当，每逢相遇坚敌，遣"背嵬军"上阵，从来都是所向披靡，无不破者。

临安朝廷特别欣赏这一优中选优、精中拔精的严格选拔相扑能手的做法。内苑侍奉皇帝左右的"内等子"，即标准的相扑手，都是由诸军队中膂力强健者充应的，一次仅设120个名额。

他们演练相扑，常至深夜。因为只有管押人员十将各二名，上、中等各五对，下等八对，剑棒手五对，属于御前忠佐军头引见司管辖的正式相扑手，即皇帝身边的虎贲郎将，余者皆准备祗应，时间为三年一次。选拔制度如此严格，是为了充分保证相扑手优良的质量，三年期限一到，除管押人员十将各二名以下的"内等子"，都要呈试相扑。皇帝经常亲自主持这样的相扑升级比赛。

宋代敦煌壁画太子练武图相扑细部

赵匡胤就主持过一次别开生面的相扑比赛。那是开宝八年（975）廷考，按殿试规则是以先交卷子，皇帝提问难不倒者为魁。可是应试的王嗣宗和陈识斋同时交了赋卷，怎么办？赵匡胤便命令王嗣宗与陈识斋当场角力，即以两两相当，分其胜负的相扑来争第一。结果王嗣宗胜了陈识斋，夺得了状元，并以此为骄傲，因而遭到了他人的讥讽："岂与角力儿较曲直耶！"

此事虽有些荒唐，但反映了相扑在赵匡胤心目中的重要性。从此，由皇帝亲自主持相扑升级比赛已成惯习，以此来提倡这一强身健体的运动。像《宋史》中所记的一次：绍兴五年（1135）三月，高宗阅看相扑手赵青等50人的角力，赛后，对这些力士转资、支赐了钱粮。由于在皇帝公卿面前，直接可以决定谁能上名入次入额，所以每当此时——

鬓发蓬松、相貌威狞的力士们，随着流星似的"急飐"音响，在宽敞的金殿上，拉开骇人的架势，奋力争交。飘舞的旗帜、阵阵击鼓声和相扑手的吼叫声交织在一起，"疑是啸风吟雨处，怒龙彪虎角亏盈"。以这样的诗句描绘他们，是再恰当不过了。

被选拔出来的相扑力士，一个重要使命就是专为国家庆典等活动助兴。在招待国外来使的庭宴上，相扑力士表演，成为必备节目。像内苑上寿隆重大宴行将结束之际，皇帝也是传唤号称"左右军"的京师坊市两厢的艺人集体进行相扑，似乎不如此，这次宴会就有失水准，正所谓"角抵罢时还罢宴"。

为了达到使人在杯觥交错之中出一身冷汗的效果，相扑力士要使出加倍的气力进行训练。拼尽全劲的喊叫声音，不仅震动了屋宇，也冲出训练场地，直逼附近的栋栋房舍——

终日袖手枯坐、埋头典籍的学士，也不能不被这强大喧嚷动摇，心绪不宁。常侍徐铉读不下去书，只得命小童子出外看看是谁呼喊得这么厉害。小童去探视，回来禀报说：是许多常侍在五龙堂练习相扑呢。徐铉只好自我解嘲地说：这是我的同行啊，可是我无法和他们共欢乐呀。

徐铉与小童子的对话，间接地告诉了我们：相扑手可以任常侍之职，社会地位已相当高，起码属于宫廷中的一员。他们随时跟皇帝出行，但不像那些出谋献策的文士备皇帝顾问一样，而是以其强健的体魄，增添皇帝慑人的威仪。

因为相扑力士一个个无不是面孔粗大，怪眼圆睁，行走狰狞如猛虎，站立威严似门神，着锦袄顶帽，握拳顾望的他们护卫在皇帝车驾两侧，倘有围观皇帝的人发出高声或骚动，他们给予一击，立刻会使人鲜血淋淋。

由雄风凛凛、威武强壮的相扑力士担当重大礼仪侍从，这与唐代是有很大区别的，尽管唐代也有相扑力士，但多限制在"有力能扛鼎，则角抵可知矣"的水平。然而在北宋城市里，相扑力士不仅仅侍从皇帝，即使名门望族外出造访，也要带上相扑力士，让他们排列庭户，显示气派……

在宋代以前，没有哪一个时代，像宋代这样，给予相扑如此之高的重视。宋初的调露子所著《角力记》中一段概括宋初东京相扑的面貌的话可以佐证：

> 自唐灭，寂寞无闻，纵有其人，散投诸国乡。今东京自梁祖以来，恶少者无不丛萃其间。旧例屠羊、豕者，必隶相扑管辖焉，贵益其脂膏尔，此亦近人馔之意也。于今高手者，朝廷重之，河南有庄宗之遗俗，故人多习焉。

更令人满意的是，调露子在理论上条分缕析，给相扑以"正名"。他开宗明义地提出：

> 夫角力者，宜勇气量巧智也。然以决胜负骋趫捷，使观之者远怯懦，成壮夫，已勇快也。使之能斗敌，至敢死者之教，男无勇之至，

斯亦兵阵之权舆，争竞之萌渐。

调露子的观点与《晋书》"相扑下技"及唐代对相扑"且多猥俗"的看法大相径庭。调露子的理论，正是宋代城市中涌动的相扑春潮的回响，市民们已经将相扑当成不止于强身健体，而是兼求锻炼灵活、技击凶猛、自如应变的一种运动——

吴兴有六名士子，去东京赴试，晚间走到汴河堤上，碰上数名挟枪持刀、气貌凶悍的强盗。士子中间有一高大勇健、精通相扑之术，号称"霍将军"的霍秀才，他立即让同行者止步，列立于后。

这是在迎敌之前，先稳住"阵脚"，然后，霍秀才主动上前出击。由于他深得"扑倒"之精髓，用短棒击中强盗的膝盖，出手极快，转瞬之间，数名强盗一个个仆倒在地不能起来了……

这一故事，是对调露子"击要终在扑也"理论的验证，也是宋代城市相扑已向较高深层次发展的一个征兆，市民对它的理解，比以往任何一个时代都深刻得多。像小儿相扑、女子相扑，就非常独特，均为宋代以前或以后所未有、所鲜见。

小儿相扑，据《识余》记载，大致是：两小儿表演时，俯首，双手支在地上，像牛一样用头相触，互相较力，颇像两两戴牛角相抵的蚩尤戏。四川邛窑出土的小儿相扑瓷塑，表现的则是另一形式：互相搂抱相搏，双腿拉开后支。这套瓷塑虽高仅 6.4 厘米，却十分传神。

小儿相扑在宋代城市中至少有两种形式。女子相扑，则和男子相扑形式一样，裸露颈项臂膀，乃至腰围，所以被人称为"妇人裸戏"。女子相扑，曾在东京最大的宣德门广场上，为皇帝与市民表演过，当时万头攒动、热闹非凡的场面使司马光犯颜直书《论上元令妇人相扑状》：

臣愚窃以宣德门者，国家之象魏，所以垂宪度，布号令也。今上有天子之尊，下有万民之众，后妃侍旁，命妇纵观，而使妇人裸戏于前，殆非所以隆礼法，示四方也。

　　从目前遗存在辽宁博物馆的赵佶所画的宣德门，与北宋钟上宣德门浮雕，不难想见宣德门之高大雄伟及其在宋代的重要性，于此也就不难理解司马光为之而上书，至今读来仍有一股激愤之情了。尽管司马光提出了"今后妇人不得于街市以此聚众为戏"，但提归提，并不妨碍女子相扑在城市体育运动中占有一席之地。在临安，以"女厮扑"闻名的就有张椿等十名之多。

　　"厮"含有互相之意，女子角抵不称"相扑"，而为"厮扑"，乃是取女性身单力薄之特点，含贬义。与"女厮扑"类似的还有"女颩"，它是正式相扑的前奏——

　　临安女颩为数不少，有嚚三娘、黑四姐、韩春春、绣勒帛、锦勒帛、

北宋政和八年（1118）扩建的宣德门浮雕

赛貌多、女急快等。她们在男子相扑之前，使用类似"水流星"的利于急速辗转的"飐"，打开场子，招呼观众，制造气氛，待市民围拢过来时，正式相扑开始，女飐便退下……

这种现象在宋代城市是很普遍的，它表明相扑强身健体的本色在减弱，搞笑逗乐、极力迎合市民欣赏需要的成分在相扑运动中逐渐增强。如"戾家相扑"——

"戾家"，是临安的常谚俗语，当时有"烧香点茶，挂画插花，四般闲事，不许戾家"的话，可见"戾家"一语，寓有不学、不内行的意思。张端义也曾用"两制皆不是当行，京谚云'戾家'是也"来嘲笑那些做事不行的文人才士。

称"戾家相扑"，不过是由于相扑手众多，不得不标新立异，自立贬语独为一家，用来吸引观众。既然以"戾家"自我标榜，在表演相扑时，自然就有引人发笑的戏耍性动作。这使相扑越来越耐看，常见的"乔相扑"就是这种类型的项目。

"乔相扑"是表演者隐藏在用稻草、棉花做成的两个偶人的衣服套子里面，表演者弯腰四肢着地，背负这对双手连接成互抱姿势的偶人，表演者的双手下面穿着一双靴子，作为一个偶人的双腿，自己的一双真腿作为另一偶人的足部，作互抱、互扭、前拵、后挂、搂腰、盘腿等各种姿势，尽情展示相扑时的各种解数，看上去和真相扑一样……

但比较而言，还是两两相当的角力是城市相扑运动的主流，当时临安以相扑著名者就达 44 名之多，而以"乔相扑"著名者不过 9 名。

当时的著名相扑者有撞倒山、铁板踏、宋金刚、曹铁凛、周急快、杨长脚、金重旺、韩铜柱、郑排、广大头、黑八郎、盖来住、武当山、一拔条等，名字很能体现出相扑的急、快、狠、重等技术特点，可想他们本领端的不凡！

还有唤张关索、严关索、小关索、赛关索的，显然是在刻意模仿三国武将关羽之子关索之神韵。据传：关索年少美容仪，故有"花关索"之称。他武艺高强，又有"英雄男子"之誉，真是美勇兼具。

到了宋代，龚圣从"病关索杨雄"生发，作出了"关索之雄，超之亦贤"的崇高评价，关索更是被市民奉若神明。故余嘉锡先生认为："盖凡绰号皆取之街谈巷语，此必宋时民间盛传关索之武勇，为武夫健儿所歆慕，故纷纷取以为号。"

北宋政府在金兵入侵的时候，怕城中善于相扑的"小关索"李宝闹事，将他和其他 16 人急捕入狱，后枭首示众。一个相扑手在宋政府眼中就可以构成这样可怕的威胁，这就比较容易理解，宋代城市中的相扑手为什么纷纷以"关索"命名自誉了。

遗憾的是，宋代的历史著作家并未记下"小关索"李宝的具体情况，这使我们无法了解到更为细致的相扑场景。在这方面，要求助于小说《水浒传》。基于二十余年不懈的考证，笔者坚认：《水浒传》相当真实地反映了宋代市民生活。在《水浒传》中所看到的相扑场景，比正史著作的记载要生动得多——

在《水浒传》中，相扑手和好相扑者很多，如蒋门神就是靠相扑本事夺了"快活林"，武松则又靠相扑的"玉环步，鸳鸯脚"，夺回了"快活林"。"闲汉"出身的高俅也会相扑，自夸"天下无对"。只一跤便摔翻了李逵的焦挺，则是"祖传三代相扑为生"的职业相扑手，他们家是"父子相传，不教徒弟"……

所有这些，都是对宋代城镇相扑运动真实的描写。最为精彩的是，《水浒传》中《燕青智扑擎天柱》一回，展现了宋代城市相扑的具体场景——

这次相扑在山东泰安州的岱岳庙内举行，时值三月二十八日，天齐圣帝降诞之辰，天下香客如风云聚汇。在此时此地相扑，是应"献圣"的美名，寄寓祭神礼佛的美意，这与东京市民每年六月六日，要举行相扑以祝贺崔府君的生日是一样的。

明刊本《水浒全传》插图：一跤跌太尉，
描绘燕青与高俅相扑场面

　　先是一位年老的"部署"，即相扑的裁判员，拿着"竹批"，即比赛时
的指挥标示，走上相扑赛场——数根粗大柱子支撑起来的"献台"。他先
"参神"，然后才请今年相扑的对手"争跤"。

　　著名相扑力士的身份是非常尊贵的，连续两年蝉联相扑冠军的任原，
为他扬名的"两条红标柱，恰与坊巷牌额一般相似"。任原在客店教徒弟时
是"面前遍插铺金旗牌，锦绣帐额，等身靠背"，俨然是戏剧中的"霸王"。

　　任原奔赴赛场时更是雄赳赳、气昂昂，"却早十数对哨棒过来，前面
列着四把绣旗。那任原坐在轿上，这轿前轿后三二十对花胳膊的好汉，前
遮后拥"，这排场不弱于出巡的高官。到了比赛场地，主持相扑的"部署"，
要把他请下轿来，"开了几句温暖的呵会"，慰问一番，任原这才上台献艺。

因为是为了祭神礼佛表演相扑，所以任原先"喝了一声参神喏，受了两口神水"，再摘了巾帻，脱下棉袄，露出一身这样的装束：

> 头绾一窝穿心红角子，腰系一条绛罗翠袖。三串带儿拴十二个玉蝴蝶牙子扣儿，主腰上排数对金鸳鸯趸褶衬衣。护膝中有铜铠铜裤，缴臁内有铁片铁环。扎腕牢拴，踢鞋紧系。

燕青则是：

> 除了头巾，光光地梳着两个角儿，脱下草鞋，赤了双脚，蹲在献台一边，解了腿绷护膝，跳将起来，把布衫脱将下来，吐了架子。

以上可见，相扑者，头发都要绾成角儿，要赤裸上身，下身似应脱裤，可能任原是多年冠军，身上可以佩戴些冠军标志的饰物，如今日日本相扑冠军身上悬挂的饰物一般。

燕青和任原的相扑姿势，可和宋代笔记、出土文物互证。如《葆光录》中所记：相扑者成双结对，披着银画衫子，唱喏而出，裸身相扑。山西晋城

明刊本《水浒全传》插图：燕青智扑擎天柱

南社宋墓室南顶《相扑图》还可证明——

四个相扑汉子，上身赤裸，下身短裤露腿，黑色头巾，穿靴，两侧各有一旁观者，中间两人则全力相扑，左边者头被右边者夹在臂下，右边者左腿却被左边者抱住，双方相持不下……

从这幅《相扑图》中观察，四位汉子身材均同，看来相扑是要有级别的。任原身长一丈，貌若金刚，约有千百斤气力，对手也应膀大腰圆，可燕青身材却瘦小，许多人加以嘲笑，嫌他分量不够。部署也制止燕青相扑，并从"怀中取出相扑社条，读了一遍"。

这说明宋代的相扑，对什么样的人方可参加，有没有"保人"，要注意哪些事项，如"不许暗算"之类，已有明细规定。因燕青抱着"输了攧死，永无怨心"的念头，任原则"恨不得把燕青丢去九霄云外，跌死了他"，弄得部署无法，只好拿着竹批，两边吩咐已了，叫声"看扑"！

献台上只有部署、任原、燕青三人，先是"燕青做一块蹲在右边，任原先在左边立个门户"。这是遵循"各占一半，中间心里合交"的相扑规则。而一旦相扑起来，"正如空中星移电掣相似，些儿迟慢不得"，一来一往，胜负只在刹那间。

所以，任原依靠着身大力壮，采取了"逼""拿"的相扑战术。燕青则借身材瘦小，灵活地在任原的左、右肋下钻来钻去，利用任原转身不便的缺点，扰乱他的步子。

接着燕青抢将入去，"用右手扭住任原，探左手插入任原交裆，用肩胛顶住他胸脯，把任原直托将起来，头重脚轻，借力便旋"，一共旋了四五旋，"旋到献台边，叫一声：'下去！'把任原头在下，脚在上，直撺下献台来。这一扑，名唤作鹁鸽旋"。

燕青一连串颇有力度的穿、跃、抢、探、扭、顶、托等相扑动作，相当准确地表现出了宋代相扑运动的主要特点，这是富有历史价值的，并给人以美的享受。

宋代市民日常生活

如果《水浒传》的作者没有经过长期的对宋代相扑运动细致入微的追踪观察和研究分析，一言以蔽之，如果没有对宋代城市相扑运动及其风俗的深入了解，是绝对写不出这样丝丝入扣、传神逼真的作品来的。

如燕青与任原的相扑比赛，"四百座军州，七千余县治"，"都助将利物来"。这一数字虽有些小说家的夸饰，但验之南宋临安经常举行的这样的有"利物"的相扑比赛，还是很真实的。

这种在露台高处的相扑，主持者以旗帐、银杯、彩缎、锦袄、官会、马匹等大宗财物为诱饵，使诸道州郡膂力高强、天下无对的相扑高手来夺其赏。夺得头赏者不仅能获得丰厚奖品，而且还可以补军佐之职。理宗时，就有一号为"温州子"的韩福，胜了所有相扑对手，得了头奖，授了军职。

这样的相扑比赛活动，是由政府支持开办的，其用意是活跃城市的体育运动，以引导市民参与到相扑中来。它与民间发起的燕青与任原的相扑比赛略有不同。不过，一政府，一民间，犹似双峰对峙，二水分流，映衬得宋代城市相扑运动更加壮观迷人，商品化倾向亦越来越浓，人们的兴趣也多集中到相扑的"利物"上来。《水浒传》中燕青与任原的相扑图就可看出：露台下几位市民趁乱将手伸向"利物"，这不经意间之笔似乎在告诉人们相扑的含义已不全在力量的比赛上。

体育运动

几回运动戏，要欢生昂头。

——宋·陈元靓《事林广记》

争标弄潮

"三月十八，村里老婆风发。"

这是金盈之的《醉翁谈录》中的一句俗谚，说的是在这一天，村姑无分老幼都入城玩耍，主要去处是金明池。金明池真有可以使"村里老婆"疯疯癫癫的魔力吗？是的，作为地处中原的城市中的一处园圃，它在平时大门不出未见过世面的"村里老婆"，也在一般的市民面前展现开来的，是个极其新鲜而又神奇的境界——

波光浪花，反照着矗立在水中的岛上宫殿，亮晶晶，金灿灿。池中，龙舟昂首，小船簇拥，游艇徜徉，桥飞千尺长虹，柳丝拂水；岸上，楼阁巍峨，树丛环绕，彩棚人聚，伎艺涌动……

看惯了负载粮秣舟楫的混浊汴河的双眸，看到了碧澄澄的春波上浮动着装满大旗狮豹、蛮牌棹刀、神鬼杂剧的彩船；听熟了夯歌野调、叫卖市声的耳朵，听到了吹打弹唱的袅袅颤音。更让市民们心满意足的是，他们耳闻目睹了震地的铎声中，冲天的笙歌里，鲜新的宝装锦绣中，耀眼的枪剑绣旗里，"真龙天子"翩翩而来……

皇帝莅临金明池，起因并非"与民同乐"，而是为观"水战"。金明池开凿的初衷就是为此。据史载，金明池开凿于太平兴国元年（976），当时主要是为了建设一片较大的水城，安置神卫虎翼水军，在每年的春夏之交操教舟楫。

在此之前的太祖赵匡胤，只能到"造船坞"去观习"水战"，这是不能满足以在马上取天下而自负的皇帝的虚荣心的，故太宗动用了3.5万名士兵凿池，引金水河水灌注。为保证开凿质量，太宗还特意赏予役卒每人千钱、一端布，并赐此池名为"金明"。

雍熙元年（984）四月，太宗驾至金明池水心殿，检阅水军，只见："战舰争胜，鼓噪以进，往来驰突，必为回旋击刺之状。"太宗就此景对侍臣发了一通议论："兵棹，南方之事也，今既平定，固不复用，但时习之，不忘武功耳。"这一席话道出了开凿金明池的真正意义。

金明池之所以开凿成周约9里30步，池面直径7里许的规模，正是为了能够容盛巨大的军事演习的阵势。杨侃的《皇畿赋》中展现了这一场面：

> 命楼船之将军，习昆明之水战，天子乃驻翠华，开广宴，凭栏槛于中流，瞰渺茫于四面。俄而旗影霞乱，阵形星罗，万棹如风而倏去，千鼓似雷而忽过。则有官名伏飞，将号伏波，骧江中之龙，避船下之戈。黄头之郎既众，文身之卒且多。类虬龙而似蛟蜃，骇鲸鲵而走鼋鼍，势震动于山岳，声沸腾于江河……

这和真的水战没有什么区别，给人印象极深。长寿的袁褧在晚年时，就曾专门记录少时在金明池观看过的"水战"：船舫回旋，戈船飞虎，迎弄

元王振鹏《金明池争标图》

江涛，出没聚散，倏忽如神，有"令人汗下"的效果。

一味习水战，以示武备，神经必然总是处于高度紧张状态，这与北宋承平日久的氛围很不协调。随着盛世时光的推移，主张在金明池中演习水战的太宗，也逐渐改变了初衷。淳化三年（992）三月，太宗又一次来到金明池，亲手将一银瓯掷到波叠浪翻的池中，命令一军卒泅入水里取上来，表演"竞渡之戏"……

一贯以勇武著称的太宗，开始在金明池波澜间挥洒上轻松的一笔了。将太宗与太祖比较，太祖全是观习"水战"，太宗则于"水战"演习间隙，设置点儿不仅能锻炼体魄，又可调节情绪的"水戏"。这些"水戏"起初是滴滴雨露，积累变化，渐渐掀起了与"水战"并肩竞长的大浪，这在太宗以后的真宗时期尤为明显。

大中祥符六年（1013），真宗挑选在京诸军中江淮习水之兵，别立水虎翼一军，置营金明池侧，按拭战棹。也就是在此时，"水战"记载已不见于史籍，"争标"开始登场。"争标"形式早在宋代以前就曾有过，仅说唐代，其程序和规则就已十分严整——

人们在水面的终点插上一根长竿，竿上缠锦挂彩，因其鲜艳，呼为"锦标"，竞渡的船只以首先夺取标者为胜，故又称之"争标"。"鼓声渐急标将近，两龙望标目如瞬。"唐人的《竞渡歌》可以使人想见"争标"的神韵。

宋代城市最早的"争标"，是在咸平三年（1000）五月以"水戏"之称进入史籍的：扬旗鸣鼓，分左右翼，植木系彩，以为标识，方舟疾进，先至者赐之。此后每年春季在金明池举行不断，而且每次是"纵都人游赏"。这就使"争标"的浪花飞溅到普通的市民身上，吸引着广大市民来观赏这可以强身健体的活动，已远远超出金明池开凿之初单纯举行"水战"的意义。

从真宗幼时就喜好战阵之戏，自称元帅的嗜好来看，他检阅的"争标"，无疑带有浓厚的军旅竞赛练力长速的色彩，这从真宗以后举行的"争标"都是军士参与可以得到证明。但真宗同时也纵市民来游赏"争标"。

据史载：朝廷预先在二月末，由御史台在宜秋门贴出皇榜，告示广大市民，允许士庶在金明池游行，嬉游一月，其他在东京的官司，在不妨公事的前提下，也可来金明池任便宴游。因此，金明池的市民非常多，以至有市民在金明池游玩时被挤得不知去向……

众多的市民来到金明池，光看由军士划虎头船、飞鱼船、鳅鱼船和反复进行三次的"争标"，是不能勾起市民整日流连的兴趣的，于是，"争标"已掺入了伎艺表演的意味——

各种船只列阵比赛之前，均采取排为圆阵的"海眼"等舞蹈样式。周密曾得到过的东京德寿宫二大帙舞蹈曲谱，其中就有"海眼"、"收尾"等舞蹈样式，证明"争标"船队已运用了舞蹈化的表演。

最为重要的娱乐健身活动的节目之一是"水秋千"。在真宗时还未见有"水秋千"一说，欧阳修的《越溪春》所吟咏的"秋千影里，临水人家"，不知是否"水秋千"之先声？"水秋千"出现当在北宋中后期，在东京的阳春三月，"举目则秋千巧笑"，荡秋千这项体育活动已十分普及。金明池中的"水秋千"，就是在陆地秋千运动基础上形成的，不同的是，打"水秋千"的人，善习水性并敢于在高空中跳水——

在鼓笛的伴奏声中，一个伎艺人，即跳水运动员，在竖立着高高秋千的"画船"上，荡起了秋千。只见他越荡越快，越荡越高，一直把秋千荡到与秋千架相平，才猛地双手脱开秋千绳，纵身飞向空中。瞬间，他在蓝天白云间翻了个筋斗，像一只轻灵的燕子钻进水面，漾泛了朵朵浪花……

这种运动把跳水和荡秋千结合起来，相当于现在的"花样跳水"，既惊险又吸引人。王珪在《宫词》中写道：

内人稀见水秋千，争擎珠帘帐殿前。

元王振鹏《金明池争标图》（局部）

看来在宋代初期皇家近臣也是很少见到这种绝妙的体育活动的。随着宋代城市的逐渐开放，广大市民却可以看到"水秋千"，这是强身健体运动的一大丰富，一大历史性的进步。

由于这一运动是前所未有的，因而也赢得了许多名人的赞颂。像朱翌的《端午观竞渡曲江》：

却忆金明三月天，春风引出大龙船。

二十余年成一梦，梦中犹记水秋千。

时光虽过去了二十余年，但朱翌在梦中还怀念着"水秋千"，可见其独特的魅力。元代仁宗时期的王振鹏，作了一幅《金明池争标图》，他用细如毫发的笔触，描绘了两只画船上的"水秋千"：一人正荡起秋千，向水面俯冲；一人正从秋千架上腾越半空，行将入水，姿势逼真传神……

这种"水秋千"，非经专门训练不行，属于颇具难度的体育运动。它的作用在于激励和吸引更多的市民，参与到"争标"这项运动中来。此类新颖的健身体育运动，在北宋中后期的城市里不断涌现，像"水球"比赛活动。水球实质是陆地所踢的气球，不同的是参赛者在水中用手轮流抛掷气球，以距离远近定输赢。徽宗还特赋诗一首：

苑西廊畔碧沟长，修竹森森绿影凉。

戏掷水球争远近，流星一点耀波光。

诗中未标明是金明池，但这一"水球"竞赛，显然是在金明池具有体育运动性质的"水戏"启示下开展起来的。

总的来说，北宋政府在东京的城西北角开"西池"而练武备，南宋政府则凭借临安西面的"西湖"继续这一传统。而且，"西湖"规模要远远超过"西池"，因为它足足有三十余里，倘若画坛巨匠张择端活到南宋，他一定会挥起那支如椽大笔，画出一幅比《西池争标图》（《金明池争标图》之别名）更丰富的《西湖争标图》来——

杏花初落，遍地绯红；杨柳轻摇，飘飘荡荡。流莺啼树荫中，粉蝶戏奇花上。园林织锦，堤草铺茵；浪涌霜雪，湖光潋滟；叠巘清佳，山色溟濛。香车竞逐，玉勒争驰，沽酒楼前招过客；人如蚁集，船似桥连，画船举棹唤

《金明池争标图》中的"水秋千"

游人……

龙舟竞赛在西湖中则变化成了：六条龙舟分为两队，向立于湖中一根挂着锦彩、银碗、纸币的"标竿"划去，只见湖水腾波，条条龙舟如离弦箭，似翔跃鱼，直奔"标"去！岸上，锣响鼓鸣，管骤板急，成千上万的市民们，以春雷般的欢呼给湖内竞渡"争标"的龙舟鼓劲，这种热闹繁华的景象一点不亚于金明池。诗人黄公绍也发出了这样的歌唱：

> 望湖天，望湖天，绿杨深入鼓鼟鼟。好是年年三二月，湖边日日看划船。
> 斗轻桡，斗轻桡，雪中花卷棹看摇。天与玻璃三万顷，尽教看得几吴舠。
> 棹如飞，棹如飞，水中万鼓起潜螭。最是玉莲堂上好，跃来夺锦看吴儿。

从这首诗看出，在二三月春暖花开之时，临安西湖天天举行划船比赛，这自然是与得天独厚的地理环境有关，但也和临安市民以此来健身有关。起于武备性质的划船"争标"，在临安已彻底演变成了全民性的体育锻炼活动，广大市民成了体育锻炼活动中的主角。

如果说"争标"是宋代政府推行和提倡的一种官方体育活动的话，那临安市民在城市生活中还创造了一种极其独特的自娱自乐的民间体育活动，那就是每年一次的"弄潮"——

据传，在战国时期，钱塘江称为"浙河"，是东南一大巨沼，西则迫江，东则薄海，不知所止，交错相过。吴王夫差赐伍子胥死后，就把他的尸体，抛到浙河里。伍子胥虽死，但豪气长存，其尸体在江中随流而兴波，朝夕既有时，动作若惊骇，声音若雷霆，波涛援而起，依潮而来往，荡激堤岸，此即钱塘江大潮了。

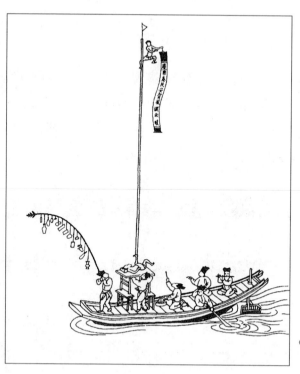

《金明池争标图》中的"百戏
人上竿"

可是，那时却没有钱塘江"弄潮"的记录。明清两代曾有人提出"勾
践始为弄潮"和"唐朝人弄潮"的说法，根据何来？笔者认为这是传说附
会之言，因为在有关钱塘江潮的记录始见于典籍之后，一直到唐代，我们
没有寻觅到有关"弄潮"的点滴踪迹。

后唐五代的梁开平年间，出现了这样的情景：钱塘怒潮急湍，昼夜冲
击，版筑不牢。吴越王钱镠到"钱塘潮神"伍子胥的庙去祷告：愿鬼忠愤之
气，暂收汹涌之潮。然后，采取山阳之竹，用鸿鹭之羽为饰，以丹珠炼刚
火之铁做镞，造3000箭矢。又用鹿脯煎饼、时果清酒，祷告六丁神君、玉
女阴神。第二天，为表示射蛟灭怪的决心，钱镠用500强弩手，以造好的
箭矢射向势不可当的钱塘江潮头，每潮一至，便射一矢。

这则出自《吴越备史杂考》一书的记录是不可信的，然而它恰恰反映了宋代以前的人们对钱塘江潮无可奈何、诚惶诚恐的可怜形象。

　　其实依自然环境看，钱塘江之所以有大潮，是因为钱塘江入海口呈喇叭形，江口大而江身小，起潮时，海水从宽达100公里的江口涌入，受两旁渐窄的江岸约束，形成涌潮。涌潮后又受江口拦门沙坎的阻拦，波涛后推前阻，涨成壁立江面的一道水岭，潮头自然要高，其来势是很凶猛的——

　　海门方向，一条银线似的潮头，遥连天际，像万匹白马接云奔。人们遥观那潮似千条玉练飞空，远听如千军虎贲驰噪，那银涛可以沃日，那雪浪可以吞天，迅速奔向人们跟前。近看，那潮头恰似玉城雪岭，声如春雷滚动，千万层碧波随地翻滚，潮头相撞，势不可当。其震撼激射，好似一条出没波山浪谷间的玉龙，在戏水玩耍，又好似天上的银河顿时变窄了，倾泻到了人间！天崩地裂，水波轰震；怒涛惊竖，骤雨泼天……

层波叠浪

更令人振奋不已的是，在这被范仲淹称为"堂堂云阵合，屹屹雪山行。海面雷霆聚，江心瀑布横"的钱塘江潮上出现了弄潮者。那是在北宋初期，潘阆一组回忆杭州风物的《酒泉子》词，有着这样生动的句子——

> 长忆观潮，满郭人争江上望。来疑沧海尽成空，万面鼓声中。　弄涛儿向涛头立，手把红旗旗不湿。别来几向梦中看，梦觉尚心寒。

吴儿手拿红旗用脚踩水，在惊涛巨浪中旗尾也未沾湿，这种场景具有撼人心魄的力量。苏轼把这首词抄写在屏风上，石曼卿还请人画了一幅《潘阆咏潮图》。

但是弄潮者在北宋中后期，还仅仅是自发、零星的，而且它的出现遭到了严厉的斥责。治平年间，郡守蔡端明亲作《戒约弄潮文》，认为"竞作弄潮戏者"，只为"矜夸"，"永沦于泉下"，妻子孩儿去水滨痛哭，让人于心不忍，故决定："军人百姓，辄敢弄潮，必行科罚。"

这种来自官方的阻止和批评，是出自爱护市民生命，可是惩戒弄潮本身却是不允许市民利用天赐良机进行体育运动。将此和南宋的弄潮相比，便会发现北宋在观念上要落后于南宋。

以往的史家多注意临安市民骄奢淫逸的一面，人们总是把这一时代和踏青求友、采摘新荷、丹桂飘香、瑞雪飞瑶联系在一起。不错，苟且偷安的南宋贵族，大肆建造园圃宫室，苦心经营秀丽的西湖，使临安犹如一位亭亭玉立的绝色美人，淡妆浓抹，描眉理鬓，更显得妖娆妩媚。然而，临安市民却也不乏粗犷豪迈之气，那就是他们愿意投身于奔腾怒吼的潮头中，把向公众展示自己的体魄和机智当成最大快事。

临安市民往往等不到八月十八日潮头最为猛烈的这一天的到来，就成群结队去钱塘江边看潮游戏了。这时的潮头已有了浸天浪的势头，只要人站在沙滩畔，片刻，潮水就会把人浇个透湿。有人专作一首《临江仙》词，

层波叠浪

嘲笑这些被潮水冲湿不得不去"下浦桥"下挤干衣裳的看潮人，说他们似地狱恶水池边上的"裸体披头鬼"。即使如此狼狈不堪，他们"入城里，烘好衣裳，犹问几时起水"。

这首词真是绝妙透顶，临安市民渴望钱塘江潮的形象已跃然纸上，几乎可令人触摸。看潮人这等急迫，无非是因为他们尚未看到会使人毛发皆耸的那个场面：八月十八的潮景，那真是人间何事可争雄！临安市民更急迫的是，要早点看到偏偏要和天下奇观争雄的人，在钱塘江潮头上的弄潮者——

弄潮者有数百位，个个披头散发，颇具"断发文身"潜入深海的古风。他们借着铺天盖地、既快又猛的潮头冲上来，潮头越大，他们越弄潮弄得欢，其速度，其力量，其胆魄，其惊险，比起现代世界上的冲浪运动有过之而无不及！

宋代城市的弄潮者较之现代世界的冲浪者的高明之处在于，他们一会儿用手，执大旗或小旗，一会儿用脚执红、绿清凉伞，浮在潮面，腾身百变。有弄潮者，手脚并用，执五面小旗浮潮而戏弄。现代世界的冲浪者却要借助着一叶滑板，在滔天巨浪中穿行，就其弄潮的能力来讲，空手踏板的现代冲浪，明显不如宋代弄潮自如和变化多端。

还有一些伎艺人，也跃入了潮头，在浪尖上踏混木，表演水傀儡、撮弄、水百戏等。空手驾驭潮头就很不容易了，还要迎着劈头而来的潮水做出复杂的伎艺表演，更是难上加难！

"水傀儡"曾被杨侃称为："雕刻鱼龙之质，应乐鼓舞，随波出没。"验之后来明代《酌中志》中所叙的水傀儡表演则能让人印象更为清晰：在一个长丈余，阔一丈，深二尺余的贮水的锡镶方木池里，伎艺人在小彩楼中操纵一些约二尺有余，无腿足，青黄赤白，彩画如生的轻木雕成的各色人像、物件，使他们在浮在水上的竹板上面游移动转，玩耍斗戏。在如万马奔天、群鹅扑地的大潮中，手里操纵着各式水傀儡进行表演，这需要多高的技巧，多大的气魄啊！

"水戏"的面目，则如宋代《五色线》中所描述：张志和表演水戏，是铺席水上，独坐饮酌，啸咏其席，来去如刺舟声，挥手以谢亲宾，上升而去……这是伎艺人修炼出来的在水中驭水而戏的功夫。又据南宋宫廷画家苏汉臣所画《水戏图》，上面有易恒题诗：

水戏新番小妓精，教坊初进未知名。

立机倒运飞丸起，绝胜银盘弄化生。

从诗中可领略临安水戏的绝妙境界，其难度更胜"水傀儡"一筹……

在弄潮时演出这些节目，更加激发了临安市民观潮的热情。每当八月十八日潮来前夕，临安内外，就像过节一样热闹。首先是准备弄潮者所用的旗、伞，临安专制旗、伞的市户不取分文不厌烦琐地忙碌开了。制旗分为红、绿、杂、白等诸色，大旗则分成五六幅，小旗则分成一二幅。伞制成清凉伞、小红伞、小绿伞。还有市民把竿子系满绣色缎条，作"逆子胥弄潮之戏"中炫目的用具。

观潮已成为全城市民有组织的、有规模的、不可或缺的民间自觉的体育活动。在八月十八日这天，从庙子头到六和塔，绵亘三十余里的江畔，布满了专为观潮扎缚起来的彩棚、看幕，连一块可以安坐的空闲地方也找不出来……

临安政府不像北宋时那样阻止吴儿弄潮，而是因势利导，借弄潮而推助体育锻炼之波澜。皇帝与近臣这时也来观潮，而且出动近千只舟舰，从西兴、龙山两岸排布开来，在潮头来前，让兵士在潮水上一会儿展旗，一会儿舞刀，一会儿弄枪。他们蹈潮水如履平地的水中武术，丝毫不亚于伎艺人表演的水傀儡、水戏。

特别是水军船只，重演了比金明池更盛大的水战：数百艨艟，互相追逐，火箭群飞，阵阵轰响，试炮放烟，云火四起，满江迷蒙，"敌舟"荡逝……这样的一场水战，消耗资金甚巨，全由南宋政府承担。

临安市民则承担犒赏表演归来的弄潮者的费用，即使不富裕的市民，也要端出丰盛的酒肉……每当弄潮者入城之时，也是整个城市沸腾之际，弄潮者高扬着手中未被潮水沾湿的旗帜，向市民们夸能，市民们也向弄潮者报以欢呼和鼓乐。在市民心目中，弄潮者是最有资格享受"最勇敢和最幸福的人"这一称誉的。

宋代话本《乐小舍拼生觅偶》，写的就是在这种文化背景下发生的故事：乐小舍，一位年轻的普通的市民，在那四面涌潮、潮水最大的"团围场"看潮。这里的潮头，可以冲到"岸上高处，掀翻锦幕，冲倒席棚"。市民喜将仕的女儿顺娘正在此处，被潮水冲得"脚儿把滑不住，溜的滚入波浪之中"。

离顺娘不远的乐小舍，早就仰慕顺娘，因门第不配，未能如愿。当他看见顺娘落入钱塘江潮来势最猛的"团围头"中，便奋不顾身，"扑通的向水一跳，也随波而滚"。正是由于乐小舍不会游水，但又敢于跳入水中，去救自己心爱的人，因而感动了钱塘江潮王，潮王非但没有收去他们的生命，反而使他俩紧紧搂抱，浮出了水面，成就了一段广为传颂的美好姻缘。

这篇话本的意义已不在于救人，而是表达了市民阶层所认可的一种新观念：敢于到钱塘江潮中去弄潮的人是最勇敢的人，也是最幸福的人。这一新的人生价值取向，甚至能够体现在市民阶层中的老太婆身上——

咸淳年间的一个中秋之时，临安一位六十余岁的老妪，到江头观潮，值潮头最高，冲激吸收百余人，老妪也在其中。一会儿潮退，独送老妪于江畔，老妪竟然存活，只是全身皆湿，所佩《金刚经》却干……

这一故事与乐小舍救顺娘的故事互相映照，虽有神怪味，但透露出了一个转型时代的气息，那就是下层市民意气风发地出现在最令人动魄惊神的体育活动领域中了，并成为主人公。在笔者的视野中，宋代之前、之后，除寥寥几首诗词外，还找不见刻画、歌颂弄潮市民的小说。

正因如此，《乐小舍拼生觅偶》才愈显其珍贵，乐小舍从专为达官贵人表演取乐的弄潮游戏格局中挣脱出来，向世人表示了自强不息、身强胆大的健康搏击情趣和心态，他不愧为弄潮运动中全新的市民形象，也是世界上最早的城市弄潮锻炼的形象。乐小舍标志着一个时代的开始。

一点星飞

瞻之在前，

忽焉在后，

乐然后笑，

人不厌其笑。

什么可以这样飘忽不定？什么可以让人这样开心不止？

倘若看看那幅《宋人蹴鞠图》，便会恍然大悟了。原来这个谜底就是在宋代城市中被市民称为"运动"的气球。

据传元代钱选所作的《宋人蹴鞠图》，画有赵匡胤与五个人一起踢气球的情景。但也有人不同意此图为元代钱选所作，认为它是宋人对当时城市中最为时髦的体育活动——踢球所作的艺术记录。

无论这幅画问世于宋代还是元代，它都是宋代城市蹴鞠运动绝对真实的写照——

图上有六位服饰各异的中年人，右边前面一位蓄须全身素白，腰系黑色宽带的人，正用脚把气球蹴起，送给对面那位全身黑色衣袍，腰束白色宽带的官人。其余四位，伸颈俯首，观看和等待着踢球……

体育史家认为这幅画上六人，分别为赵匡胤、赵光义、赵普、石守信、党进、楚昭辅。我们姑且认为就是赵匡胤与群臣踢气球，叱咤风云的皇帝，

109

《宋人蹴鞠图》

开疆拓土的元勋，为了一个球聚合在一起运动，从而被置于图面。

　　这是一个具有历史意义的变化，平日需仰视才见的帝王将相，以普通市民悠闲的神态踢球，它标示着蹴鞠已不像宋代以前局限于艺人表演或军营演练，而是在城市中作为一项运动，甚至在上流社会也开展起来了：

> 雨罢莓苔聊点砌，风停杨柳暂藏楼。
> 明朝同奉昭阳宴，左右分明试彩球。

> 倦饮人闲春欲回，月华多处五云开。
> 杨花满地东风转，半作轻球滚滚来。

上面两首宫词，反射出了从禁苑到大臣，都具有喜好蹴鞠的情趣，安徽省博物馆就藏有宋代蹴鞠纹象牙笔筒，上面雕刻着栩栩如生的蹴鞠图案。在宋代城市来说，这种象牙笔筒用料不可谓不珍贵，因宋代大象多为外国入贡之物，不可谓不稀奇。取其象牙制成笔筒，日日置放在案头，须臾不离地把玩欣赏，这可以使人触摸到宋代城市中的贵族痴迷蹴鞠的心脉了。

就是一般的市民也卷入了蹴鞠运动。如现存的宋代陶瓷枕，上面绘有一普通装束，躬背背手，一脚立地，一脚踢球的妇女。这很像蹴鞠运动中控球的"金鸡独立"踢法。河北邢台出土的另一宋代白瓷枕，上有一正在将球蹴起的儿童，想来这种儿童蹴鞠景况在宋代城市中必甚多，所以在市民日常所用的瓷枕上都绘有这样的图案。

还值得注意的是，中国历史博物馆所藏的一面长11厘米，背面横铸浮雕状装饰画的蹴鞠纹铜镜，更加可以印证宋代城市蹴鞠普及的情景——

蹴鞠纹铜镜

在一块草坪和一尊高耸的太湖花石的背景下，一位高髻笄发的青年女子，低首作踢球状，气球介于起落之间。女子对面，一官服幞头的青年男子，上身前倾，两脚拉开距离，作"防御"姿势。青年男子一侧有一手执类似摇铃，又似筹码，大概是用以判断蹴鞠输赢之物的男人，凝视着双方的对踢。踢球女子身后是一着长裙、起高髻的女郎，双手拢拱，也作一全神贯注比赛状……

此铜镜结构紧凑，主题突出，形象鲜明。在湖南博物馆还藏有一枚，想必当时这样的蹴鞠铜镜作为商品出售，颇受市民欢迎，故批量生产，供应市场。存世两枚，一模一样，足以佐证：铸镜者是撷取宋代城市居民最熟悉的活动而创作，似在不经意间，为我们留下了宋代城市一对青年男女蹴鞠赛事的最佳观照。

绿草盈盈，花石玲珑，观察铜镜上的蹴鞠春色，再联系周彦质诗中所说"名园蹴鞠称春游"，更可以真切地了解到——

在宋代城市的春天里，市民们纷纷奔向园圃去踢球，男女老少都成了蹴鞠的对手，你来我往，流星一点。孟元老对此情此景概括得好："触处则蹴鞠疏狂。"陆游则用诗描绘这种动人的南宋城市一景："寒食梁州十万家，秋千蹴鞠尚豪华。""蹴鞠墙东一市哗"……

尤其是在临安，城内娱乐场所之间，凡是宽阔处则都成了市民练习踢球的地方。这种全民性的体育锻炼热潮，使善于顺应市风的经商者，将专门零沽散卖的小酒店，唤为"角球店"。还有一位姓黄名尖嘴的商人，开设了一间"蹴球茶坊"……

这种将市民须臾不可离开的茶、酒与蹴鞠联系起来的做法，虽为商家促销手段，但若无市民迷恋蹴鞠的广泛基础，则不会出现。溯源而上，市民之所以狂热喜好踢球，原因不外乎两个方面：

一个方面的原因是借蹴鞠运动，使身体强健的观念深入市民中间。这种观念突出体现于徽宗赵佶的《圣济总录》，赵佶极力推崇政治、经济、文化生活应和"五运六气"相联，实际是宣扬"运动"。

赵佶主张"体欲常运"，"吹嘘呼吸，吐故纳新"，并明确提出"春宜吐"。宋代城市蹴鞠在春天最为兴盛，想来与此理论有关，所以陈元靓称宋代的蹴鞠是"运动戏"，是有根据的。体育史家如此总结蹴鞠——

"能令血气调和"，"体虽肥胖，敬此而举履如飞；年乃隆高，频踢则身轻体健。""一团真气，包藏太极之分。当场运动，如盘中之走珠。"蹴鞠"运动肢节，善使血脉调和。有轻身健体之功，胜华佗五禽之戏"。可以说，蹴鞠是宋代政府"五运六气"运动理论体育化之体现。

市民喜好踢球的另一方面原因是宋代的足球制作有了很大的改进，更易踢玩。众所周知，球的制作是在晚唐发生变化的，即把两片合成的球壳改为六片或八片尖皮缝成圆形的球壳，球壳内所塞毛发也被动物尿泡代替，这就使实心球发展成为了充气球。

宋代的气球是在此基础上发展起来的，不同的是宋代的球壳为十张牛皮。官府人员希望将棘手公务化为轻松便利，常用这样的比喻：用十张牛皮缝做一大气球去踢。气球或用十二片皮子缝成，如陈元靓所说："十二香皮，裁成圆锦。"

气球的原料主要是熟硝、黄革。《蹴鞠谱》归纳制作气球工艺道："密砌缝成侵菹，不露线角，嵌缝深窝，梨花可戏，虎掌堪观，侧金钱缝短难缝，六叶桃样儿偏羡。"从蹴鞠纹铜镜上女子所踢的球上隐约可见橘瓣状缝合痕迹，就是宋代气球这种多皮缝合的佐证。

制出一个完美的气球要"角嵌斜平缝不偏"，"须交碎凑十分圆"，这样的气球踢起来才稳当。程大昌的《演繁露》中说，这是"加巧"，使踢气球者，"以脚蹴使之飞扬上腾，不复拘于窟域矣"。

根据气球这一特点，如何把球踢好、踢稳、踢高，就有许多讲究，像《宋人蹴鞠图》所画的那样——

> 身如立笔，手如捉物。
>
> 身要旋安，脚要活立。

众人簇围着一个气球踢，都以"失蹴为耻，久不堕为乐"。用蹴鞠的行话来说，踢起来会像乌龙儿摆尾，似丹凤子摇头，将球踢得很高。这也使控球的难度大大增加了，从而也就有这样一个笑话在城市中流传——

苏州进士李璋，善踢气球。有一次他与人蹴鞠，因用力过大，气球飞落到一位良家妇女头上，将这位妇女头上的冠梳碰个粉碎。这当然被认为是有意侮辱，大逆不道。这位妇女揪住李璋，到官府告他碎其冠梳。太守升堂问李璋：你真是举子的话，我试你一试。李璋说：那就请出题目。太守说：你就以踢气球误碎良家妇女冠梳为题。李璋不假思索，应声吟道：

> 偶与朋游，闲筑气球。起自卑人之足，忽升娘子之头。方一丈八尺之时，不妨好看；吃八棒十三之后，着甚来由。

语句活泼，朗朗上口，惹得太守大笑，随手一挥，释放了李璋。

这则出自《李希声诗话》中的笑话，证实了宋代踢气球已有了相当大的难度，气球起码要腾升到一丈八尺的高度，才为"好看"标准，这需要具备非常高超的控球技术，否则将难以随心所欲地踢球。因此，宋代蹴鞠家归结出了肩、背、拍、拽、捺、控、膝、拐、搭、肷等"十踢法"：

> 肩如手中持重物，用背慢下快回头。
>
> 拐要控膝蹲腰取，搭用伸腰不起头。
>
> 控时须用双睛顾，捺用肩尖微指高。
>
> 拽时且用身先倒，右膝左手略微高。
>
> 胸拍使了低头觑，何必频频问绿杨。

这样的踢球技术，已和现代足球运动技术相差无几，如控球时须用双眼四顾，以寻找最佳传球落点，拽球时"用身先倒"，即现在常见的"铲球"……"十踢法"，完全可以视作个人练习踢球时最为基本的踢球技术。

要全部熟练掌握这些蹴鞠技术是很难的，非得专门学习和坚持不懈地长期演练不可。于是，专门研究和传授这种踢球技术的市民社团应运而生了，这就是"圆社"，又可称为"齐云社"。

南宋掌故家陈元靓认为："若论风流，无过圆社"，"齐云一社，三锦独争先。"这就道出了蹴鞠社团在市民社会中的地位的重要。从目前宋代城市社团史料来看，如同文社（耍词）、清音社（清乐）、锦标社（射弩）、英略社（使棒）等，均未有完整的文字遗存，可蹴鞠社团却留下了整篇大套的记录，这不能不与蹴鞠始终是市民的"热门运动"，广大市民对蹴鞠高度重视，有着直接的关系。

蹴鞠的章程制定得很细致，很明确，如《齐云社规》中提出：

> 以鼻为界分左右，是在左使左，在右使右。侧边依拐，在肩使肩，在膝使膝，是搭使搭，当胈即胈。并要步活眼亲，两手如提重物，方为圆社。

具体到如何下脚，竟专有一篇《下脚文》，将如何理鬓、解鞋脱靴、怎样使气、怎样变化等，均明明白白道来，以使蹴鞠者有所遵循，以免无规矩。

蹴鞠章程还对蹴鞠运动员修身养性作了严格要求，像"十要紧"之类："要明师，要口诀，要打点，要开发，要朋友，要论滚，要精明，要穿着，要让朋，要信实。"

蹴鞠还有自己的"市语"，即行话，这显然是由于蹴鞠在市民社会中已自成一行，需要用隐语类沟通。

蹴鞠图

　　不仅如此，民间的音乐形式——赚词中也出现了专门歌咏蹴鞠的作品。目前所能见到的宋代最为完整的赚词作品是《事林广记》中的一套"圆社市语"，它共用中吕宫《紫苏丸》《缕缕金》《好女儿》《大夫娘》《好孩儿》《赚》《越恁好》《鹘打兔》《尾声》九支曲牌，来歌唱蹴鞠运动。唱赚是吸收了慢曲、曲破、大曲、嘌唱、耍令、番曲、叫声等诸家腔谱而成的套曲，也就是说蹴鞠运动被宋代城市中非常流行的音乐样式传颂着，足见蹴鞠运动在市民生活中影响之大。

　　特别值得注意的是，在蹴鞠的市民中间，文人占有相当大的比例。宣和年间，以蹴鞠驰名天下的王彦龄，就是一位儒林中人。那位当了宰相的李邦彦，当年不也是以能蹴鞠而闻名于东京街市的吗？

按实而论，李邦彦不是依仗蹴鞠走上宰相位置的，可会蹴鞠却是他成为宰相的一个重要条件。这也许是蹴鞠专业书籍已将是否会蹴鞠当成衡量一个人风流不风流的一大标准的缘故？

蹴鞠专家反复强调蹴鞠为"闲中第一，占断最风流"，"天下风流事，齐云第一家"，"不入圆社会，到老不风流"，"蹴鞠真堪羡，风流夺翰林"……蹴鞠几乎成为宋代学子才人的必修之课。宋代南戏《张协状元》中就出现了善于蹴鞠的文士形象——

> ［净］耆卿也吟得诗，做得词，超得烘儿，品得乐器，射得弩，踢得气球。
>
> ［丑］那得一年踢气球，尊官记得？［净］相公踢得流星随步转，明月逐人来。记得耆卿踢个左帘，相公踢个右帘。耆卿踢个左拐……

《张协状元》的作者是浪迹市井的书会才人。他有空闲功夫，去熟悉和钻研蹴鞠技术，故能信笔写来，使善蹴鞠的文人形象，跃然纸上。事实上，在宋代城市中，蹴鞠高手不乏以笔墨为生之人，更不乏以高超的踢球技术，当作攀高结贵求升迁的"阶梯"的文人——

真宗年间，丁谓当政，有一姓柳的进士，非常想见到权倾朝野的丁谓，以谋得一官半职，但苦于没有机缘。丁谓曾有"背装花屈膝，白打大廉斯"的踢球"行话"行世，也曾在少年时自诩在踢气球时：

> 鹰鹘腾双眼，龙蛇绕四肢。
>
> 蹴来行数步，踆后立多时。

这就是说他自己有鹰鹘那样捕捉猎物的眼睛，有像龙和蛇一样柔活的肢体，还可以将球蹼来走步，又可以将球跷在身后站立多时。丁谓的球技真是不同凡响。

这位柳进士决计以自己不俗的球技，去会会丁谓。一次，他探听到丁谓在后花园踢球，便潜伏此处等候，一会儿，待丁谓所踢的球飞出，柳进士立即用踢气球的惯技"挟取"住。这时，丁谓手下人禀告：这就是柳进士。丁谓素闻柳进士之名，马上召见。

柳进士便头顶着气球进来，跪见丁谓，接着从怀中取出自己所著的书呈给丁谓，再拜。拜一次，柳进士将头上的气球转到背与脊之间而不落，既起，又让气球复回到自己的帽子上。这一连串动作，使踢球老手丁谓大

明刊本《水浒全传》中高俅蹴鞠图

吃一惊，赞不绝口，当即决定将柳进士留下做自己的门客。

这一真实事件，给后来的小说家提供了素材，于是，就出现了《水浒传》中高俅踢气球受端王赏识以后平步青云的情节。小说家所写的高俅，踢球的本领要远远胜过那位柳进士，他手端装玉玩器的盒子，将端王接不着的气球，用"先下左拐面前过，后用右拐出"的"鸳鸯拐"踢还给端王。

验之《蹴鞠图谱》，"鸳鸯拐"的确如《水浒传》所叙，看来《水浒传》作者是严格按照宋代蹴鞠的实际情况撰写的。用通俗的话讲，所谓"鸳鸯拐"，就是先用左外踝踢球，再用右外踝踢球。

更绝的是，高俅能把气球踢得"一似鳔胶粘在身上的"，即头、肩、背、臂、胸、腹、膝，"一身俱是蹴鞠"。怪不得端王不由分说就把作为王都尉亲随的高俅留下与自己做伴踢气球，后一直把他提举到太尉的要职。这真是："拐膁蹬蹑搭齐全，门庭富贵，曾到御帘前。"

高俅得以青云直上所凭借的蹴鞠技术，在宋代叫作"一人场户"，其样式为："直身正立，不许拗背，或打三截解数，或打成套解数，或打活解数，一身俱是蹴鞠，旋转纵横，无施不可。虽擅场校尉，千百中一人耳。"

这种一人踢球法，不需很大场地，带有取悦于人的表演色彩，但需很高技巧，没有长期的勤学苦练，是很难做好的。

其他还有二人场户，即二人对踢：一来一往，达三五百遭。

三人场户：或一踢、两踢传到下位，不许倒踢给上位，周而复始。

四人场户：四人站据方形四角之上，用大球各一只，来往对踢，各依次转场换位。

五人场户：第一人踢与第三人，轮流隔一位传踢，必须按节次踢，若踢着人，自请赏罚。

七人场户：七人排成一纵队，依次传球至第七人，再由第七人把球从众人头上踢越至第一人，踢个"落花流水"。

九人场户：九个人，立三排，一人居中为"心"，八人围边为"花"，对

明刊本《金瓶梅》踢球插图

清刊本《隋唐演义》踢球插图

踢"花心"……

　　其他的踢球方式还可举出许多。宋代城市蹴鞠运动，被体育史家总结为有"脚头数万踢，解数百千般"。从大方面分，以上所举，属于不用球门的蹴鞠运动，还有一种就是有球门的蹴鞠运动。

　　这种蹴鞠运动，较之不用球门的蹴鞠运动有对抗性。参加运动的人，需分为两队，各有16人，计有球头、正挟、头挟、左竿网、右竿网、散立等，两队共32人，两队通常又唤"左右军"。

　　运动的场地，无明确尺寸。有明确尺寸的是球门，那是两根高三丈二尺的木柱，木柱相距二尺八寸，网阔九尺五寸，球门上有一个直径三尺左右的"风流眼"，作进球用。

　　在笛响鼓鸣中，站在球门两侧的"左右军"，主攻方向就是球门上的

"风流眼"。要射中这种高达三丈的单球门上的小小"风流眼",既需要力量又需要技巧,不是很容易的,需要蹴鞠技巧高绝者来踢。如在东京为皇帝做寿表演的球头,左军为苏述,右军则是那撰写过杂剧剧本,以多才多艺闻名于京师的孟宣,可见球头的重要性。比赛围绕着球头进行——

先由球手将气球踢得团团转,踢过数遭,再由两个次球头小踢几下,待其端正,再把球传给球头,球头拉开步子,大步将球踢入"风流眼"。球射过"风流眼",对方接球后,将球踢过数遭,再传给球头,球头若能再踢过这个"风流眼",即为胜一球,反之为败。

正式比赛是"左右军"同赛三次或五次。比赛前先拈卷子分前后,两队着装颜色也不同,以便识别。这种蹴鞠比赛已有很详细的规则,一般是三次决出胜负。倘若胜不了对方,球头就要受"吃鞭"的惩罚。胜者,则被赐赏银杯锦绣……

这正如徽宗所写的宫词那样:"近密被宣争蹴鞠,两朋庭际角输赢。"不过人们更陶醉于另一首宋代宫词所勾勒出来的意境中:

再坐千官花蒲头,御香烟上紫云楼。

万人同向青霄望,鼓笛声中度彩球。

伎艺

据杂技、文学专家研究，后世所有杂技与通俗文学样式，如魔术、木偶戏、诸宫调、鼓子词、杂剧、词话、讲史、话本、南戏等，几乎都起源或兴盛于宋代城市。

奇术异能

在熙熙攘攘的东京大相国寺，万姓交易，各式各样，其中有一项"货术"买卖颇为吸引人——

绍圣二年（1095）五月九日，一道士卖《诸禁方》，一方缄题为《卖赌钱不输方》，一好赌少年用千金买下，归家一看，上写着：但止乞头。此为见好就收之意，当然是赌钱不会输的方子了。苏东坡评论说：这道士真会卖术啊，戏语就可得千金，还不是欺骗少年。

据此我们可以判断，东京的市民是十分迷信"奇术"的，这是宋代城市的一种通病，一种流行色，各个阶层，高、中、下层的大多数市民，都向往奇术的神话境界。也就是说，道士的"货术"得以成功，是东京市民趋崇"奇术"的反映，如果没有整个市民社会对"奇术"追求欣赏的氛围，这位道士绝不会做这样的买卖，也不会获得任何成功。

以此类推，市民对娱乐性的奇术更是狂热地追求了。笔者认为：杂技之所以至宋代进入一个出新出奇的阶段，是与壮大起来的有一定文化水平的市民阶层的欣赏趣味有关。这一时期的杂技，正如孟元老所说："技巧则惊人耳目"——

以踏索而言，它又名"走索"、"高缅"，即在两高杆之间悬一绳子，伎艺人在上面做各种动作。这在宋代以前就有，可是到了宋代，则演变得更加惊险。如刘筠的《大酺赋》中所说：

明《三才图会》中走索图

望仙盘于云际，视高纲于坦途。俊轶鹰隼，巧过猿狙。炫多能于悬绝，校微命于锱铢。左回右转，即亟只且。嘈囋沸渍，鼓噪歊歈。实倒投而将坠，旋敛态而自如。亦有㑂僮赤子，提携叫呼。脱去裸裼，负集危躯。效山夔之踯躅，恃一足而有余……

晏元献罢相守颍州时，一日，有伎艺人作踏索表演：掷索向空中，索直立，伎艺人遂缘索而上，快若风雨……这是结合幻术而设计的一种走索，给人以新鲜之感。

明《三才图会》中吞剑图

又有上官融，在东京的大道上见到一弄盏者，其盏百只，置于左右手，更互掷之，常一半盏在空中，递相拽击，节皆中节……上官融感叹宋简子弄七剑，迭而跃之，五剑常在空，掷盏者像他，但又超过了他……

弄盏，在大的系统下属于"杂手艺"。杂手艺范围有踢瓶、弄碗、踢磬、弄花鼓捶、踢墨笔、弄球子、抌筑球、弄斗、打硬、教虫蚁及鱼、弄熊、烧烟火、放爆仗、火戏儿、水戏儿、圣花、撮药、藏压、药发傀儡、壁上睡、小则剧术射穿、弩子打弹、攒壶瓶（即古之投壶）、手影戏、弄头钱、变线儿、写沙书、改字。

吴自牧对此又作了补充：踢缸、踢钟、虚空挂香炉、弄花球儿、藏人、藏剑、吃针、射弩端、亲背、绵包儿、撮米酒、撮放生等，并说："杂手艺即使艺也。"综上所述，杂手艺范围是非常宽泛的。

宋话本《杨温拦路虎传》中有这样的说法："明日是岳帝生辰，你每是东京人，何不去做些杂手艺？"看来东京市民不仅是喜好杂手艺，而且很多市民都会玩两下子，这是杂手艺普及的征兆。

弄盏是杂手艺中的一种，属于那种凭借手法疾快变换，以达奇效的伎艺。它需要长时间的艰苦训练，才能做到手法迅捷。在宋代城市中，类似弄盏这样的伎艺是不少的，如弄碗、弄花鼓捶、弄球子、弄斗等。

伎艺人中间的"快手刘"、"快手张"、"浑身手"，就是这方面的手法杰出者。他们的表演，对传统的手法，是有很大突破的。如弄百盏于空中，在宋代以前未见过，在宋代以后也未见过。

这种新颖别致的表演手法，是很受人们欢迎的。在一次上流社会的宴会上，面对着号称"藏抶者"的伎艺表演，玉清昭应宫使丁谓，对翰林学士夏竦说：古来没有咏藏抶的诗，内翰可作一首。夏竦即席献诗：

舞拂桃珠复吐丸，遮藏巧使百千般。

主公端坐无由见，却被傍人冷眼看。

这首较早的专写手法魔术的诗，透露出了手法魔术在宋代城市中已很流行，技巧很高，套路有"百千般"之多。楼钥也有一首《藏挅》诗，可与之互证：

> 尽教逞技尽多般，毕竟甘心受面谩。
>
> 解把人间等嬉戏，不妨笑与大家看。

楼钥所说极是，"藏挅"这种手法魔术，来无踪去无影，设计出人意料，确实给人带来许许多多的欢乐。如果再翻翻宋代的笔记小说，就会发现这种市民喜欢的伎艺，已很生活化了——

洪中孚尚书处，经常有一位道士来访游，告别之时，道人愿向他表演一术。时当年底，洪指园中枯李说：可使开花结子吗？道人说：能。道士即用青幕覆其上，还告诉洪尚书请客人来置酒观赏。

道士摸出一粒药，纳入李根，然后盖上。一会儿揭开，李已开花，又覆其幕如初，及再揭，李子已结实。盖三遍幕，令遍行酒，遂去幕，则一树全熟，青黄交枝，满座摘食，香味胜于常种……

又有一鲁晋卿，投奔在宿迁县崔镇当官的朱彪，每逢朱家来人，鲁晋卿辄表演小戏剧逗人玩笑，对别的没什么所求。一次朱彪和族友在后圃饮酒，鲁晋卿来了，朱彪对他说：你能学着古人化鲜鲤作脍给大家尝尝吗？

鲁晋卿笑着说：这个容易，只要得到一片鱼鳞就可以了。朱彪命仆人取数片鱼鳞给鲁晋卿，鲁又要一贮满水的瓦瓮，投鳞其中，盖上青巾，时时揭视，良久举巾，数鳞腾出，一座大惊。厨师用此鱼作脍，其鲜腴超过了市场上所卖的鱼……

这两则出自《夷坚志》中的故事，可称是小手法魔术典范。这种依靠道具机关的灵巧和以假乱真的表演，达到绝妙变化的魔术，在皇宫内也经常上演。如在宋理宗过生日时，姚润所表演的"寿果放生"，就是从寿桃之类的果子中变出飞鸟来，展翅升空……这就平添了一派佛家慈悲为怀的意味，突破了一般的祝寿模式，收到了意想不到的效果。

在宋代城市里，能表演这种称之为"撮弄杂艺"的伎艺家是很多的，仅临安一地这种艺术高手就有：

包　喜	陆　寿	金时好	赵　安
宋　德	徐　彦	沈　兴	陆　胜
包　寿	范　春	吴　顺	金　胜
林遇仙	金　宝	赵十一郎	包　显
赵家喜	浑身手	张赛哥	王小仙
姚遇仙	赵世昌	赵念五郎	赵世祥
耍大头	施半仙	金逢仙	小关西
女姑姑	施小仙		

有这样多的撮弄杂艺家，怪不得临安的市民社团中专有一个集聚这些人的"云机社"。从这些人的艺名来看，或"遇仙"，或"半仙"，或"小仙"，或"逢仙"，或"浑身手"，或"浑身眼"，可以想见表演撮弄杂艺的精彩程度，甚至在宋代一般城市中，都可以看到这样的表演情景——

鼎州开元寺多寓客，数客同坐寺门，见一妇人汲水，一善幻术客，戏恼之，即让她提水不动。谁知这妇人也会幻术，向他发出勿相戏的请求，可是此客不答应，汲水的妇人便说：若这样就比比法！

妇人随掷挑水的小扁担，化为小蛇。客探怀取块粉，急画地，作二十余圈而立其中，蛇至不能入，妇人含水噀，蛇比刚才稍大一些，又恳言：官人莫相戏。这位客人顽固坚持，妇人无奈，便让蛇突入，直抵15圈中。

妇人再噀水叱之，蛇遂大如橡，径躐中圈，将冲向那客，妇人提出停

129

止斗法，客犹不听，蛇即从那客的脚直缠绕到脖，盘解不开。围观者达数百人，同寺者准备去报官，妇人笑着说：伤不着，取蛇投到地上，仍化为一小扁担……

一男一女，同在旅途，相遇戏作，即是幻术，这反映了手法魔术已深入市民阶层之中，好像谁都会似的，而且水平不低，表演物品随身携带，交手相较，就能演出一场惊心动魄的"撮弄"来。

在这种幻术大盛的背景下，许多新节目接踵而来。手彩幻术"仙人栽豆"就产生于宋代城市，像东京的"旋烧泥丸子"等即是这种节目中的佳作，《武林旧事》中列举的王小仙、施半仙、章小仙、袁承局等，就是专门表演此术的高手。

据杂技史家研究：这类节目是根据道家无中生有，一生二，二生三，三生万物的哲理创作的，表演层次丰富，使人百猜不解，百看不厌。验之于宋代城市所出演的这类泥丸节目，表演者确实均为道士——

宣和四年（1122），南安军有一道士，独携一装满泥的竹畚，庭下数百观者，道士让他们自取泥如豆纳入口内，再加以询问：欲得作何物？果实还是肴馔，还是饴蜜？不要说时节、土地所应之物，要依自己的意思说。

然后道士仰空吸气，呵入人口中，各随所需而变，戒令这些人勿嚼勿咽，可再易他物。于是，奇迹发生了，刚才成为肉的能变成果，成为果的能变成肉……千变万化，无有穷极，其实只是一泥丸而已。

绍兴年间，临安有一年八十余岁的老道士，自称过去是东京景灵宫道士，这说明他还是继承北宋"泥丸子"的神韵。他经常冬日在三省门外空地聚众表演：用湿纸裹黄泥，向着太阳晒干，成为坚瓦。这大约是"开场白"，为正式的泥丸演出作好铺垫。老道对围观者说：小术呈献诸君子为戏，却觅几文钱买酒。

接着随地画"金"、"木"、"水"、"火"、"土"五个字，各捻一泥丸，包上湿纸，放在坚瓦上，借着日色晒，并告观者勿遮阳光。少顷去纸，东方的色青如靛，南方的赤如丹，西方的白如珠，北方的黑如墨，中央如黄蜡似的。往来观者，成百上千，无不相顾叹异，纷纷向老道扔下了钱……

这是一次表演"泥丸"幻术全过程的展现，它使我们真切了解到，宋代城市中的泥丸表演是有深度的，设计程序是异常巧妙的，而且样式多种。正是这多种样式，成就了宋代幻术的丰富体系。倘若联系另一种"七圣法"幻术，更可增加这种认识。

"七圣法"属于惊险幻术一类，在北宋时就广泛流行。表演时是七个披发文身之士，执真刀，互相格斗击刺，剖心破面，十分吓人，"切人头下，少间依元接上"。表演最为有名者为杜七圣。罗贯中则详尽地在《平妖传》中追叙了他表演的过程——

> 看那小厮脱剥了上截衣服，玉碾也似白肉。那伙人喝声采道："好个孩儿！"杜七圣道："我在东京上上下下，有几个一年也有曾见的，也有不曾见的。我这家法术，是祖师留下，焰火炖油，热锅煅碗，唤作续头法。把我孩儿卧在凳上，用刀割下头来，把这布袱来盖了，依先接上这孩儿的头。众位看官在此，先交我卖了这一伯道符，然后施呈自家法术。我这符只要卖五个铜钱一道！"打起锣儿来，那看的人时刻间挨挤不开，约有二三百人。
>
> 话分两头，却说杜七圣念了咒，拿起刀来剁那孩儿的头落了，看的人越多了。杜七圣放下刀，把卧单来盖了，提起符来去那孩儿身上盘几遭，念了咒，杜七圣道："看官！休怪我久占独角案，此舟过去想无舟。逞了这家法，卖这一伯道符！"双手揭起被单来看时，只见孩儿的头接不上。众人发声喊道："每常揭起卧单，那孩儿便跳起来，今日接不上，决撒了！"

这种幻术需要很高的变化藏运技巧，使观者不能见其机，只感到震惊。

《三遂平妖传》中杜七圣表演幻术图

它和手法魔术不同的是带有很浓的血腥味，是迎合市民口味设计的，是近代大套"肢解活人"幻术表演之先声。

由于科学技术的发展，魔术家还遵循新的科学技术研究原理，创造了许多高科技的幻术节目。陈元靓在《事林广记》中就有这样的记载——

指南鱼：用一个像拇指那么大的木刻鱼子，在腹中开一窍，陷好一块磁石，用蜡填满，用针的一半，从鱼子口中钩入，放没水中，它就会自然指南了。

指南龟：用一个木刻龟子，像前法那样制造。但在尾边敲针扎入，用小板子上安上竹钉子，像箸尾那么大，龟腹下微陷一洞，安钉子，上拨转常指南，钉要钉在尾后。

葫芦相打：取一样长三个葫芦，口开阔些，用木末沾胶水，调填葫芦内，令及一半，放干，一个用胶水调针沙向内，一个用胶水调磁石末向内，一个用水银盏向内，先放铁末并磁石者，两个相近，其葫芦自然相交，将盛水银的一个放中心。两个自然不相交，收起来又到一块。

大科学家沈括在《梦溪笔谈》中记述了指南针的四种装置方法，那么是否可以说，指南鱼、指南龟也是指南针的一种装置方法？而"葫芦相打"则体现了沈括的关于磁石性质的不同这一科学的推断。

以上三种幻术，放置在宋代科学技术大背景下考察，就会发现这是极好的科学技术原理的艺术展现，用今天的话来说，这是成功的艺术的"科普工作"。它使观者在新奇之中接受到了指南针、磁石科学知识的熏陶。

可贵之处就在于，宋代的魔术家们，将新的科学技术研究成果与魔术结合，对中国魔术的发展的影响是极其深远的，这类利用特制的机关道具显示新的科学技术成果的魔术，书写了中国古代娱乐生活新的一页。

为了使幻术的娱乐性更强，伎艺家们还将新的科学技术研究成果——火药转化为新的伎艺节目，那就是烟火，其最为常见的样式有起轮、走线、流星、水爆——

起轮，为轮车一类。临安的少年，经常在街市举行放风筝、轮车的比赛，有极大的风筝，也有小轮车。赌赛输赢，多用药线。众所周知，药线是引爆或串连烟火的部件。少年每天都要用药线进行旋转飞升的赛事，有的一会儿就能输三二两药线……

走线，则是把火药筒横挂在水平张紧的铜丝上，喷火时，它就会被反力推着，从铜丝的一头飞快冲到另一头，随之冒出彩色光焰，煞是悦目。

流星，则是将火药装入添加铁粉等发色剂的纸筒，筒上口封一层泥，下部留一喷口，用药线点燃火药后，火焰和气流从喷口喷出，造成反作用推力，使纸筒一飞冲天，光色耀眼，好似流星……

水爆，是水上烟火。南宋和金军在长江下游和州附近的采石江面水战是它的翻版。杨万里在《海鳅赋后序》中这样写道："舟中忽发一霹雳炮，盖以纸为之，而实之以石灰、硫黄。炮自空而下，落水中。硫黄得水而火作，自水跳出，其声如雷，纸裂而石灰散为烟雾，眯其人马之目，人物不相见。"依此而延伸及"水爆"，可知这是一种水火云烟兼具的娱乐节目。

以上这四种烟火样式，在临安已达到了"不可指数"的地步，足见烟火作为一种新的娱乐样式已渗透到市民的日常生活当中。如临安的霍山一旁，竟成为年轻后生施放"五色烟火"的专用之地……

在杂技的演出中也频繁使用烟火来烘托气氛。像东京宝津楼诸军百戏的出演就是这样的典范：在大起的烟火中，扮鬼神者，口吐狼牙烟火。或就地表演放烟火，或烟火涌出，人面不相见。表演"七圣刀"，或烟火散处，

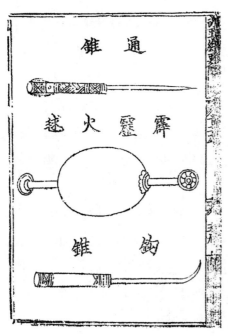

宋代霹雳火球

青幕围绕，列数十个戴假面、着异服的神鬼塑像……

遁人变物，幕间转换，全仗烟火爆发迷漫，这显示了烟火施放的专深程度。临安就有施放烟火的专业艺人陈太保、夏岛子等。百戏的出演，豪门的庆贺，主要是由像他们这样的烟火艺人承担烟火的施放。

在专业的烟火施放过程中，新的烟火节目不断设计出来。如在市场上出售的有果子、人物等种类的"成架烟火"，其构造是将多种烟火串联在一起分若干节，置放在高架上点放。它是后来特别流行的"烟火戏"的前身。

成架烟火，需要设计火力的久暂，药线的迟速，排列组合火药的远近，制造复杂，耗费巨大，但视听效果却甚佳。南宋宫廷制造的成架烟火最为精巧，外形如一大屏风，上画钟馗捕鬼之类市民喜闻乐见的形象，内藏药线，一一点燃，连百余不绝……

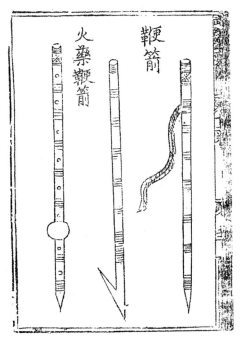

宋代烟火器

还有一种"药发傀儡"，它是将折叠的纸制人物，由火药引线燃烧，点燃花炮，将它们射向空中之后，借助火药的爆炸、燃烧力量，使纸制人物旋转起来，煞是好看……

施放药发傀儡，在宋代城市中之所以成为一个独立的行当，是由于施放烟火的专业性较强，没有专门的技能是驾驭不了的。像东京药发傀儡卓有成就者，就有李外宁、张臻妙、温奴哥等。

众多药发傀儡艺人聚集在一个城市中，琢磨切磋，互相竞争，势必使药发傀儡样式百出，无比生动。像东京"浴佛节"时的寺庙中，一高二尺多的佛子，在金盘中能周行七步，就足以使观者愕然。

这无疑是药发傀儡艺人的精心之作，它使人更加理解为什么在多达七十余种的"大小全棚傀儡"中，药发傀儡能稳稳地占有一个席位，答案只有一个：药发傀儡的娱乐性是其他伎艺节目难以替代的。

更好玩的是，烟火伎艺人利用火药燃烧时产生的气体向外喷射时的反推力围绕一个轴心旋转的原理，制造出了旋转型烟火玩具"地老鼠"。在南宋理宗初年的上元节，宫中燃放烟火时，"地老鼠"径窜至恭圣太后座下，使恭圣太后惊惶起来，意颇疑怒……

然而从中可以看出，"地老鼠"是十分逼真的，它不仅能喷火，还可以被反力推动着在地面上横冲直撞地乱跑，使见惯各式庆典烟火的恭圣太后也乱了方寸。不过，"地老鼠"作为烟火的一个特殊品种，影响是很大的，不仅宋以后的历代都将其保留下来，而且在18世纪就传到西方。直到现在，我们还将"地老鼠"作为最具娱乐性的烟火玩具而燃放……

除了科学技术含量较高的烟火伎艺外，伎艺人还创造了许多使人意想不到但又具生活性的新鲜节目，如号称"赵野人"的"倒吃冷淘"。

"冷淘"，据专家研究，是用细面、新面与槐叶水、甘菊水，或其他水和成，和成之后，切成饼状、条状、丝状，投入锅内，煮熟，再投入寒泉盆汀过之后，捞出泼上酱、醋、盐、蒜、瓜、笋等调和，即成夏季去火清热的最佳素食品。宋人王禹偁的《甘菊冷淘》诗是最好佐证：

> 经年厌梁肉，颇觉道气浑。
>
> 孟春奉斋戒，敕厨唯素飧。
>
> 淮南地甚暖，甘菊生篱根。
>
> 长芽触土膏，小叶弄晴暾。
>
> 采采忽盈把，洗去朝露痕。
>
> 俸面新且细，溲摄如玉墩。
>
> 随刀落银镂，煮投寒泉盆。
>
> 杂此青青色，芳草敌兰荪。
>
> 一举无孑遗，空媿越盌存。

这种来自田野之间的野菜，本不多见，经过加工，成为细如发丝的清凉美味，已具吸引力，又由赵野人采取一种倒立姿势，倒着来吃，这就分外吸引人，所以在马戏汇集的上元之夜，在东京最热闹的地段演出，一个崭新的娱乐窗口又为广大市民打开了……

伎艺人还将宋代以前的口技正式纳入伎艺演出的行列里来了。在城市里，口技主要是学飞禽鸣叫。每逢为皇帝上寿，在此之前都要由口技艺人表演鸟鸣。《东京梦华录》中这样写道：

> 集英殿山楼上，教坊乐人，效百禽鸣，内外肃然，止闻半空和鸣，若鸾凤翔集。

十分有趣的是，这样的描写在南宋时期，又原封不动，一字不差地出现在宰执亲王南班百官入内上寿活动的记载中，这说明学飞禽鸣叫已成一保留节目，至少是得到皇家充分首肯。也许学飞禽鸣叫可以表达百鸟朝凤之意?

东京就有这样一个例子：一人称薛翁的，效学飞禽鸣叫惟妙惟肖，主动承担了皇家园林艮岳中的百鸟调教。薛翁学着飞禽的鸣叫，召唤飞禽，一直把这些飞禽调教到了一望徽宗仪仗就飞翔群集的地步，这显然是得益于薛翁模仿飞禽首领鸣叫呼唤的口技之功。

这种口技的产生不是偶然的，而是由于宋代城市已具有了培育口技的丰厚土壤。以临安为例，在霍山行祠庙东大教场内，市民经常举行"赌赛叫"比赛，参赛鸟种应有尽有：鹅黄百舌、白鹩子、白金翅、白画眉、白角全眉、白青头、芦花角全、芦花画眉、鹅黄相思、紫鹩、绣眼、金肚钿瓮、秦吉了、倒挂儿、留春莺……

因为有了这样多的鸟儿和鸟鸣的世界，飞禽口技才越发显得生动，使市民更加执着地去追求其中的妙处，以至在南宋出现了能为百鸟语的人，被誉为"百舌人"，可见口技本领非同小可。

在学飞禽鸣叫方面已出现了杰出的代表人物，这是一种娱乐方式获得社会承认的必备条件。又像胡福等二人，作为"百禽鸣"的口技艺人，在诸伎艺中单独出列，意味着口技虽属小技，但其神奇妙化已不容忽视。

为了使鸟鸣口技，发声更加尖脆多变，市民还制作了用竹、木、牙、骨制作的哨子，放在人的喉咙吹。这种哨子还可以辅助发音，能作人言。沈括在《梦溪笔谈》中详细介绍了这种号为"嗓叫子"的发音器具。

《本草图经》中雀图

这种作为近代人工喉雏形的"嗓叫子",无疑会使口技表演如虎添翼,所以在反映宋代市民生活的小说《水浒传》中,出现了"铁叫子"乐和的形象,显示出了口技的蓬勃生命力……

口技还带动了相近伎艺的发展,如临安市民成立的专事"吟叫"的律华社,这就是由口技演化或者说受口技影响的姊妹艺术社团,在他们中间涌现出一大批著名的吟叫艺人:姜阿得、钟胜、吴百四、潘善寿、苏阿黑、余庆等。他们可谓口技的嫡系。

像东京文八娘,就是这类吟叫艺人中间的成就骄人者,她以"叫果子"在东京艺坛上称雄一时。作为口技的"叫果子"难度相当之大,因为宋代水果生产是很丰富的,仅荔枝,著名者竟达三十多种:

如蓝家红、陈紫、江绿、方红、游家紫、小陈紫、宋公、周家红、何家红、法石白、绿核、园丁香、虎皮、牛心、玳瑁红、琉黄、朱柿、蒲桃、

宋代口技艺人

蚶壳、龙牙、水荔、蜜荔、丁香、大丁香、双髻小荔、真珠荔、十八娘荔、将军荔、钗头颗、粉红、中元红、火山、一品红、状元红等。

将如此众多的水果品名，组织在一起，然后用市民们能听得清的叫卖声表述出来。要字正腔圆，使人百听不厌，而且要整天不间歇地去唱叫，这就需要仰仗深厚的口技功力了。如元杂剧《百花亭》中就归纳了这类的水果"唱叫"：

> 这果是家园制造、道地收来也。有福建府甜津津香喷喷红馥馥带浆儿新剥的圆眼荔枝，也有平江路酸溜溜凉阴阴美甘甘连叶儿整下的黄橙绿桔，也有松阳县软柔柔白璞璞蜜煎煎带粉儿压扁的凝霜柿饼，也有婺州府脆松松鲜润润明晃晃拌糖儿捏就的龙缠枣头，也有蜜和成糖制就细切的新建姜丝，也有日晒皱风吹干去壳的高邮菱米，也有黑的黑红的红魏郡收来的指顶大瓜子，也有酸不酸甜不甜宣城贩到的得法软梨条……

据宋元文学研究学者翁敏华研究，这"唱叫"是极奇特的，仅就它所用的句型而言，"衬字衬字堆垛，造成一种像连珠炮似的，一泻千里又迂回曲折的语势"。这样的"唱叫"必是辅之以优美的音律，其声其调必是异常动听的：临安一官吏家的小妾，忽感心疼，便常常作市井叫唱果子的歌叫，似乎以此可以疗救心疼之病。

这从另一个角度表明，这种口技功力已经神奇到了可以治病的程度，这不由使人想起另一种与口技有关的娱乐伎艺——小说。罗烨的《醉翁谈录》曾细致描述了这种小说伎艺人的奇异能力：

> 说忠臣负屈衔冤，铁心肠也须下泪。讲鬼怪令羽士心寒胆战，论闺怨遣佳人绿惨红愁。说人头厮挺，令羽士快心；言两阵对圆，使雄夫

《清明上河图》中说唱场面

壮志。谈吕相青云得路，遣才人着意群书；演霜林白日升天，教隐士如
初学道。嗵发迹话，使寒门发愤；讲负心底，令奸汉包羞。讲论处不滞
搭、不絮烦；敷演处有规模、有收拾……

倘无模仿象声等口技功夫，是无法完成这样生动的表演的，由此推之，
这种由口技派生出来，或与门技有血缘联系的伎艺样式，还有"说诨话"
之类。如东京有以说诨话而闻名的张山人、临安的蛮张四郎，他们专以俚
俗滑稽为业。

洪迈曾说张山人，"其词虽俚，然多颖脱，含讥讽，所至皆畏其口。"
这颇有些今日相声的味道，以宋代城市伎艺标准来说，这也是一种很高的
"异能"了……

141

调教虫蚁

在东京嘈杂的市声中，有一种鹰鹘的呼啸声、振翮声，这是从东京的潘楼街南的专营"鹰店"传来的……

潘楼为东京最热闹的商业街，"鹰店"周围皆是真珠、匹帛、香药等铺席，紧挨着的"界身"一巷，均为屋宇雄壮、门面广阔的金银彩帛交易之所，"鹰店"在这样规模的商业活动中，仍然能够占有一席之地，这表明，东京市民对鹰的需求量相当之大，而且非常讲究。

鹰是人们射猎习武最为得力的工具。淳化三年（992），西夏向太宗献"海东青"鹰，太宗考虑西夏地控边塞，时出捕猎，又将"海东青"赐还给了西夏。

鹰鹘的作用于此可见一斑。具体如"海东青"则又需多说一句，它本产于辽东，力最强，性最猛，空中攫猎，竟能一下将重达20斤的天鹅打落尘埃，所以辽金北方民族极爱驯养。西夏将"海东青"献于太宗，自然是驯化好了的。

从鹰鹘的属性看，它枭悍无比，极难养驯，梅尧臣的诗句可以证明："野鹘性决裂，所食唯狞飞。小鸟不入眼，拳发强弩机。"故必须对鹰鹘加以调教。据东京大量分布的鹰店可以推知，驯鹰在宋代城市中已是较为流行的了。

以著名画家黄荃为例，他家里就养鹰鹘以写神俊，这些供写真用的鹰

明版画中的金人驯鹰图

鹘不可能是黄荃捕捉，只能是从市场上买来的"驯鹰"。由于黄荃豢养了很多只鹰鹘，供给就经常有缺，这些鹰鹘不免去掘鼠填其肠胃，后来黄荃的子孙有不继承先辈画业而专事田猎的，就架着鹰鹘去捕鼠到市场上去卖。

这种现象引起了梅尧臣的兴趣，他专为此写道：

> 范云荃笔不取次，自养鹰鹘观所宜。
> 毡毛植立各有态，剜奇剔怪乃肯为。
> 寻常饲鹰多捕鼠，捕鼠往往驱其儿。
> 其儿长大好飞走，其孙卖鼠迭又衰。

黄荃喜好鹰鹘，并以此作为自己绘画生涯中的主要描绘对象，甚至子孙相承，饲养鹰鹘并以此维持生活。这表明，当时调教这种非常难以驯化的鹰鹘的现象已经十分普遍——

有地近武林的一族人家，以养鹰鹘为生而闻名。有一中贵人物，曾到他家买一只他养教的鹰鹘，就需花费百余千钱，他家里还有一本题为《嗽咻》的书，据说是宫中太监送的。书中全是饲养鹰鹘之语，其中的饲养调教鹰鹘法全可实用。

这一事例透露出：在城市中专业养鹰鹘户已出现，而且经过专业饲养调教的鹰鹘的价格非常高，饲养调教鹰鹘的理论专业书籍也已问世，并在城市中广泛流传，加上专营的"鹰店"遍布京城，这就汇成一个信息：调教鹰鹘在城市中已成时尚。

这种对动物感兴趣并加以调教的现象，在宋代城市中唤为"教虫蚁"。虫蚁，是飞禽走兽、昆虫鳞介之总称。人们之所以对调教虫蚁有浓厚的兴趣，究其原因，就是虫蚁可以领会人的意愿，堪称人类的知音好友。

如吕德卿在盆池中蓄养了一只绿毛龟，每天中午，主人用一根小竹杖去拨水面，这只绿毛龟必应声而出，主人便用小竹杖头插数片生猪肉喂它，绿毛龟吃完便沉入水底。如此这般两年，没有任何差错。

谁知吕家稚儿想以此为戏，一天中午击水，待绿毛龟应声浮出水面，稚儿将它置于盆中。第二天中午，再敲小竹杖，却无动静，过了六七天，主人去盆中取出绿毛龟，才知它已死了。龟愠于人之失信，宁可不食，以死表示无声的抗议。至于那有声的，则更感人肺腑了。沪南长宁军有一位养教"秦吉了"的人，由于这只"秦吉了"被调教得能作人语，有一夷酋便想以50万钱买走。主人和"秦吉了"商量：我太穷了，把你卖了吧。谁知"秦吉了"却说："我汉禽，不愿入夷中。"不久"秦吉了"就死去了……

由于虫蚁经过调教，可以具备以上所叙的那样的龟、鸟的优良品质，所以宋代市民非常愿意调教虫蚁，以它为伴。如李昉将自己调教的五只飞禽，像朋友一样冠以名称：白鹇叫"佳客"，鹭鸶叫"白雪"，孔雀叫"南客"，鹦鹉叫"陇客"，仙鹤叫"仙客"，这确实为自己的精神生活增添了一派别致的乐趣。总括起来，贵族巨贾，豢养调教得较多的，主要为鸟类，当时流传着许多动人佳话——

熙宁六七年（1073～1074）间，有一姓段的巨商，养一鹦鹉，在他的调教下，这只鹦鹉不仅能朗诵陇客诗和李白宫词，还能在客人来时，寒暄问安。时隔不久，段生以事入狱，半年方得释。一到家，段生向鹦鹉说：我在狱中半年，朝夕所想的只是你啊。鹦鹉回答：你在狱中数月不堪，不异鹦哥笼闭岁久。这话感动得段生泣不成声，下决心把这鹦鹉放归自由天地。

段生特备车马，将鹦鹉携至秦陇，揭开笼子，一边哭，一边祈祝：你可以归巢了，好自随意吧。然而，这只鹦鹉整羽徘徊，似不忍去，后终飞走。它将巢筑于官道陇树之末，凡吴商驱车入秦者，这只鹦鹉必鸣叫着到巢外问：客还见我段二郎否？然后悲哀地祝说：若见到时，请代我说：鹦哥甚忆二郎……

段商和他的鹦鹉，简直像一对依依难舍的恋人。这种人禽心意相通的现象是很独特的，它证实了鹦鹉经过调教，是可以达到和人思想共鸣的。也许正是基于这样的认识，宋代城市上流社会是很愿意养教鹦鹉的，例如经常教鹦鹉学念诗句——

等候大家来院里，看教鹦鹉念新诗。

碧窗尽日教鹦鹉，念得君王数首诗。

有的官吏甚至在调教鹦鹉时，还自愿去充当鹦鹉的知音。如贬到新州的蔡确，心情压抑之中误触响板，他调教的鹦鹉以为蔡确又要传侍儿奏乐，便去呼唤。蔡确愈发觉得这只鹦鹉理解他，以至因此患病不起……

调教虫蚁是为了使精神得到慰藉，但这只是一个方面的作用，调教虫蚁另一个方面的作用，是为了发挥虫蚁的属性——

隐居杭州孤山不仕的林逋，养教了两只仙鹤。林逋将仙鹤训练得纵之则飞入云霄，盘旋久之则复入笼中。有时客人来林居，而林逋坐小船去西湖诸寺了，一个小童子一面招呼客人坐，一边开笼放出仙鹤，让它去寻唤林逋。过一会儿，林逋必划船归来．十分灵验。

又如蜀人来东京时，有事则用鸽寄书，不到十天，家中便可知其音信。商人坐船过海涉洋，也用鸽子通讯，携鸽至数千里外，纵之还家，以报平安。这在通讯不发达的古代，确实能收到迅速便捷之效。

养教鸽子在宋代城市中渐成风气，尤其东南一带，已成习俗。在那晴空中，常常有一群群鸽子，它们色分锦灰褐黑，上下翻翔，又像斑斓的彩练，乘风飘舞……高丽国人也慕名来买这样的鸽子。

显然高丽国人是钟情于鸽子的通讯报信的功能。事实上，宋代驯鸽已不限于给商人通讯报信，还被驯化运用于驻扎在城市的军队的联络中——

如魏公一次去名将曲端的部队视察，曲端向他奉上所率五支军旅的簿子，魏公点了一支，曲端便在廷间打开一笼，纵一鸽飞出，一会儿，魏公点视的军队便随着这只驯鸽赶来。魏公为之愕然，索性都要看看，曲端便将五只驯鸽一齐放开。顷刻间，五支军旅随着这五只驯鸽迅疾集合而来，果然是戈甲焕灿，旗帜鲜明。

曲端之所以能够运用驯鸽带动军旅，就是因为他看中了鸽子有悟会人性的功能。不过并不是所有的调教虫蚁者，都是着眼于运用发挥虫蚁的属性，有不少的调教虫蚁者单纯是为了猎奇——

元祐年间（1086～1094），释惠洪在万安军并海遇见一位八九十岁的老道，他养教了一只大如倒挂的鸡，一只小于蛤蟆的玉狮，一只状如铜钱的龟。他将鸡放在枕头中，让它啼即梦觉。他用线将玉狮系在案几上，唤它跳踯凳几唇作危坐状。他还将小钱龟放在盒子里，时时揭开盒盖让它爬出，到自己的衣袖之间游戏。释惠洪为之感慨：真是用诗都难写出其高韵来。

也是同一时期，邹浩在南迁时，曾去湖南的零陵澹山岩游逛。当他将到时，寺僧已出来迎接了。他很奇怪地问寺僧怎么知道他前来？寺僧回答说：是寺里养教了一只狐狸，凡是有贵客来，这狐狸就鸣叫报信。邹浩极为赞赏，欣然作诗曰：

> 我入幽岩亦偶然，初无消息与人传。
> 驯狐戏学仙伽客，一夜飞鸣报老禅。

狡猾的狐狸，养教到如此能观察动向又非常通晓人性的程度，是很难的。它是受城市调教虫蚁之风影响而出现的一种猎奇现象，因为作为宋代任何一种文化现象，其发源地无不在其中心城市里，调教虫蚁也不例外。城市的调教虫蚁，总是能够为形形色色奇特的调教虫蚁提供生动的范例——

如元祐年间在东京的"海哥"表演。"海哥"前二足似手，后二足是与尾相组，其皮染绿，有斑纹如豹，实为海豹。都市人少见此物，争先恐后地来观看这只"珍怪"。教海豹者，用一个槛笼置放海豹。

待观看的市民交足了钱，此人便呼一声，海豹闻声出来表演，仅这一出一现，就有人掷下千金，教海豹者所获金钱都无法计算了。而且，王公们不断使人传召，让他去府宅中表演，教海豹者一天几乎没有闲着的工夫……

从这段记录中可以看出，市民无论高低，对奇特的调教虫蚁都是趋之若鹜的。同时也折射出调教虫蚁已被作为一种娱乐市民情绪的艺术被推而广之，以至有一豪族落魄子弟，见卖药者多弄猴子为戏，可以聚集市人供奉，他就比照模仿，装扮猴形，韦绳贯颈，跳踉不已，表演于场……

这种现象的出现，无非是因为调教虫蚁表演可以赚上大钱，于是，调教虫蚁者无不挖空心思，琢磨出一般人不能的把戏来。像被临安市民称为"神技"的"蜡嘴舞斋郎"，即为伎艺人唱着曲儿，引导着一只蜡嘴鸟作傀儡戏。只见那蜡嘴鸟拜跪起立，酷如人形，跳跳摆摆，模仿着戏剧舞蹈动作，引人发笑……

也有专门让人感到恐惧的"蛇舞"，那是临安庙前的戴生的把戏。他吹一只小苇管，蛇就会从藏匿处随声游到身边。戴生调教蛇，掌握了蛇的生息规律。戴生家畜蛇数十种，尽是些锯齿、毛身、白质、赤草，或连钱、或绀碧、或四足、或两首、或身小首大的奇异怪蛇。

其中有一条最大的蛇，形似殿楹，长数尺，堪称蛇王。戴生将这些蛇各随大小，用筠篮贮藏，每天喂给它们肉。表演时，戴生赤手拾取这些蛇，似捡鳅鳝，十分自如，而且呼唤蛇旋转升降，皆能随自己的意愿。

戴生别无资产，只凭靠戏蛇生存。这种以养教蛇而谋生者的出现，是宋代调教虫蚁深入发展的结果，也是临安市民文化欣赏水平提高的结果。临安市民不仅将"捕蛇"列为一种伎艺，而且还尊戴生为"戴官人"。这种将调教虫蚁的伎艺人，当成自己心目中值得敬重的人的公开表态，是一种全新的市民价值取向。

临安市民中的许多"闲人"，就是在这种全新的价值下，投身到调教虫蚁行当中来的。他们专门学习擎鹰、架鹞、调鹁鸽、养鹌鹑、斗鸡等，天天下茶馆，入酒楼，走街串市，专陪有钱人调教虫蚁。他们将自己调教虫蚁的本事出售给富人，虽然有些鄙下，但确实促使着稀奇新巧的调教虫蚁节目的出现——

猴呈百戏，追呼蝼蚁，驴舞柘枝，熊翻筋斗，乌龟踢弄，金翅覆射，斗叶猢狲，老鸦下棋……更让人叫绝的是"鱼龟顶傀儡面儿舞卖糖"：卖糖的人，守在一贮满水的大木桶旁边，有节奏地敲着锣，以名字呼唤那大木桶中的鱼鳖鲐鲫，待它们浮上水面，卖糖人便掷以小面具，或鱼或鲐或鲫，它们戴上小面具，就在水面上舞蹈起来了，左右摇晃，舞的是"斋郎"、"耍和尚"等活泼逗乐的节目；舞完一段，便沉入水底。这时，卖糖的人又别呼其中一物浮上，表演类似的节目。

这样的调教虫蚁。委实有趣得很，也委实是神来之技。在宋代以前没有，在宋代以后也没见过，可称得上是空前绝后的。从另一角度说，这是为了招揽更多的顾客买糖而演练的，这就使调教虫蚁的商品买卖色彩更浓。

其实，早在北宋元符年间（1098～1101），就有貉在城市市场上出售，南宋时伎艺人则将虫蚁驯化好了才拿到市场上。如有市民用 500 钱就买到一只黠而驯的鼠狼，这只鼠狼自归买主，去买主手内取食，跳窜戏扰，就好像是这位买主平日所调教似的，实际这是商贩将虫蚁调教好来出售的。

宋代城市中的调教虫蚁，在很大程度上已是一种较为特殊的商品活动，尽管这个活动中自始至终贯穿着调教，但它的根本目的是为了出卖，为了取悦，或为了赌博，这在宋代城市的斗鸡中体现得最为鲜明。

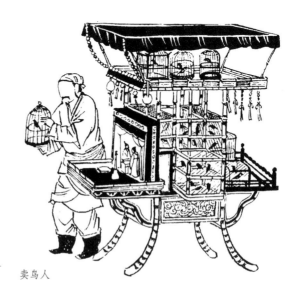

卖鸟人

《杨公笔录》中有"世人以斗鸡为雄"的提法，以此类推，宋代城市中的斗鸡活动必不可少，驯养斗鸡的经验已见于这一时期的文字记录：

养斗鸡之初，首先要结草为墩，让鸡立于草墩之上，这样做的目的是使鸡的脚立定而不致倾斜。同时，把喂鸡的米高高放置，超过平常放置喂鸡米的米斗之处，这必然使鸡耸膺高啄，久而久之，鸡的头就会常竖而嘴利。

为了使鸡斗起来顺利，也为了使鸡有斗的模样，要割截鸡的冠绥，这样就使敌鸡无所施展其嘴。还要剪刷尾羽，使鸡在啄斗时易于盘旋。另外，还要常用翎毛搅入鸡的喉咙，这样就会去其涎。

至于掬米饲之，或用水噀两腋，调饲一一有法。鸡经过训练、调饲，达到合格标准者必须是毛欲疏而短，斗起来欲竖而小。其足欲直而大，身欲疏而长，眼睛欲深而皮厚。它慢慢走着步，眈视对方，毅不妄动，看上去像木雕的一样。凡是这样的斗鸡，每斗必胜。

在斗鸡过程中，有所谓"三闲"之法，即三次休息之规定——

一闲：是在两鸡开始斗一会儿，一鸡失利，其主人便抱着鸡去少休片刻，在此期间，可对鸡去涎饮水，以养其气。

二闲：是再让两鸡相斗，其中一只鸡失利，其主人便抱着这只鸡像"一闲"那样稍微休息一会儿，养气调神，以便再斗。

三闲：也是最后一闲，斗鸡的双方主人，这次均不得干预，一直到两鸡分出生死胜负才算终止。

这是斗鸡的一般规矩，其场面大致如是：鸡开始斗时，奋用其距，少倦则盘旋相啄，一啄得所嘴便不放，再用之以距。能多如是者必胜，否则必败。因为两鸡每逢相斗，必是死斗，胜负一分，死生即异。

斗败了的鸡则丧失元气，终身不能复斗。获胜之鸡，即使赢了这场，也是暂时现象，其早衰之势已定，因为其主人是不肯就此罢休的，又将它拖去参加别的角斗，一次又一次的以死相搏，使之元气丧尽。

明刊本《顾仲方百咏图谱》
中斗鸡图

正如梅尧臣的《晚泊观斗鸡》诗中所说的那样：

> 侧行初取势，俯啄示无惮。
>
> 先鸣气益振，奋击心非懦。
>
> 勇颈毛逆张，怒目眦裂肝。

出现这样惊心动魄的场面，就是因为每只斗鸡都是经过长期、严格的训练，一斗起来，全力以赴。但有的斗鸡主人为了使自己的斗鸡高出一筹，而不惜用阴毒招法。

如用芥末涂于鸡之肩腋，这是在两鸡相斗疲倦，盘旋伺便，互刺头腋，翻身相啄之际，以有芥子能眯对方鸡的眼睛，进而取胜。还有的用像爪凿柄那样薄薄的刀片，缚置在鸡足上。这样就会使鸡在奋击刚刚开始的时候，一挥足，就伤对方的要害部位．甚至断头！

从斗鸡的规律来看，往往是用金距取胜于其始，用芥肩取胜于其终。可"芥肩金距之技"，仅见之于传史，具体方法无有流布，所幸宋代周去非《岭外代答》对此作了详尽描述，才使我们得窥宋代城市斗鸡的一个侧影。

斗鸡是残酷的，它似乎和娱乐很难协调，但欣赏斗鸡无疑能使神经得到刺激，给器官带来快感，所以这也是娱乐的另一种形式。况且斗鸡多用金钱下赌注，这种娱乐性，其妙处更是难以述说的。

但这毕竟是调教虫蚁的一个侧影而非全貌，宋代城市调教虫蚁还是将娱情寓乐放在首位的，这是市民热衷于调教虫蚁的主要原因。如东京市民有一时期喜好调教鹭鸶，可是一到饮秋水季节鹭鸶就会飞去，于是东京市民又转移兴趣，在夏天开始之际又纷纷饲养调教起铜嘴鸟来……

这种全民性的调教虫蚁的热潮的形成，无非是由于饲养调教虫蚁有着无限的乐趣，以至在宋代城市里，常常有全民性的调教虫蚁活动的形成，其中以在南宋城市里饲养调教蟋蟀为最——

秋天，每当蟋蟀出没之际，在临安的官巷南北作市斗蟋蟀便开始了。从早起，就有三五十伙市民，有的蟋蟀能斗赢三两个，便能卖上一两贯钱，若生得大，长于斗的蟋蟀，则身价百倍，可卖到一两银子。所以，城外许多居民，专在蟋蟀盛出的秋天，捉蟋蟀入城货卖……

在货卖蟋蟀的行列中，仅蟋蟀笼子就有银丝笼子、楼台型笼子、黑退光笼子、金漆笼子、板笼、竹笼等多种样式。这表明临安市民不单纯斗蟋蟀，对蟋蟀用具也是讲究的。1966 年 5 月镇江官塘桥罗家头南宋墓出土的陶制过笼等三件蟋蟀用具证实了这一点。

据 1973 年第 5 期《文物》苏镇所撰文介绍：这三件蟋蟀用具，均为灰陶胎，两只为腰长形，长 7 厘米，两头有洞，上有盖，盖上有小钮，钮四周饰六角形双线网纹，其中一只内侧有铭文四字，残一字，为"□名朱家"。另一只为长方形，长亦 7 厘米，作盝顶式，顶中有一槽，槽两侧饰圆珠纹，圆珠纹外周斜面上饰斜方如意纹，一头有洞。

长方形的蟋蟀过笼，一头有洞，当是捕捉蟋蟀时用的，腰长形过笼两头有洞，当是在圆形斗盆中放蟋蟀时用的。这说法不尽准确，蟋蟀研究家王世襄先生不完全同意这种鉴定，认为需要完善和纠正。

但无论怎样说明，有一点是可以肯定的，那就是蟋蟀过笼已是一种普遍可见的用具。台北故宫博物院藏苏汉臣的《秋庭戏婴图》，图中就画有正面和两侧端都有孔，但没有底，近似一具瓦罩的蟋蟀过笼。

这可以证实过笼这种专门用具，南宋城市中的儿童都十分熟悉并会使用。使用是需要技巧的，联系三件出土的蟋蟀用具，足以使我们了解到南宋城市调教蟋蟀风气之盛，技巧之高。

从一件过笼上印有"□名朱家"的戳记，可知是专门为朱姓人家烧制

宋八宝蟋蟀盆（左）、
宣和蟋蟀盆（右）

明刊本《虫经》插图

用来斗蟋蟀的，它和《武林旧事》所载的《小经纪》中的"促织盆"，是同一类型。这种小商品，在当时已是大量烧制供应需要了。

在墓葬中寻见到的小小过笼，带给我们新的启发：一个人如果不迷恋调教蟋蟀。是不会将小小的过笼带入坟墓的。通过值得玩味的蟋蟀器具，我们可以揣测到宋代城市调教蟋蟀已达到了一个相当的高度。

最值得注意的是，南宋时期贾似道所辑的《秋虫谱》，为中国调教蟋蟀之祖本，以后的《鼎新图像虫经》《促织经》《蟋蟀谱》，均源于贾似道名下。虽然可能为书坊伪托，但贾似道调教蟋蟀影响之巨是不能抹杀的。

《秋虫谱》涉及了调解蟋蟀的各个方面，如《收虫秘诀》《养虫要法》《蓄养所忌》《治积食不化》《交锋论法》《慎斗论》《斗胜养法》《观虫形象》《虫辨》，等等。

《秋虫谱》对蟋蟀的头、脸、翅、腿、色、肉，都有详尽的研究，对如何相，如何喂，如何捉，如何治，如何斗，等等，均有具体可行的方法。后来的《虫经》《促织经》《蟋蟀谱》均按此格局延续下来。

像《虫经》中的《赵九公养法》《苏胡子养法》，《促织经》中的《捉促织法》《论头》《论脸》《论翅》《论腿》《论肉》，《蟋蟀谱》中的《时序炎凉调养秘诀》《促织有十不斗》，等等，这些均为南宋城市调教蟋蟀法之延续，为中国调教蟋蟀奠定了雄厚的理论基础，也是对世界昆虫学的一个杰出贡献。这些调教蟋蟀的基本常识和基本方法，甚至在今天仍然被人所遵循。

有趣的是《秋虫谱》中的《嘲两来嘴》，勾画出了专以怂恿蟋蟀相斗而谋生的市民形象：

> 有等好事君子，凡遇秋虫发动，则东闯西奔，寻豪探富，说合两家，携虫赌赛，则从旁而赞之，假心虚意，挑拨成场。东家散漫，便帮西家以局东家；西家软怯，则就东家以取西家；设或两家各自张主，则又从中冷语：某虫甚大，某虫色花。煽两家之心，败已成之事。及至东家败北，则便向西家云：我道东虫不狠，今果然歘。顷之东家复胜，便转面谓东家云：我道未见得你虫便输，将军有复口，非此谓歘。或放钱，或抽头，或倒卸，百般用意，总是为己，而不为人。一遇此辈，切须斟酌，毋令堕术中可也。

如果将此和吴自牧的《梦粱录》中所述"闲人"对照，便会发现他们之间有惊人的相似之处，就是一路货色，正所谓："说合交易，帮涉妄作。"同时这也表明了南宋城市已培养了一批专从蟋蟀相斗中讨生活的"闲人"

宋《婴戏斗蚕图》

来，他们就好像晴雨表，反映出调教虫蚁已经在城市中广泛展开。

正是由于调教虫蚁已成为市民生活中必不可少的一部分，政府当局也顺应民意，在尽可能的范围内组织调教虫蚁的表演，以活跃城市的娱乐气氛——

临安荐桥门外的象院里有外国进贡的六头大象，每天，这六头大象由朝殿官引出到宫门前唱喏。唱喏，本是宋人习惯，所谓"喏"，即为出声，喏必有揖，揖则兼喏，完成喏与揖方为"唱喏"之仪。

也就是说，大象要像人那样躬背俯首，并用鼻子发出表示参拜的响亮声音来。这是需要加以调教才能达到的。特别是三年一次的明堂大祀，驯象员乘象出动，让象在太庙及丽正门前表演成列，旋转跪起……

大象悉如人意的表演，并非南宋首创。早在北宋景德年间，交州黎桓就献来四头能拜、能山呼的驯象，它们被养于玉津园。每逢大礼，这四头驯象背上就加置莲盆严饰，出动表演。后来逐渐形成了这样的场面——

数十面朱旗，十数张铜锣鼙鼓开道，七头大象尾随其后，每头大象颈部都坐着一个戴高脚幞头，穿紫衫的驯象员。他们手执短柄尖刀银镶，驱使着大象走到宣德楼前，七只大象自动围绕行步数遭，然后整整齐齐排成一行，面北而拜、唱喏。

每逢此刻，御街上观者堵塞，即使那些看过许多新鲜虫蚁之戏的宗室诸贵，也都来观赏。商贩乘机大卖土木粉捏成的小象儿，让看驯象者带回去作礼物，送给那些看不到驯象表演的人们。

驯象从宣德门至南薰门外，只走一次，能看到就是一种荣幸，若得到小象玩具，也算荣幸了。绝大多数人平时根本看不到驯象表演，有的官宦之家的夫人看到大内阙下驯习大象，竟惊奇不已，回去告诉其父：我看见了大鼻驴！

从这一事例可见，大象出行并非简单易行的，而是朝廷极少举办的一大盛事。宋人画有《汴京宣德楼前演象图》，一丝不苟地描绘出七头大象的形貌，其所饰器具，均与史载相合。图画证实了这种驯象活动在北宋城市

驯象图

中是很隆重的。

　　本来不过是一次庆典，但统治者巧妙地运用大象来粉饰太平，将调教好的大象参加的活动，衍化成为一次对虫蚁教化的示范，将对人的教化之意亦寄寓其中，并蓄意为此掀起市民观看的热潮，以将这种观念潜移默化。

　　每一次大象的出行，都是一次极好的对调教虫蚁的最好宣传。尽管宋代以前有过这样的形式，但从未如宋代这样规范而热闹。自宋以后，各朝无不继承这种大象出行的形式，这不也是对调教虫蚁的一种肯定和弘扬吗？

防火

公元11、12世纪，当世界各国的城市刚具规模时，中国的东京、临安已经组建了一支专业的「消防队」。

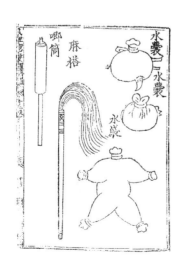

火　灾

一堆熊熊燃烧的火，一个手脚捆绑的人，烈焰旺，身翻滚，炙皮裂肉，惨叫不绝……

这是建隆二年（961）东京街头出现的一幕。

这位史籍未载姓名的被烧之人，是在皇宫"内酒坊"做工的一名小卒子。史籍未说明是否是他造成皇宫内失火，只记载了由于失火，这名小卒子被投入火中而受到活活烧死的严惩。

是太祖赵匡胤作出了谁造成失火就要被火烧死的最为严酷的决定，他还下令将与这次失火有关的监官以下数十人，押解刑场斩首，尸体露市示众……

"自是，内司诸署，莫不整肃。"这是江少虞的《宋朝事实类苑》中对这次失火处理后果的评价。史籍记述赵匡胤："圣性至仁，虽用兵，亦戒杀戮"，其形象仁义至极，何以对一次失火如此大动肝火，严惩不贷？其中自有缘由。

从宋代开国立都于东京来看，赵匡胤面临着一个怎样维护刚刚到手的政权的问题，具体来讲，先是如何固保城池的问题。据传，在开宝元年（968）修城时，赵匡胤看到已经画好的方方直直，四面皆有门，坊市经纬其间，井井绳列的施工图，大怒，自取笔涂改，命用幅纸作大圈，纡曲纵斜，并在旁特注："依此修筑。"

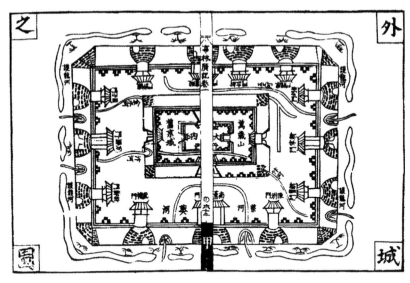

宋代外城图

开宝修城，确有其事。赵匡胤如此设计，着眼于城池的易守难攻，自有其道理。对开国之君而言，京都的安全，是压倒一切的。任何一点对京城安全造成危害的行为，在赵匡胤看来都是大逆不道、不可饶恕的。

这种出发点与后来他的继承者对火灾所采取的认真防范的态度，还不尽相同，但是不应排斥这样的认识，即火灾对城市有极大的危害，城市要极端重视火灾预防的思想，这已经开始在城市管理者的头脑中占有一个位置，尽管是很粗浅的。

乾德元年（963），国子博士聂崇义上言赵匡胤，提出："皇家以火德上承正统，膺五行之王气，纂三元之命历，恭寻旧制，存于祀典，伏请奉赤帝为感生帝，每岁正月，别尊而祭之。"宋朝立国之初即宣布：国家受周禅，周木德，木生火，宋当以火德王，色尚赤。这在建隆元年（960）就被作为国家大典规定下来了，所以，聂崇义的建议，马上得到赵匡胤的批准。朝

161

廷为"感生帝"在南郊设高七尺、广四丈的祭坛，奉宣祖升配，牲用骍犊，玉用四圭，币如方色，常以正月上辛奉祀。

康定元年（1040），朝廷又在河南商丘即宋朝开国之处设坛祭祀大火之神，用阏伯配享，准中祠。还下诏令：每年三月、九月择日由商丘长吏以下官员分三献，州县官奉礼祭拜。到了徽宗当政，还专建了"火德真君殿"，供奉更甚。

南宋自绍兴二年（1132）以来，又恢复了东京祭祀火神的传统，如绍兴七年（1137）在临安府设火神位，在每年的三月和九月向中原望祭古商丘之地。绍兴十八年（1148），又将祭火神的"小祀""升为大祀"。高宗赵构又在太一宫专辟一"火德神殿"……

任何一点违背火神象征和辱慢火神的做法，在宋朝都是不允许的。像皇祐六年（1054）四月由于出现了日食天文现象，按夏历四月火历正月的成例，仁宗好不惶恐，下令将皇祐六年改为至和元年，并从四月一日开始，减死罪，释流放。仁宗还易服避正殿，减常膳，在四月日食时，用牲祭祀，等等。知制诰胡宿不失时机上奏说：国家要乘火而王，火于五行，其神属礼。国家常须恭依典礼，以顺火性。

胡宿认为东京不下雨，是因祭祀火神不够，提出要到南郊告谢天地，以消灾旱。胡宿的奏章，是从理论上阐明祭火神的重要意义，恰逢其时，得到了仁宗的批准。

由于敬火观念已深入朝廷上下，所以神宗年间，商丘知州张安道据王安石变法而提出的租赁祠庙为市场的做法，提出了火正阏伯和微子两祠庙可否租赁的问题，这一下子就引来了神宗措辞严厉的"御批"："慢神辱国，无甚于斯。"但天下神庙却皆因此而免鬻。

崇尚火神，就如此得势，以至北宋著名的书画家米芾，就曾顺应潮流刻了一个"火宋米芾"的印章，以示赵宋之尊。后来南宋的博物学家李石也建议：大宋建都在大火之下，宋为火正，其源也是如此。

然而，火神并未领宋代城市管理者这份虔诚情意，反而较之其他朝代在城市里更为肆虐——

建隆三年（962）正月，开封府通许镇市民家起火，烧庐舍340余区。五月，东京大相国寺起火，烧房舍数百区。

乾德五年（967），东京建隆观起火。

大中祥符八年（1015）四月，开封府起火，延烧内藏、左藏库、朝元门、崇文院、秘阁。

明道元年（1032）八月，东京禁中起火，延烧崇德、长春、滋福、会庆、崇徽、天和、承明、延庆八殿。

景祐三年（1036）七月，太平兴国寺起火。

元祐六年（1091）十二月，开封府起火，烧得府廨一空，知府李之纯仅以身免。

重和元年（1118）九月，后苑广圣宫起火，一次焚毁5000余间房屋。

绍兴元年十二月（1131），临安大火，烧万余家。

绍兴二年（1132）五月，临安火弥六七里，延烧万余家。

同年十二月，临安又起大火，烧吏、工、刑部、御史台及公私室庐非常多。

嘉泰四年（1204）三月，临安起大火，烧尚书中书省、枢密院、六部、右丞相府、制敕粮料院、亲兵营、修内司，延及学士院、内酒库、内宫门庑，烧2070余家。

嘉定元年（1208）三月戊寅至四月辛巳，临安起大火，烧御史台、司农寺、将作、军器监、进奏、文思、御辇院、太史局、军头、皇城司、法物库、御厨、班直诸军垒，延烧58097家。城内外亘十余里，烧死59人，踩死者不可计算。城中庐舍烧毁十分之七，文武百官只好住到船上。

嘉定十三年（1220）十一月，临安起大火，烧城内外数万家，禁垒20区。

嘉熙元年（1237）六月，临安起大火，烧 3 万家。

以上是两宋首都火灾的粗略概况，损失异常惊人。中小城市的火灾，也不甘落首都之后，损失也非常可怕——

建隆元年（960），宿州起大火，烧民舍万余区。

乾德四年（966）二月，岳州衙署、廩库起火，将市肆、民舍烧光，官吏逾城才逃一命。

开宝八年（975）四月，洋州起火，烧州廨、民舍 1700 区。永城县起火，烧军营、民舍 1980 区，死 9 人。

嘉祐三年（1058）正月，温州起大火，烧屋 1.4 万间，死者 50 人。

元丰元年（1078）八月，邕州起大火，烧官舍 1346 区，诸军衣万余袭，谷帛军器 150 万。

绍兴十一年（1141）七月癸亥，婺州起大火，州狱、仓场、寺观暨民居一半被烧光。

乾道九年（1173）九月，台州起火，一夜未停，烧县治、酒务及市民 7000 余家。

淳熙九年（1182）九月，合州起火，民居几乎全被烧光。

嘉定五年（1212）五月，和州起大火，烧 2000 余家。

总而言之，两宋三百多年内，全国发生的大型火灾有两百多次，平均不到两年就有一次，主要是发生在首都及各州县城镇上，其中，以京城这样的大城市最为严重。以大中祥符八年（1015）四月荣王宫的大火为例，钱惟演的《玉堂逢辰录》中记述最详尽——

火是四月二十三日夜从荣王宫烧起的，当时大风从东方来，五更后火益盛，未至天明，东宫的雍王、相王、南阳郡王、兖王、曹王、荣王等六宫府第，一时全部烧净。

二十四日，火又烧至承天门，西烧仪鸾司、朝元殿后阁，南烧内藏库、香药库，又东回烧左藏库，又西烧秘阁史馆。

午时，烧朝元门东角楼，西至朝堂。未时，火出宫城，连烧中书省、门下省、鼓司审官院。到了晚上，烧屋舍计2000余间，救火而死的达1500多人，至夜，火仍未绝……

火烧了整整一天两夜，烧得宫人相压，死于灰烬中者特别多，惨不忍睹，焚烧诸库，使香闻十余里外。宫中的大树大都被烧毁了，所余者也都焦枯了。

尤其是秘阁三馆的图籍，一时俱烧尽。大风中，纸片碎屑，漫天飞舞，源源不绝，飘向汴水……有人叹息道：唐末五代，书籍只存留下来这些，谁知遇上了这么一场火，一点未剩，太可惜了！

这一损失使朝廷既惊又痛，大火过后，着手做的一项重要工作就是补救图书，出示秘本，馆阁传写，且命儒臣编类校雠。宋代的校勘、校理图书官职，就是自此设立的。即使这样，也难以补救图书的损失，到嘉祐五年（1060），朝廷还诏示中外士庶，呈献宫中所缺的图书……

对火灾的痛切认识，首先还是体现在皇帝的自责上。大火刚过，真宗就发表了《荣王宫火延烧殿庭求直言诏》，指出这场大火是"失于防微"，需"弥深于省咎"，诚恳希望"文武官并许直言"，"勿吝倾输"。

真宗紧接着将这次起火责任人荣王元俨，降为端王，贬出东京，降封在一个小地，怨怒情绪溢于诏令之中："用警未然，使烈焰俄兴，燔延栋宇，罪既有归，勿忘修省！"

真宗自责，处分荣王，只能说是表面文章。荣王宫之所以起火，迅速蔓延，看似偶然，其实又是有其内在的必然的因由——

宋在后周基础上建都于汴，荆南高继冲、湖南周宝权、南唐李煜、南汉刘铱、吴越钱俶、西蜀孟昶，纷纷辞楼下殿，辇来新朝。他们携妃将雏，举家迁徙，东京一时土木大兴。这和后来的宋廷南渡临安时的情形，有颇为相似之处。

加之赵匡胤一定国就说服高级将领，去买田建房，颐养天年，拥有广

宋《九成避暑图》中的高大楼阁

地壮宇就成为一时风尚，而处于政治、经济中心的首都，则为宅园建设首选之地。在东京、临安，占地广、规模大的多为王公贵族的住宅。

以东京的此类住宅为例：大中祥符年间景龙门北的李遵勖府第，仅其宅第以东就有隙地百余亩，悉疏为池，构堂引水，异石珍木，冠于京城。后来的蔡京常住的阊阖门外南边的府第，更是宏敞过甚，中有高达四丈九尺的六鹤堂，人行其下，望之如蚁。宅第的东园，嘉木繁荫，望之如云……

从这样的例子中，不难想见本不够宽裕的城市空间的拥挤。"甲第星罗，比屋鳞次；坊无广巷，市不通骑。"《皇畿赋》中的这些话，并非危言耸听。财大势雄的官僚"侵街"、"侵道"的现象屡见不鲜。

成平五年（1002），真宗曾下诏令，命右侍禁阁门祗侯谢德权扩充东京的道路，拆掉沿街而建的"贵要邸舍"，可是招致一片反对声。虽然这次也设立了标记，立于街道两旁，不许越标私建，但真正实行还是很难的。真宗怎么能超越和摒弃他所依赖的统治基础呢？

况且真宗当朝时，也用了 14 年的时间，修起了壮丽的玉清宫，宫殿占地颇多，二十八星宿，就各有一殿，面积大到 2610 区。玉清宫所用的梗楠杞梓，都搜穷了全国的山谷。

无限制地建府治第、筑楼修殿，势必要占又大又多的地方，其后果就会使东京的衢巷越来越狭隘。熙宁年间，皇家作坊工匠因受不了苦，想夺门而逃，可是一个老兵将门关上阻挡，他们便无一人冲出。据说，最初是因为这个作坊门巷狭窄弯曲，众工匠不堪忍受，请求将这作坊取直放宽，可是未获准许，工匠们便要冲出这牢房般的工作处。堂堂的皇家作坊也这等狭小，东京门巷的狭小可见一斑。

与唐代长安严格的方格网状街道不同，东京的街道或成丁字形，或成井字形，东京的路面普遍比长安窄，一般不会超过 15 ～ 20 公尺。这可从《清明上河图》上所绘的街道看出来。

在东京，不宽的街道两旁，欢门矗立，店楼密列，高低起伏，参差错落，可东京的面积却只有长安的一半，人口却比长安近百万的人口要多，最多时达到 150 万～ 170 万。

以真宗天禧年间（1017 ～ 1022）计算，东京的人口 55 万左右，神宗元丰年间（1078 ～ 1086）增至 70 万左右，徽宗崇宁年间（1102 ～ 1107）增至 80 万左右。这些数字，当然不包括临时来京者、流动商贩、驻守禁军及其家属等。

有专家曾以天禧五年（1021）城内 50 万人口基数计算，其人口密度为每平方公里 13570 余人，从《清明上河图》中可以看到这种人如蜂集般的情景。

又如《清明上河图》所绘，在沿街店铺及一个挨一个的贵族宅第后面，又有密密的院落或住宅，也就是说密集的各式的市民居住区，占据了宋代大城市的大部分空间。

城市人口增加很快，城市范围并无多大扩展，因而居住非常拥挤，这

《清明上河图》中的东京街市面貌

就使庖厨相近的状况日益突出起来，这是城市火灾的一个重要根源——

程琳任开封府尹时，内宫有一次失火，在场的宫人也都服罪，可是心细认真的程琳，为了明辨是非，就让宫人画了一张火经过的路线图。程琳清楚地看到，这是由于宫人多，居住地方非常狭隘，而炉灶靠近板壁，时间一久干燥了，火灾自然就起来了。

这纯属天灾，而非人为，但从中却暴露出一个问题，那就是庖厨相近势必会酿成火灾。这也是后人总结宋代城市火灾多的原因之一，即居民稠密、厨灶连绵。

一向以忧国忧民为己任的王安石敏感地注意到了这一现象，他曾先后写了《示江公佐外厨遗火》《外厨遗火二绝》三首诗。其中一首：

> 灶鬼何为便赫然，似嫌刀机苦无膻。
>
> 图书得免同煨烬，却赖厨人清不眠。

如果没有很多的庖厨着火现象，王安石不会花费这么大的笔墨，更不会以宰相身份写出这样的讽刺诗，这些诗的用意无非是想引起市民们的警惕。

造成宋代城市火灾的第二个原因是宋代民宅板壁居多，砖垣特少。天圣五年（1027），宰相张知白就认为：按《五行志》的说法，宫室盛则有火灾，近来洞真、寿宁观相继失火，这都是"土木太盛之征"。城市中木、竹结构的房屋居多，像临安尤为突出——

绍兴十年（1140）七月，一场大火烧尽了临安的数万屋室，有一裴姓商人，不跑去救他的质库珠肆的火，而是急忙出城，只要遇上竹、木、砖、瓦、芦苇、椽桷，便不问价钱都买了下来。第二天，皇帝传下旨意："竹木材料免征税，抽解城中人作屋者皆取之。"这位裴姓商人因此获得了暴利，所得超过了他被烧掉的那些财产。

这位裴姓商人，琢磨透了临安着大火之后，需要的必然是大量的以木、

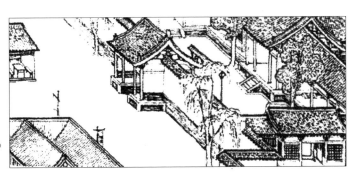

宋《文姬归汉图》
中的住宅

竹为主的建筑材料，所以他敢于弃万贯家产不顾，去做这笔更大的生意。这样，临安仍摆脱不了板壁居多的格局，仍潜伏着火灾的隐患。

嘉祐四年，右谏议大夫周湛去襄州任知州，来了一次彻底改革：他发现襄州市民不善陶瓦，住居一律竹屋，时间一长，侵据官道，檐庑相逼，多次着火，危害很大。周湛便命将这样房子，悉毁撤去，自此以后，火患便得到了制止……

宋代城市火灾第三个原因是奉佛太盛，以至家作佛堂，彻夜香灯，幢幡飘引。扫描一下东京、临安两地的寺院庙观概况，便知这些并非虚言——

东京的佛寺有相国寺、上方寺等50余处，道观有朝元万寿宫、佑圣观等20余处，其他祠、庙、庵、院等60余处，封丘门内尚有祆教、拜火教等教堂。临安的寺院，有57处之多，加上近郊的共有300余处，还有庵舍13处，道观仅城内就有20余处……

众多的寺观庵院，加上市民家设神位，节庆祭祀频繁，使城市几乎每天都弥漫在香火之中。从景祐初至庆历中不到十年时间里，玉清昭应、洞真、上清、鸿庆、寿宁、祥源、会灵七宫，开宝、兴国两寺塔殿，相继烧毁，一点遗存也没留下，正像欧阳修所指出的，这全是"累年火灾"造成的。

像宏伟的兴国佛阁，在东京数十里外都能看见，登六七级，才能见到佛殿的腰腹，佛指大皆合抱，就是这样大得惊人的佛寺，也被焚烧殆尽。佛寺着火的故事还有很多——

元丰八年（1085），朝廷以屋数千间，连数坊之地的开宝寺为考试场地。考试刚开始，晚上寺里着起大火，许多试官、执事等，无法逃出。冀王宫大小学教授兼穆亲宅讲书翟曼、奉议郎陈访、宣德郎大学博士马希孟等人，统统丧身火海。火灾过后，偏偏有一名叫焦蹈的人高中了榜首，于是，便有了"不因开宝火，安得状元焦"的民谚传开。

同时也传开了"救火罗汉"的故事。那是因为在救火时，市民们只见一个僧侣在屋上扑火，市民呼唤他下来，他却不听。一会儿，火烧透了屋架，此僧堕于火中，可是，市民们又见他在火中来往奔走灭火。

结果此僧在屋架上跌落三四次，到早晨，火熄灭了，人们以为这位僧侣一定死了，一检查，全寺无一僧死亡，只有福胜阁下一阿罗汉像，形面焦赪，汗珠如雨，流淌不止……

这一故事，是根据开宝寺火编撰而成的一段神话，但元丰八年开宝寺的火着得很大，这确是实在的。火由寺院燃起，却又不得不乞仙佛来帮助灭火，使我们得以较充分地了解了宋代城市寺院火灾的严重性。

宋代城市火灾的第四个原因是人为因素。像荣王宫着大火，就是由于掌茶酒宫人韩小姐与亲事官孟贵私通，偷窃了不少金器，后来事泄，王乳母将对她诘责，韩小姐便秉烛烤着了佛堂前帘，当时正刮风，火遂烧了起来……

绍兴十年（1140）临安起火，是因三省官吏侵职既多，物资没多少了，便纵火，想用火灭迹，以使朝廷没办法稽考。又如绍兴二十六年（1156），有一官宦人家，为庆祝妻弟荣升御史，摆下酒席，饮到三更才散。侍候的丫鬟忙了一整天，很累，随手把灯插在板壁上，一觉睡去，那灯火燃到板壁上，一时烈焰蔓延，这一带数百家居，全被烧光……

这种"人为火灾"，为害最烈，也最为频繁，许多心阴狡猾的人，常常制造这种"人为火灾"，然后诬赖他人放火——

北宋钱冶任潮州海阳县令时，州中大族某氏家被火烧，追寻踪迹，火是来自某家。官吏便将某家逮捕审问，某家呼冤不服。太守刁湛说："此案非钱县令审理不可。"钱冶讯问大族某氏，得到一根引发火灾的床脚，经检验，怀疑是居住在同里的仇人家中之物，于是率领吏役进入仇家，取来折断的床脚对合，丝毫不差，仇家当即招供说："火是我放的，故意留下踪迹在某家，以求逃避罪责。"某家这才获释。

宋代城市火灾的第五个原因是自然火灾。这种火灾经常发生，而且破坏性极大。像天圣年间（1023～1032）的一个六月的中宵，由于一场咫尺间说话都听不见的暴雨雷电，引起了玉清宫的一场大火。宫中全以金饰的薨拱栾楹，花费亿万，不可胜计的奇宝异物、巨像穿碑、珍树怪石，悉坠煨烬。这种自然火灾，是难以预防和阻止的，明肃皇后只能对这场"上天"发起的大火号啕哭泣……

也有官员面对自然火灾，不一味迷信和降服于天，却从调查研究入手，以自然规律解释和证明火灾，取得了很好的社会效果。如仁宗年间，强至任开封府仓曹参军时，皇宫中露天堆积的油幕，一天夜里突然起火，负责看守的人依法都应处死。强至参与审议此案，怀疑起火的原因，找来幕工讯问。幕工说："制作油幕，必须掺杂其他药物，存放时间长，受潮就会起火。"仁宗听到这一汇报恍然醒悟说：前几年真宗陵墓发生火灾，就是起于油衣之中，原因正是如此。于是负责看守油幕的人便被从轻发落了。

也有真是由于天上自然现象而引起的火灾：治平元年（1064）的常州，有一天上午十时许，天上有雷鸣般响声，原来是颗几乎像月亮那样大的星，在东南方向出现。一会儿又震响一声，移到了西南，又震响一声，就掉了下来，落在宜兴县一个姓许的老百姓的园子里。远近的人都看见了，火光照亮了天空，许家园子的篱笆都被烧毁了……

这是陨星坠落引起的火灾，科学家沈括力排迷信邪说，如实地记录了陨星由听到声音到见到火光的全过程，甚至温度、形状、颜色、比重，都一一进行了一丝不苟的描述，并指出这颗陨星颜色和比重都像铁，是块铁陨石，它灼热，坠落在可燃物上，是可以引起火灾的。

沈括还详尽地记载和研究了雷击起火的现象。那是熙宁年间，内侍李舜举的家曾被暴雷所击，雷火从正房西边的房间窗口射出来，直窜到屋檐外，大家以为正房已经着火，都跑出来躲避。雷停了以后，那间房子依然完好，只是墙壁和窗纸熏黑了。屋内有一个橱架，里面杂放着各种用具，其中有镶银的漆器，银饰完全熔化，流在地上，漆器却未曾烧焦。有一把宝刀，钢质极其坚硬，就在刀鞘中熔化为液体，而刀鞘却依然完整……

以上由沈括记录在《梦溪笔谈》中的两起城市火灾，都是由于自然因素而引起的，这种"自然火灾"在宋代以前也有过，不过前代对此都没有形成沈括对这类"自然火灾"的精确的科学的认识。

宋代城市火灾，主要由前所述的五个方面原因造成。这些方面的原因，互相交叉，错综复杂，这就使宋代城市火灾，呈现出此起彼伏、连绵不绝的状态。这是以往朝代城市中从未出现过的新问题，即城市似乎无时无刻不在火灾的威胁之下。有一个真实的故事，似乎可以形象地反映这个问题——

宋代内宫有一尊玉石雕成的"三清真"神像，起初把它供奉在真游殿，时隔不久，内宫失火，就把三清真神像迁到玉清昭应宫，可玉清昭应宫又失火，只好又把这神像迁到洞真宫。洞真宫又失火，只好再把神像迁至上清宫，上清宫却着了一次焚荡无孑遗的大火，可是，三清真神像却保存下来了，宫人又准备将它迁至景灵宫。

这尊神像在哪儿哪儿着火的事实，使宫司道官惊慌万状，他们不得不斗胆向皇帝上言，认为这尊神像放在景灵宫，景灵宫也会火劫难逃，希望把它迁往他所。

于是，神像被迁往和火相克的集禧宫迎祥池水心殿。这一系列充满戏剧性的火灾遭遇，使三清真神像获得了一个"行火真君"的绰号。

这个看似荒诞不经的故事，正是宋政府对火灾无可奈何心态的反映。市民对火灾还未找出多少有效的制止和抵御的方法，只能以这样的故事自嘲，聊以自慰。事实上，每一次火灾，无论大小，都给市民的心灵以极大的冲击！

像仁宗当政时，一次皇宫夜间起火，大臣遍叩诸门都进不去，直到太阳高了，才敲开东华门入宫。这时，殿宇多被烧成灰烬，仁宗在升平楼垂

明刊本《水浒全传》插图：火烧翠云楼

帘升座，宰相吕夷简独不拜礼。仁宗问他为什么，吕夷简回答：宫中失火，中外震动，垂帘之下，看不清楚，万一误拜，怎么办呢？

国家的中枢被一场火灾就搅得如此混乱，真是每当城市火起，就是一场灾难，连续起火，等于浩劫。火灾是最使市民胆战心惊的——

火逐风飞，一派通红。漫天彻地，金蛇乱舞。咫尺不见，焰赤雾浓。烟迷轩宇，堂榭熏黑。六街成灰，三市如碎。华厦摧垮，驿馆塌颓。雕梁满地，画栋倾毁。呼啦啦天似崩，哗啦啦地如陷。房碰屋，瓦残垣断；楼压台，险象环生……

男女老少，自相践踏。伤废市民，滚滚叫痛。燎坏军兵，咬牙硬撑。将军狼奔，文臣鼠窜。爷喊乳孙，妻离子散。皇帝弃了辇，宰辅扔了笏，歌妓焦了鬓，宫女烂了额，商贩丢了担，庖娘掉了刀，进士泼了墨，壮卒翻了车，尼姑失了帽，和尚倒了庙。鹦鹉撞了架，鹁鸽坏了笼。骏马散了缰，驴驮着了套……

这种火灾场面，不止一次地在宋代城市出现过，它促使着城市的管理者，想方设法去预防和消灭火灾。要采取得力的消防措施，一次又一次地被提到历史的议事日程表上来。

消　防

　　早在开宝初年，远在广南的刘鋹就命令每家市民，都备置一个号为"防火大桶"的贮水桶。这虽是前代防火制度简单的沿承，但它已成为一项城市基本设施，不能不说是一种历史的进步。

　　可是，一次比一次大、一次比一次后果严重的火灾，使城市管理者意识到一般性的防火、灭火设置是远远不够的，必须要建立专门化的防火、灭火机构和组织，才是最为根本的杜绝火灾之计。

　　由于史料的浩繁，笔者一时还难于考证到宋代城市中设立防火、灭火机构和组织的确切记录，但笔者敢说，下面所引的这条史料，是目前所能找到的较早的关于宋代城市已设专门的防火、灭火机构和组织的记录了——

　　二年六月，诏在京人户遗火，须候都巡检到，方始救泼，致枉烧房屋，先令开封府，今后如有遗火，仰探火军人走报巡检，画时赴救，都巡检未到，即本厢巡检先救。如去巡检地分遥远，左右军巡使或本地分厢界巡检，员僚指挥使先到，即指挥兵士、水行人等，与本主同共救泼，不得枉拆远火屋舍，仍辖辖不得接便偷盗财物。如有违犯，其军巡使、厢虞侯、员僚指挥使，并勘罪以闻。

以上这条史料所说的"二年六月",即大中祥符二年（1009）六月,其中有"仰探火军人"、"指挥使"等名目,窥测火警是用军队,灭火是指挥使指挥兵士进行,这表明宋代城市专职防火、灭火的组织,是从军队转化而来的,或者说有时就是直接由军队担任的。

如熙宁八年（1075）,为防止造兵刃的斩马刀局工匠暴动,神宗曾批准:"上禁军数百人设铺守宿",其中将 100 人分为两铺,"以潜火为名,分地守宿",这就是所谓的"潜火铺"。

"铺"为兵卒、屋所之意。宋代徐照《促促词》:"东家铺兵不出户,父为节级儿抄簿。"苏轼《乞增修弓箭社条约状》:"分番巡逻,铺屋相望。"而宋代的"潜火"即为灭火之意。联系起来看,"潜火铺"即驻扎军人的防、灭火屋所。

"潜火铺"主要由皇家精锐或专职的消防火部队组成。其中,如东京的三衙,全名是:殿前都指挥使司、侍卫亲军马军都指挥使司、侍卫亲军步军都指挥使司。这三个机构为皇帝的亲军,主要驻扎在东京及其附近。

"三衙"的战斗力为宋代诸军中翘楚,也是史家通常所称的"上禁兵",能入这个序列是很不容易的,即以身高规格来看就非常严格。它所辖的捧日、天武、拱圣、骁骑、骁胜、宁朔、龙猛、神勇、宣武、虎翼等军,兵士个头都要 1.71 米以上,至 1.80 米,而且还要琵琶腿、车轴身,取这样的身材是着眼于"多力"。

即使选入"三衙"部队,还要经受定期或不定期的筛选,以使骁勇者升,弱懦者去,这主要是为了使这支军队始终具有旺盛的战斗力。以具有这样素质的军士充当防火、灭火的队伍,其效率之高、威力之猛,是不成问题的。

不过,在北宋的后期,我们才听到专职的防火、灭火部队巡逻的脚步声,这就是北宋后期孟元老所记的:每坊巷 300 步（宋制一步约合五尺）,就设一"军巡铺屋",每铺五名铺兵,夜间巡警。一遇失火,则由马军奔报

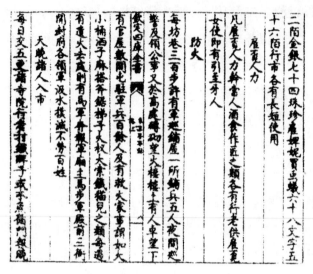

《东京梦华录》中有关防火的记载

军厢主、马步军、殿前三衙、开封府，各部门领军级扑灭，不劳百姓。

在此之前，"潜火铺"似乎还局限于官府或贵族之家。如元丰八年（1085），宣仁太后修北宅，其母李氏要求援引仁宗时期曹后创南宅之例，设置一个"潜火铺"，防、灭火人员也是从军队中抽调。

大约一直到了北宋后期，专职的"消防队"，才从较小规模扩充起来。南宋临安是最全面继承这一优良传统的，较之北宋的防火、灭火制度实行得更为彻底——

临安是分六都监界分，差兵148铺，在城内200余步就置一军巡铺，这超越了东京300余步设一军巡铺的规制。临安的防、灭火军兵布置为东、西、南、北、上、中、下、府、新、新南、新北、新上，12个隅。每隅102人，共1224人。

更为专门的防火、灭火队为7个，他们是206人的水军队，118人的搭材队，202人的亲兵队，350人的帐前四队，计876人。

此外，钱塘、仁和两县管辖的四方，即东壁 500 人，西壁 500 人，南壁 500 人，北壁 300 人，共 1800 人。这些防、灭火军兵也听候临安府节制。

从殿部两司驻临安城外营寨，选防、灭火军兵 1200 人，分置东、西、南、北四个方面，既防、灭城外大火，又归临安府调遣灭火。

为了使临安安全得到进一步保障，赵构在绍兴三年（1133）还诏令殿前各司，再选 300 精兵划归临安府，专门担任救火任务。殿前各司皆皇家亲军中精锐，攻坚战斗能力极强，赵匡胤时的亲军就树立起了这样的榜样——

有一次，泗州献来生虎，赵匡胤命用全羊臂给虎吃，虎吃了一会儿，口合不上，一看是羊骨鲠喉中，这时，亲军李承训便敢用手去虎喉中将羊骨探取出来。又有一次，一只飞禽落到高入云霄的五凤楼东南角楼的鸱尾上，赵匡胤命人去捉，一武士便攀上屋角，历经危险，将这只飞禽捉到手，观者无不为之悬心……

由这样坚韧不拔、勇猛善战的武士组成的救火队伍，一定会强悍无比，势如破竹，他们肯定是在火灾的关键时刻投入，也绝对会取得不同寻常的灭火效果。

综上所述，这 300 殿前各司精兵，加上每隅防、灭火军兵 102 人，全临安共 23 隅，计有 2346 人，再加上 7 个专门的"潜火队"876 人，钱塘、仁和两县管辖的"四壁"1800 人，驻临安城外的 1200 名防、灭火军兵，全临安专职的"消防队"可达 6522 人。

正是由于有了数量这样多，质量非常优良的专职的防、灭火队伍，才保证了临安的安全。用《淳祐临安志》里的话来说：这种"消防队"，自嘉定以来已成定规，由于这样的设置，便于扑灭火灾，自此，十来年间市民生活才逐渐得以安定。

防、灭火组织的规范化，必然是和防、灭火设施的规范化互为表里的。如"消防队"，有专门的铺屋，即"望火楼"，他们住在楼里，白昼黑夜登楼顶观看火警，以利扑灭火灾。

望火楼的建构出于李诫的《营造法式》。《营造法式》于元符三年（1100）编纂完成，崇宁二年（1103），经皇帝批准，按照通用的敕令，公之于世。这也就是说，在元符三年以前，就已经有望火楼的设置或至少有其设想了：

　　望火楼，一坐四柱，各高三十尺基高十尺，上方五尺，下方一丈一尺

　　造作功

　　柱四条，共一十六功

　　棍三十六条，共二功八分八厘

　　梯脚二条，共六分功

　　平栿二条，共二分功

　　蜀柱，二枚

　　抟风版，二片

　　右各共六厘功

　　抟三条，共三分功

　　角柱，四条

　　厦瓦版，二十片

　　右各八分功

　　护缝，二十二条，共二分二厘功

　　压脊，一条，一分二厘功

　　坐版，六片，共三分六厘功

　　右以上穿凿安卓，共四功四分八厘

柱有多高，瓦版用多少片，护缝有多长，共用多少功，一清二楚，明

明白白，以"法式"规定下望火楼的构造，其意是要遵此执行，望火楼的重要性显而易见。

目前，遗存的桂林府城北的鹦鹉山石壁上，仍保存着南宋咸淳七年、咸淳八年（1271、1272）镌刻的当时全城总平面图，其中就有一望火楼。此楼位于该城宝贤门与镇岭门之间的山上，与城墙连接，出宝贤门可沿石阶登上望火楼。

这是一座建造在立柱上的方形二层楼，于此可以看出，望火楼必须要建在全城的高处。"楼"是建在立柱之上，根据《营造法式》规定一柱要高30尺计算，望火楼必须要有9.30米的高度（1宋尺约合0.31米）。士兵站在建在高处的望火楼上，瞭望全城，火警可以说是一览无余。

类似这样的望火楼，在临安有23处之多。"消防队员"日夜值宿在望

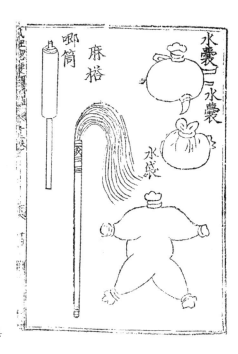

宋代城市灭火器具

火楼里，若发现火灾，白天就用旗帜发出扑救信号，朝天门内挥指三次旗，朝天门外挥指两次旗，城外挥指一次旗，夜间用灯发出扑救信号。

望火楼是中国古代城市建设，同时也是世界古代城市建设中的首创，它对宋代以后城市建设有着启发意义。从城市防、灭火历史来看，宋代以后的元、明、清、民国时期，均设有望火楼，如乾隆二十年（1755）湖南省城中，就在城内高处浏阳楼上值日瞭望火警，若有火警，立即吹号或击鼓，顷刻之间，满城闻知……

扑灭火的设施，也是自宋代始渐完备。宋代城市扑灭火器具，主要是水桶、水囊、水袋、洒子、麻搭、斧、锯、梯子、火叉、大索、铁锚儿、唧筒之类。

在所有灭火器具中，唧筒的发明和使用，是一个划时代的贡献。唧筒可以这样描述：它是用长竹制成，下开窍，以絮裹水杆，自窍唧水的筒形泚水的灭火器具。竹筒内紧裹在水杆上的棉絮起着活塞的作用，用手来回拉动水杆，便产生正压和负压，将水从竹筒开窍处吸入和喷出。

消防专家孟正夫研究认为，这是运用柱塞式泵浦原理而研制的灭火器具。尽管这种唧筒的射程和流量都很有限，但利用它来射水灭火，比之用木桶或水袋、水囊等泼水或掷水，是一种极其重要的进展。这种简易便用的竹制唧筒，可以说是我国最早出现的消防泵浦。

这种较之前代更为先进的灭火器具的出现，无疑对灭火起了相当大的作用。但仅靠唧筒是远远不够的，必须要有其他灭火器具加以配合．如常用的灭火器具水囊——

它是用猪、牛膀胱制成的。起火时，可盛水，掷向着火地点，水囊被烧穿，或破裂，水即流出灭火。还有用油布缝制成的油囊，其用法同猪、牛膀胱制成的囊一样，盛水掷着火处灭火。

由于宋代城市有不少高层建筑着火，所以在灭火时，要经常运用梯子，攻城时用的云梯为最理想之选。它的设置是用大木为床，下面有六个

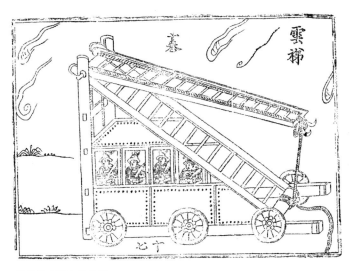

宋代城市灭火的云梯

轮子，上有两条各长二丈的"飞梯"。云梯四面用生牛皮为屏蔽掩，用人推着前进，到了城墙根，则将"飞梯"树立起来。用云梯一是可以窥见城内，二是可以从云梯进攻城内。如欧阳修在《归田录》中所记：着火的房屋若高，灭火的军士就会攀上救火长梯而上，这种救火长梯当非攻城用的云梯莫属，因为只有这样梯子的长度、高度，才可以够得着像皇宫那样的墙垣和楼殿……

有了便利的灭火器具，还要有有条不紊的灭火组织程序配合才能扑灭火。那么宋代城市灭火的具体场景是怎么样的呢？《武经总要》中对付火攻的步骤，可以成为观察宋代城市灭火时的参照——

敌方用火攻城，我方必须准备好平常所预备的灭火器具，主要为托叉、火钩、火镰、柳洒弓、柳罐、铁锚手、唧筒等。假如敌方所烧的火已迅猛来到，就要用水袋、水囊投掷来灭火。

楼棚器械就是已经被火烧着，也要频繁地用麻搭湿润扑打。若敌方用

183

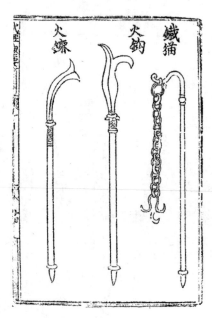

灭火器具

蘸油后燃着的火把，我方要用土沙扑灭，切勿用水，加水则火势愈炽。敌方若向城内纵烟，则要从准备好装醋浆水的瓮中，汲醋浆水覆在脸上，使烟不能呛冲鼻和眼睛。

又可在长八尺的杆上束住重约二斤的散麻，即麻搭，蘸着稀泥、浆水去扑打或湿润火焰或烧着的物品，以防扩大蔓延。还要用火钩、火叉、利斧，或用快锯，拆除掉障碍；还要用大索、带有长链的铁锚儿，套住或挂住房梁立柱，用力猛拉，拽倒，以切断火源……

这虽是《武经总要》所述的对付敌方向我方所发起的火攻的办法，但从中也可知道宋代城市灭火的真实状况，它表明宋代城市灭火已有一整套较为成熟的步骤、程序。当然，这并非一下子就形成的，而是经历了一个很长的过程。这可以从元祐年间一例灭火知道——

一州郡太守，为了防止一民家火势蔓延，关上子城，不开城门，使居住在城内的市民出不去，救火者又进不到城里，一直待到市民的房屋全部烧尽。大家去责问太守，太守却振振有词地说：现在天气久旱，我用的是董仲舒的防纵火的方法啊。

这种防火、灭火方法可谓荒谬透顶，但在北宋初、中期，从中央政府到地方政府，在防火、灭火知识方面，却都处于愚昧朦胧状态，就好像一个尚待启蒙的孩童，采取的消防措施极为幼稚可笑。

即使在东京，一有火起，尤其是夜间，便紧闭诸城门，致使赶来探视救火的人也不得进入。而且，火灾发生时，要等候负责这一地区治安的巡检官员前来，才能开始扑救．这样必然是贻误了灭火的良机。

城市管理者觉悟后，便推行了较稳妥的救火"责任制"：若着了火，由仰探的军人，骑着"望火马"，飞驰报告巡检，如果都巡检因故未到，便由这一地段的治安官吏厢巡检负责去救。

如果去巡检的那地方遥远，其他军巡使等官吏先到，便要立即指挥穿着上有番号、以区别各军的"绯小绫卓画带甲背子"的"火背心"的"消防队"，和救火的"水行人"，与失火的"本主"，一起灭火，以免使远处屋舍连着。

后来就形成了这样的局面：一有火起，"消防队"要按平日划分好的地界扑救，以免城市的秩序发生混乱。假如"消防队"一时赶不到，则附近地段上的官员，要带领他管辖内的将佐兵丁，前往失火地段灭火。

此外，各衙门，各军级，也都派出队伍，急行奔向驻地着火处，听候指挥救火长官的指挥，他们也成了实际的"消防队"。这时，也有一大部分官员坚守自己岗位，以防意外事故发生。

一旦火势扩大进一步侵及官舍之家、市民房屋，皇帝就三番五次直接命令内廷的使臣，骑马去传宣诸司帅臣，速带将士去灭火。在灭火过程中，往往是政府出钱买水灭火，那些富室豪户也用钱雇人参加灭火。

这都刺激着"消防队员"竭力灭火，不致使火势扩散。对于灭火积极者，政府将给予优厚的犒赏，"消防队"中有重伤者，政府还差官员去探望，并负责请医生治疗。这就如同淳熙二年（1175）十一月三日——

皇宫内火起被扑灭后，"消防队"均得到 10 贯至 300 贯不等的赏赐，重伤的将官和轻伤将官，各得 200 贯与 150 贯的医药钱，重伤人兵和轻伤人兵，各得 70 贯与 40 贯的医药钱。

若是在救火中有不尽力者，查出后定以"军法"治罪。宋政府经历多次灭火，已制定出许多严格的失火、灭火惩治法律，《庆元条法事类》中，就对城市失火治罪及灭火时所应遵循的作了详尽的规定：

> 诸在州失火，都监即时救扑，通判监督，违者各杖八十。虽即救扑，监督而延烧官私舍宅二百间（以芦竹草版屋三间比一间），都监、通判，杖六十，仍奏裁。三百间以上，知州准此，其外县丞尉（州城外草市倚郭县同）并镇寨官，依州都监法。

> 诸故烧有人居止之室者，绞。无人居止舍宅，若积聚财物（蚕簇同积聚），依烧私家舍宅财物，律死罪。从及为首而罪不至死，各配千里，从者配邻州。

类似这样的法律很多，已在林林总总的刑法中独立成为专门，而且规定非常之细。如《庆元条法事类》中特别指明，在救火时，"不容久待者，许横绝驰过"，这就从法律上为救火时的交通问题提供了有力的保障。

宋朝廷还将"修火政"，作为训示和考核地方官的一条准则，并发布了不少与防、灭火有关的诏书，如《禁中火求直诏》《宫禁火赦天下制》等。这些举措都具有法律条文的同等效力，是必须遵守的。

宋朝廷制定防、灭火的规章，不走形式，在监督执行这方面法条诏令时，不讲情面，十分严格。皇帝往往也率先垂范，如熙宁七年（1074），判官宋迪一天使人煮药，不小心失火，一直烧到了"纪府"，火越燃越旺，惊动了宋神宗。神宗登上了西角楼观火，看见一支部队似疾风掠过，神宗一问左右，知道是有知制诰官衔的判军器监章惇率领本监设兵前往救火。翌日，火刚停，神宗马上传下旨意，勒令停止肇火负责者宋迪的职务，罢免主管"纪府"的三司使元绛，提拔救火积极有功的章惇为三司使。

赏罚就是这样的分明，因为统治者已经深深意识到非如此不能遏止住火灾的蔓延。像包拯当开封府尹时，有一次街巷着火，扑救甚急，有无赖子乘机想调逗包拯，问他是在甜水巷还是苦水巷取水，包拯连理都不理，便命拿下斩首，由此京城市民更加畏服包拯了……

据此看来，奖惩严明，才能顺利指挥扑救，从指挥灭火的过程中可以检验出一个官员驾驭政事的功力。绍定四年（1231）九月临安一次特大火灾，就是这样的一次检验，当时的火势是这样的：

> 九月丙戌夜未中，祝融涨焰通天红。
>
> 层楼杰观舞燧象，绮峰绣陌奔烛龙。
>
> 始从李博士桥起，三面分风十五里。
>
> 崩摧汹汹海潮翻，填咽纷纷鲎鱼死。
>
> 开禧回禄前未闻，今更五分多二分。
>
> 大涂小涂喋不讲，拱手坐视连宵焚。
>
> 殿前将军猛如虎，救得汾阳令公府。
>
> 祖宗神灵飞上天，痛哉九庙成焦土。

从诗歌不难想见这场大火的可怕。参照其他有关此次大火的记载，却可见出贾似道的才干。当殿帅冯树亲率精锐兵丁扑救，也遏止不了火头时，贾似道沉着地说：火近太庙来报。待传来火近太庙的讯息，贾似道乘两人小肩舆，前往着火处。

肩舆旁有持锤、剑的四力士护卫，以示威严，才走一里，即换抬舆人，一会儿就到了着火地太庙。这时，贾似道火速部署，具赏犒，募勇士；树皂纛，列剑手，全在呼吸间准备完毕。

贾似道下令肃然，明确说道：火到太庙斩殿帅。令刚下，火沿太庙的"八风板"袭来，两殿前卒肩扛一卒飞上太庙，将"八风板"斩落了下来，火即止。贾似道命人登验灭火卒子的姓名，当时就赏赐给金银……

虽然这场大火最终还是使临安受到了破坏，可贾似道在灭火中采取的一系列严明的措施，还是值得称道和借鉴，它不仅显示了贾似道处置火灾的才干杰出，也反映了宋政府官员处置火灾，是恩威并重的。

这一做法可追溯到宋政府处置火灾的指导思想。宋政府并不一味采用硬性的处罚，而是两手并用，在推行处罚法条同时，也实行一些保证扑救火灾顺利进行的基本建设。像宋政府解决救火用水就是一例——

几乎是与建立专职"消防队"同时，即大中祥符二年（1009），供备使谢德权率水工决金水河，水经历天街，绕太庙入后庙，又向东引，从城下水窦流入壕沟，使整个东京水渠环绕，流水淙淙，不绝于耳……

水渠周围都砌砗磲，种植芳木，车马经过之处，累石筑梁。又为生活方便，在主要街道、市民住区，筑成方井。这种蓄水的方井，就在市民居所周边，市民用水，随时可从方井中汲取。

从《清明上河图》中可见：一眼方井，旁侧有桶，三位市民，引桶取水，他们背后就是成片的房屋……这好像在告诉我们，一旦有大火烧起，方井周围就可聚集起"消防队员"，从这里汲水，以扑救灭火……

在南宋城市里，不仅有井，还专建了防、灭火用的蓄水池，如景定四年（1263）镇江府学渊源堂，在学生吃饭的场所前就凿有蓄水池，以备着火时用。临安的蓄水池，则有二十多个，三省六部，要害之处，均有一个。

为了防止大火蔓延成灾，宋政府还开辟了"火巷"。如熙宁九年（1076），大相国寺着火，提举在京寺务司便向神宗建议"绕寺庭高筑遮火墙"。绍兴二年（1132），赵构在诏书中则更加明确规定："被火处"每自方

《清明上河图》
中的方井

五十间，"不被火处"每自方一百间，各开火巷，要宽三丈。

精细周到的防火灭火的设施，使宋代城市的防火灭火处于一个健全、高效的轨道之中。在一般情况下，如袁褧的《枫窗小牍》中所说"每遇火发扑救，须臾便灭"，这是实事求是的，可以随意举一个防火事例来加以证实——

至和、嘉祐之间，枢密使狄武襄家"夜醮"，夜醮自然是要大举烛火的，可他忘记了事先要报告有关官员的惯例。夜半时分，从他家冒出火光。巡视火情的军巡铺兵，飞报厢主，又报开封知府，一会儿，他们便一块儿赶到了狄宅……

虽然，狄宅并未着火，只是一场虚惊，但从此可见宋代城市防、灭火制度之严密，"消防队"反应之迅速。这些都是令人惊叹的，是行之有效的，堪称中国古代城市防、灭火制度的典范。

像东京、临安这样的中心城市，积累起了丰富的防火、灭火的经验、方法、理论，形成了一整套可行的、有效的制度。宋代的中小城市也都纷纷仿效，并加以变通，灵活运用。

北宋末年到南宋初期，金兵连续向宋政权发动了大规模的军事进攻，与此同时，又出现了各种形式的反对宋政权的武装集团，他们目的不尽相同，但目标大致相同，都是瞄准了城市，他们所采取的重要手段就是火攻。

然而，由于此时的城市管理者，已对火灾有了相当的认识，累积了丰富的经验，所以一次又一次地化解了由于大火而造成的对城市的危害，并在防火、灭火过程中有所发明，有所创造。

像开禧年间的襄阳城之战，守军为防敌人用火炮攻城，引起火灾，将靠近城池的茅竹屋、仓库全部撤去，用市民平日使用的"潜火水桶"，防敌人的火箭，从酒库中取出酒瓮，置放在市中心，以备起火时用……

又如在陈规、汤璹的《守城录》中，屡屡能见到乱兵攻城用火箭之类的武器，使城市着火的叙述。如北宋靖康元年（1126）十二月，溃军王在等火攻长江以北的德安城（今湖北安陆）的骇人情景，便是一例——

攻城者用竹竿和木杆绑上荻草做成火把，长二丈，排列二三百火炬，像火山一样，朝城门及城墙上的竹栅栏和蓠篱笆烧来……

可是守城者深得灭火、防火方法之精髓，像一位武林高手，将遮天盖地而来的"火山"，干净利落地一一化解。这无疑得益于城市防火、灭火的经验方法的积累和发挥。

更为重要的是，守城者在频繁的防火、灭火战斗中，又借鉴了已有的城市防火、灭火器具，丰富了自己。如绍兴二年（1132），陈规在守德安时，发明了一种用长竹管作枪筒，内装火药，点燃后喷出火焰，以烧伤敌人的原始管形火器。

现无史料记载陈规是否借鉴过灭火器具"唧筒"的制造，但从"火枪"

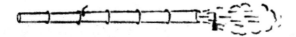

管形火器

的形状、原理推测，不能不说这种内装火药的长竹筒，与"用长竹，下开窍，以絮裹水杆，自窍唧水"的唧筒有相近之处，至少二者之间有互为影响的痕迹。

喷火的火枪，开启了管形火器的时代；汲水的唧筒，开启了消防泵浦的时代。一火一水，其源头均可追溯到宋代城市防火、灭火的制度上，可见宋代城市的防火、灭火制度功不可没。

宋代城市防火、灭火制度的影响和作用也是多方面的。最初，它主要是在东京、临安两大城市起步，并逐渐加以完善的，后来，它又向中小城市辐射、扩散——

绍兴二十八年（1158），福建延平府（今南平县）郡守胡舜举设立了"水铺"。这是因为延平城内市民多居楼房，虚凭高甍，瓦连栋接，市民假如不戒备防火，扑火时就更加困难了。

"水铺"中各种防火、灭火器具毕备，每月还派禁军守视，并轮派官兵检点修葺。该城还有一种兼放盗贼的"冷铺"，是在每十余家的坊巷之间设置一所，贮藏灭火器具，随时为灭火作准备。

一"水铺"一"冷铺"，两铺皆是从东京、临安防火、灭火的军巡铺派生出来的。这种水铺、冷铺，由于关系市民安危生计，简便易行，所以生命力极强，直到明代，延平城内，还有沿袭宋代水铺而设立的"潜水义社"。

与宋代延平稍有不同的是，这种"潜水义社"为市民自发组织。之所以冠以"义社"之名，是因为社内的壮丁全听命于社首，一遇火警，彼此相应，不用号召就可以集合起来，不一会儿就能到达着火地点，而且不争功，不邀赏，"此义社规约也"。

所谓"规约"，即制度，从中可以看出宋代城市防火、灭火制度影响之深，成效之大。宋代以后城市的防火、灭火，尽管也有其自身的特点，但就其主要的方面而言，还未超出宋代城市防火、灭火制度的水平。

吃的艺术

将吃上升到一种艺术的境界，最难，然而这是饮食的最高水平。宋代市民便做到了这一点，如「分茶」，今人也未必做得如宋代市民完美。

酒楼茶肆

　　城中酒楼高入天，烹龙煮凤味肥鲜。公孙下马闻香醉，一饮不惜费万钱。　　招贵客，引高贤，楼上笙歌列管弦。百般美物珍羞味，四面栏杆彩画檐。

　　这是宋话本《赵伯升茶肆遇仁宗》中的一首《鹧鸪天》，是宋仁宗微服来到城中，看见樊楼所发出的一番感叹。这首词并无出色处，可是它的意义在于利用皇帝的视角，突出了酒楼在城市中特殊的地位。

　　行文至此，笔者不禁想起世界学术界公认的中国经济史研究权威，日本的加藤繁博士，他在 20 世纪 30 年代初所作的《宋代都市的发展》的论文，就专设《酒楼》一节，深刻指出：宋代城市中的酒楼，"都是朝着大街，建筑着堂堂的重叠的高楼"，"这些情形都是在宋代才开始出现的"。这些精辟翔实的阐述，至今仍富有启发性。

　　在宋代以前的城市里，高楼并非没有，但都是皇宫内府，建筑供市民饮酒作乐，专事赢利的又高又大的楼房，是不可想象的。只是到了宋代城市，酒楼作为一个城市繁荣的象征，才雨后春笋般发展起来了。

　　以东京酒楼为例，仅九桥门街市一段，酒楼林立，绣旗相招，竟掩蔽了天日！有的街道还因有酒楼而得名，如"杨楼街"。这的的确确是中国古代城市历史上出现的新气象。

酒楼，它在城市各行业中还总是以数量最多，规模最大，利润最高先拔头筹，它往往决定着这个城市的主要的饮食命脉，而且绝大多数都以华丽宏伟的装饰建筑，雄踞一城。小说《水浒传》中就有对两座酒楼的描写——

先是第三十八回，宋江等三人到浔阳江畔的琵琶亭上，边喝酒边看景色，"四周空阔，八面玲珑。栏杆影浸玻璃，窗外光浮玉璧"。后是第三十九回写宋江在郓城县就听说江州有座浔阳楼，这次亲临，不可错过，他看到："雕檐映日，画栋飞云。碧阑干低接轩窗，翠帘幕高悬户牖。"这两座酒楼，均位于江南西路的江州，在北宋曾煊赫一时，有人为之赋诗："夜泊浔阳宿酒楼，琵琶亭畔荻花秋。"以此自恃诗中"有二酒楼"，以压倒那些只用一酒楼入诗而神气的人。江州酒楼竟成了诗人创作的素材和引以为豪的夸耀资本。施耐庵则依据这实际情况写入小说，这充分显示了酒楼已作为一个都市代表性建筑物而引起了人们的普遍注意。

还有不少的文人，在自己的著作里，详细地记述了他们所见到的一些城市的酒楼的情况。像楼钥《北行日录》记他入相州时，见到临街有一雄伟的琴楼，"观者如堵"。

范成大在《入蜀记》中记鄂州南市时，特别述说的是这里的"酒垆楼栏尤壮丽"，是外郡未见过的。他在《吴郡志》中也记述了此地的五座酒楼，其中跨街、花月、丽景，都是临街巍然耸立的大建筑，在存世的《平江图碑》中仍清晰可辨。

然而，这些毕竟还是各地方的酒楼，它们虽然很壮观，但还不能代表宋代城市酒楼的最高水平。酒楼数量最多、规模最大，首推的还是两宋的都城，这里仅著名者就数不胜数，主要有：

忻乐楼、和乐楼、遇仙楼、铁屑楼、仁和楼、清风楼、会仙楼、八仙楼、时楼、班楼、潘楼、千春楼、明时楼、长庆楼、红翠楼、玉楼、状元楼、登云楼、得胜楼、庆丰楼、玉川楼、宜城楼、集贤楼、晏宾楼、莲花

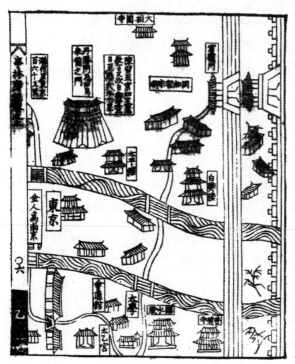

宋代酒楼

楼、和丰楼、中和楼、春风楼、太和楼、西楼、太平楼、熙春楼、三元楼、五闲楼、赏心楼、花月楼、日新楼、蜘蛛楼、看牛楼……

酒楼中的佼佼者，当属白矾楼。由于它建筑在稠密的店铺民宅区，故向空中发展，其结构为三楼相高，五楼相向，高低起伏，参差错落，楼与楼之间，各用飞桥栏槛，明暗相通，西楼第一层高得可以下看皇宫。宋皇宫是以高大闻名于世的，白矾楼却高过它，这种高度真是骇人！

从《事林广记》图来看，白矾楼确为三层楼，但这种三层大建筑，往往是建二层砖石台基，再在上层台基上立永定柱做平坐，平坐以上再建楼，所以虽是三层却非常之高。王安中曾有首《登丰乐楼》诗可做证：

日边高拥瑞云深，万井喧阗正下临。

金碧楼台虽禁御，烟霞岩洞却山林。

巍然适构千龄运，仰止常倾四海心。

此地去天真尺五，九霄歧路不容寻。

诗中所说的丰乐楼就是白矾楼，白矾楼是因商贾在这里贩矾而得名，后改为丰乐楼，自此延续下去。到了南宋临安，人们还在西湖之畔又盖起了一座新的瑰丽宏特、高彻云汉，上可延风月、下可隔嚣埃的丰乐楼，人们简直把它当作南宋中兴盛世的一个标示。至元代，画家夏永还专画了一幅《丰乐楼图》。

连异邦金国也对丰乐楼倾羡不已。据宋话本《杨思温燕山逢故人》中

元夏永《丰乐楼图》

叙述：燕山建起了一座秦楼，"便似东京白矾楼一般，楼上有六十阁儿，下面散铺七八十副桌凳"。酒保也是雇用流落此地的"矾楼过卖"。

市民社会、少数民族，之所以对丰乐楼寄予这么多的仰慕和呵护，就是因为丰乐楼已不单单是一个城市饮食行业的缩影，而且它凝聚着这一时代的文明之光。它体现在酒楼的装饰、环境、服务、酿造、烹调、器皿等各个方面。我们先从酒楼的装饰开始观察——

宋代城市的酒楼，已部分采用了宫室庙宇所专有的建筑样式，这可从门首排设的权子看出。权子是用朱黑木条互穿而成，用以拦挡人马，魏晋以后官至贵品，才有资格用权子。东京御街、御廊，各安黑漆权子，御街路心安两行朱漆权子，阻隔行人，宣德楼门下列相对的两阙亭前，全用朱红权子……

可见宋代城市酒楼门前就可以施用权子，浔阳酒楼门边甚至设两根朱红华表柱，尤为普遍的是酒楼门首扎缚的彩楼欢门，像供人观赏的艺术品。从上海博物馆藏五代北宋的《闸口盘车图》中酒店门首那全由木料扎成的高大触目的彩楼欢门可知其样式之大概。

又如《清明上河图》中左方临近结尾处的孙家正店的两层彩楼欢门最华丽——前面正中突出一个平面作梯形的檐子，每层的顶部都结扎出山形的花架，其上装点有花形、鸟状等各类饰物，檐下垂挂流苏……

彩楼欢门使人未入酒楼前，就感受到一种华贵的气魄，进入酒楼内，更可感到其壮美，因楼内装饰上了只有皇家贵胄才可以用的藻井，即天花板上凸出为覆井形饰以花纹图案的那种木建筑。

这些酒楼不仅仅是内部装饰雍容华贵，而且渐渐园林庭院化。从东京许多著名的酒楼来看，这种倾向是很突出的，许多酒楼往往冠以园子之名，如中山园子正店、蛮王园子正店、邵宅园子正店、张宅园子正店、方宅园子正店、姜宅园子正店、梁宅园子正店、郭小齐园子正店、杨皇后园子正店……

这种酒楼如《东京梦华录》中所说："必有厅院，廊庑掩映，排列小阁子，吊窗花竹，各垂帘幕。"使人一迈入就会感到心旷神怡。这种迥异于富丽堂皇的皇家园林，带有简、疏、雅、野特征的住家式宅园酒楼，是宋代城市私家园林风格的一种变化。

　　如司马光独乐园，在竹林中两处结竹杪为庐为廊，作钓鱼休憩之所；富郑公园则在竹林深处布置了一组被命名为"丛玉"、"夹竹"、"报风"的亭子，错落有致……这种环境，堪称宅子型酒楼的范本。甚至皇家艮岳园林中，也建设了高阳酒楼，以使人更赏心悦目。

　　市民无不向往在这样的酒楼中饮酒作乐，宋话本《金明池吴清逢爱爱》中几位少年到酒楼饮酒就要寻个"花竹扶疏"的去处，可见市民对酒楼的标准无不以"花竹"为首要——修竹夹牖，芳林匝阶，春鸟秋蝉，鸣声相续；五步一室，十步一阁，野卉喷香，佳木秀荫……

　　优美的园林环境，加之周到细腻的服务，无不使人流连忘返。不要说

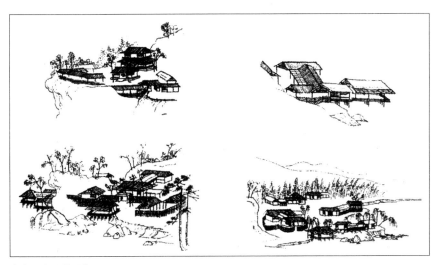

宋代私家园林风格

普通的市民了，即使那些居止第宅匹于帝宫的高级官员，也喜欢到市井中的酒楼去饮酒。大臣鲁肃简公就经常换上便服，不带侍从，偷偷到南仁和酒楼饮酒。皇帝知道后，大加责怪：为什么要私自入酒楼？他却振振有词道：酒肆百物具备，宾至如归。

这话一下子道出了酒楼具有魅力的一个方面，那就是无可挑剔的服务。如西湖边上的丰乐楼，门前站着两个伙计，他们"头戴方顶样头巾，身穿紫衫，脚下丝鞋净袜"，对人彬彬有礼，往酒楼里相让。往往本人无意进去喝酒，可见他们拱手齐胸、俯首躬腰的殷勤模样，也就欣然而入了。

只要你一入座，凡是下酒的羹汤，尽可任意索唤，即使是十位客人，每人要一味也不妨，过卖、铛头，记忆数十乃至上百品菜肴，都传喝如流，而且制造供应，不许少有违误。酒未到，则先设数碟"看菜"，待举杯又换细菜，如此屡易，愈出愈奇，极意奉承……

而且在顾客的身旁，还会有吹拉弹唱之音伴奏助兴，以弛其心，以舒

宋赵伯驹《江山秋色图》中的建筑

其神。这些吹箫、弹阮、歌唱、散耍的人叫作"赶趁者",经常有市民在生活无着的情况下,就选择了去酒楼"赶趁"这条路。

《计押番金鳗产祸》等宋话本和《水浒传》,都有章节刻画酒楼"赶趁"这一现象,酒楼经营者对唱好唱坏,要优要劣不太挑剔,似乎只要会唱个曲儿,能逗个乐,就予接纳,让他们在酒楼谋生,这反映了酒楼对"赶趁人"的需求量很大。

精明的酒楼经营者,无不将此视为酒楼生意兴隆之本。苏颂曾举一孙氏酒楼为例:孙起初只是一酒楼量酒博士,主人喜他诚实,借给他钱让他开个小店,不定还钱日期。孙于是自立门户,动脑经营,在酒店壁间装饰图画,几案上列书史,并陈雅戏玩具,都是不同凡响的,市民竟趋此店,久之,孙钱赚多了,就建起了酒楼,渐渐在东京有了名气。

这一真事是很有说服力的,那就是酒楼要想吸引人,必须要有雅俗共赏的文化娱乐。有些酒楼之所以歌管欢笑之声,每夕达旦,就是风雨暑雪也不减少,就是因为酒楼经营者调动了娱乐的手段,终朝唱乐喧天,每日笙弦聒耳。

为了进一步笼络住光顾酒楼的客人,经营者还雇用妓女在酒楼做招待,有的酒楼好似现代的夜总会,一到晚上竟集中数百名浓妆艳抹的妓女,聚坐百余步之长的主廊上,以待酒客的呼唤……

这些妓女未必全是从事皮肉行当的,她们的作用主要是使酒楼的气氛更加活跃,酒客则潇洒悠闲,各取所需:饮了,亮盏邀当垆美人共话;醉了,醺醺地在花团锦簇中品尝秀色……

文人以敏锐的嗅觉捕捉到了这窈窕连亘、娱情生色的胜况,创作出酒楼体裁的话本《闹樊楼多情周胜仙》,情节离奇,爱情灼热,使人更进一步感受到宋代城市酒楼所特有的波澜不惊、月白风清的优美意境。

好像为了与优美环境匹配似的,酒楼所有器皿均为银质。若两人对饮,一般用一副注碗,两副盘盏,果菜碟各五片,水菜碗三五只,俱是光芒闪闪的器皿。明人编定宋话本《俞仲举题诗遇上皇》中，俞良到丰乐楼假说在此等人，"酒保见说，便将酒缸、酒提、匙、筋、碟，放在面前，尽是银器"。看来《梦粱录》所说临安的康、沈等酒楼，使用全桌白银器皿饮酒卖酒，并非虚言。一桌银酒器值百余两，官办酒楼有供饮客用的价值千余两的金银酒器，并不是什么怪事。

酒楼银器的精妙，可从四川博物馆中见到它的侧影。如银瓶、杯俱以小巧取胜，瓶高不过 21 厘米，口径 3 厘米，杯高 5 厘米，口径 9.5 厘米，足径 3.9 厘米。为最大限度地盛酒，瓶为直口，圆肩，腹斜收而下，底小，盖撇，曲身。为美观，盖及口锤镲多层，饰以二方连续变形如意纹。杯身则锤成双层菊花瓣形，内底突起珠状花蕊，另一杯身则为直斜下接外展圈足，通体光素无纹。

孟元老特意就这种贵重的银酒器皿记述道：大酒楼见小酒店来打二三次酒，便敢借给它价值三五百两的银酒器皿，即使贫下市民、妓馆来店呼酒，

上海博物馆藏白地黑花酒瓶

曲河窑址出土的虎纹酒瓶

酒楼也用银器供送，有的连夜饮酒，第二天去取回，也不见丢失。偶有酒楼丢失银器，文人就当成新鲜事情记录下来……

仅有美器是不够的，还需有美食相衬。各酒楼明白要想招揽到更多的客人，就需有高超的烹饪技术，推出自己的拿手好戏。有不少的酒楼纷纷以姓氏为名，如郑厨、任厨、陈厨、周厨、沈厨、翁厨、严厨、白厨、郭厨、宋厨、黄胖家、孟四翁……

以姓氏命名，无非是此一姓者有独擅胜场的佳肴绝作，这就像临安后市街每个贵达 500 贯的贺家酥一样，以创制精良的烹饪特色的主人姓氏为号召。

据笔者粗略统计，临安的酒楼常备并得到市民公认的"市食"，可达五百余种，这尚不包括那些根据顾客自己口味命厨师做出来以不使一味有缺的食品，还有那沿街叫售，就门供卖的零碎小吃等。如加上东京看馔，互不重名者可达 1031 个，这一数量远远超过今日某些特大城市饮食行业所流行的日常看馔，即使那闻名遐迩的世界超级大都会的食物种类也难以与之匹敌。

当然，衡量酒楼的标准，名酒是第一位的。宋代城市的酒楼不独卖酒，而且制酒，酒楼均有风味独特的美酒。天圣五年（1027）八月，朝廷下诏东京的 3000 脚店酒户，每日去樊楼即丰乐楼取酒沽卖，这是因为中秋来临，诸小酒店都需卖新酒。这就告诉我们：丰乐楼的酒质量是很高的。

酒楼产酒的量也很大。如南宋无名氏《题临安太和楼壁》诗说："太和酒楼三百间，大槽昼夜声潺潺。千夫承槽万夫瓮，有酒如海糟如山。"依此，东京丰乐楼自酿酒，一天可供 3000 小酒户沽取是有充分根据的。丰乐楼常备的自酿酒名为"眉寿"和"和旨"。

东京其他酒楼也都有自己的代表之作，忻乐楼有仙醪，和乐楼有琼浆，遇仙楼有玉液，王楼有玉酝，清风楼有玉髓，会仙楼有玉胥，时楼有碧光，班楼有琼波，潘楼有琼液，千春楼有仙醇，中山园子正店有千日春，蛮王园子正店有玉浆，朱宅园子正店有瑶光，邵宅园子正店有法清大桶，张宅园子正店有仙酥，方宅园子正店有琼酥，姜宅园子正店有羊羔，梁宅园子正店有美禄，杨皇后园子正店有法清……东京的72座大酒楼，各有各的名酒，千姿百态，竞芳吐艳，反转影响了酒楼的兴盛，有的酒楼每天可吸引客人达千余，名酒是一大诱因。

临安的名酒则更多，如玉练槌、思堂春、皇都春、中和堂、珍珠泉、有美堂、雪腴、太常、和酒、夹和、步司小槽、宣赐碧香、内库流香、殿司凤泉、供给酒、琼花露、蓬莱春、黄华堂、六客堂、江山第一、兰陵、龙游、庆远堂、清白堂、蓝桥风月、蔷薇露、爱咨堂、齐云清露、双瑞、爱山堂、得江、留都春、静治堂、十洲春、玉醅、海岳春、筹思堂、清若空、北府兵厨、锦波春、浮玉春、秦淮春、银光、清心堂、丰和春、蒙泉、萧洒泉、金斗泉、思政堂、龟峰、错认水、縠溪春、紫金泉、庆华堂、元勋堂、眉寿堂、万象皆春、济美堂、胜茶、雪醅……

这些酒楼自酿酒是否就是蒸馏酒？可以深入探讨。依笔者之见，蒸馏酒至迟在南宋已经产生。其根据是有相当多的宋代典籍，如《续资治通鉴长编》《庆元条法事类》，还有苏舜钦、秦观等人的诗作中，都屡屡出现了"蒸酒"字样。

众所周知，蒸馏酒是一种度数较高的烧酒，据清人和近人考证，南宋《洗冤集录》已有用含酒精较浓的烈性烧酒消毒的记录。而且，在洪迈《夷坚志》中已出现了"一酒匠因蒸酒堕火中"这样明确的在酿造基础上加热蒸馏酒的叙述。这种酒有别于唐诗中所说的能发出琥珀香的红色"烧酒"。

更为重要的是，黑龙江省阿城市金上京博物馆珍藏着一件上下两层的蒸馏酒铜器，上体为冷却器，下体为甑锅，蒸气经冷却而汇集，从甑锅一旁特设的孔道输到外边的贮器里。经有关专家试验，每45分钟可出酒一斤左右。蒸馏酒铜器证实了蒸馏酒在金代初期已经成熟。

这不由使笔者想起南宋无名氏《题太和楼壁》诗咏酿酒时的一句"铜

锅熔尽龙山雪"，这太有可能就是吟咏蒸馏白酒的流淌了。阿城蒸馏酒铜器与 1975 年河北青龙县出土的一套铜制蒸馏酒锅器是相同的，其年代分别为金熙宗、金世宗在位之时，也就是南宋赵构时代和孝宗赵昚当政期间。

金代蒸馏酒铜器的出现，无可辩驳地证明了南宋酒楼可以酿制蒸馏酒，并出售行销多方。南宋百科全书式的著作《事林广记》中，就刊布了不少的制酒方子，其中银波酒的方子，对制酒的程序记述十分清楚。方子结尾处总结道："此酒交冬方可造，蒸酒尤佳，非他酒可比。"这再清楚不过地表明了蒸馏酒在南宋城市的广泛流行。

蒸馏酒因其高度辛辣爽口，对酒楼的销售是有促进作用的，但这不是酒楼生意兴隆的唯一原因。宋代城市的酒楼已不是孤单的几个，而是一片片地形成了一个新兴的行业，大酒楼就像母亲似的，又派生出许多小酒店，它们之间互相映照，互相补充，小酒店如众星拱月烘托着大酒楼，大酒楼

《事林广记》书影

自身无法实现的一些举措，又依靠着小酒店的灵活去实现。如庵酒店就是对大酒楼经营的一种补充——

有娼妓在内，在酒阁内暗藏卧床，可以就欢，大酒楼的妓女只是伴坐，而这里的妓女是真正的出卖肉体。又如散酒店，主要是以零拆散卖一二碗酒为主，兼营血脏、豆腐羹、熬螺蛳等廉价佐酒菜，是"不甚善贵"的市民常光顾之地。再如直卖店，则专售各色黄、白诸酒，本地酒和外地酒。还如包子酒店、肥羊酒店，一专售灌浆馒头、鹅鸭包子等，一专售软羊、羊杂碎等。

这些小酒店承担了大酒楼不愿和不能承担的经营项目，从而使整个酒楼行业结构更为合理。就如茶酒店，实际它并不卖茶，以卖酒为主，兼营添饭配菜。而之所以被冠以"茶"字，就是因为茶肆是相对于酒楼的另一大类在宋代城市中最为普遍的饮食店，易为广大市民接受。

事实上，由于宋代南方诸路到处都产茶，如北宋建州一年产茶就不下300万斤，其他可想而知，茶叶已经成为像王安石所说的和米盐一样的民用食物，一天都不能缺少。更何况许多南方的城市就是茶叶的产地，如临安西湖南北诸山及邻近诸邑，出产金云茶、香林茶、白云茶、闻名遐迩的龙井茶等。兼之茶有下气消食、轻身健体的功效，逐渐为市民所认识，故在城市里茶肆的设置就特别多。从宋代主要的大城市东京、临安来看，处处有茶肆，和民居并列，而且分为不同的类型，仅潘楼东街巷就有——

南宋审安老人茶具图

每天清晨五更即点灯做买卖衣物、图画、花环、领抹之类生意的早茶肆；

每天夜晚吸引仕女来游玩吃茶的有仙洞仙桥、设施别致的北山子夜茶肆；

还有中间建有浴池的茶肆，《清明上河图》中所描绘的临河的简易小茶肆……为了使顾客日夕流连，乐而忘返，茶肆均大加修饰，挂名人字画，插四时鲜花，安顿奇松，放置异桧，把一片茶肆装扮得——

> 花瓶高缚，吊挂纸□。壁间名画，皆则唐朝吴道子丹青；瓯内新茶，尽点山居玉川子佳茗。风流上灶，盏中点出百般花；结棹佳人，柜上挑茶千钟韵。

这是宋话本《阴骘积善》对茶肆所述，环境不可谓不优雅，所以许多有身份的子弟常常在这样的茶肆，习学乐器，或唱叫之类，这叫作"挂牌儿"，炫耀伎艺，派头十足。

许多茶肆则是市民住家所开，如宋话本《宋四公大闹禁魂张》中的宋四公家，就是一个小茶肆，雇一上灶点茶的老头帮手，此外就是茶肆主人即家主人。这样的茶肆真是名副其实的市民茶肆。它是由市民在居所中间所开，随时随地和市民对话，专门为市民服务。《水浒传》第二十四回就刻画了一位在自家开茶肆的王婆，她还专一靠些"杂趁养口"，即"为头是做媒，又会做牙婆，也会抱腰，也会收小的，也会说风情，也会做马泊六"。这显然是较为低层的市民茶肆所接触的范围。

高级一点的茶肆只是人员成分清纯一点，但也不能免俗。以临安中瓦内叫作"一窟鬼"的王妈妈家茶肆为例，这个奇怪的茶肆名未知是宋代城市书会才人编撰，还是茶肆主人王妈妈为招揽顾客故意起这个使人耸然的怪名。反正这茶肆虽都是士大夫期朋约友会聚之处，但名称却不雅致。

笔者认为，宋话本《西山一窟鬼》大约在先，说的是一王婆为一位教书的吴教授说媒而引出了一桩蹊跷作怪的鬼事来，后有茶肆以此名标榜，目的是引起更多市民来此吃茶的兴趣。

然而，在记述宋代城市生活的书籍里，对市民喝的茶记述得却显得过少，只有小腊茶、七宝擂茶、葱茶……寥寥数种，相反却用较多笔墨，记述了分茶食店的活动。宋代城市里的大食店都叫"分茶"，实际与喝茶的方式无涉。

笔者以为，分茶是取喝茶方便快捷的寓意而成。从《梦粱录》所记

明刊本《忠义水浒传》第二十四回插图：郓哥不忿闹茶肆

"面食店"来看，所谓"分茶"，则要备有各色羹汤，多种面食，下饭的诸种煎肉、鱼等，用今天的话来说是制成备好的"快餐"。以颇负盛名的东京大相国寺"素分茶"为例，它就是东西塔院的斋食，由住持僧官操作，每遇斋会，凡饮食茶果，动使器皿，就是三五百份，无不迅速办成。

面食店唤"分茶店"，中小酒店唤"分茶酒店"，却和喝茶关系不大，但以茶来号召市民光顾，反映了茶肆的兼容性相当之大。无论高级人物还是来自底层的市民，来茶肆之意并非来专门喝茶. 人们首先将茶肆当成交流感情之地和传递信息的中转之所。

在宋话本中，有这样的场景：一东京和尚为勾引良家妇女，扮成官人，到一家茶肆佯装等人，让一卖馄饨儿的小贩去替他到皇甫殿直家与娘子"再三传语"，结果引起皇甫殿直疑心，休了自己的妻子……宋徽宗看中名妓李师师，便到周秀茶肆，一边喝茶一边使出钱让周秀去李师师处传信，周秀便来往穿梭沟通，使宋徽宗如愿以偿。

这种不是以喝茶为正，只以此为由，多下茶钱，多觅茶金的茶肆，被《梦粱录》呼为"人情茶坊"。在这样的茶肆里，再有身份的人物也要讲人情，甚至连真龙天子也和普通市民一样。宋话本《赵伯升茶肆遇仁宗》就这样告诉我们：

四川秀士赵旭进京赶考，经宋仁宗亲试，未中，流落于客店。一日，仁宗到状元坊茶肆，见壁上有二首赵旭词作，想起前因，便让太监找来赵旭，又予面试，遂作纠误提升之举，赵旭被任命为成都新制置。

话本歌颂仁宗至明，但背景却为茶肆，这表明有了人情茶肆，市民们可以在这里尽情发泄胸中郁结，寄托情感，或甜或辣或酸或咸或苦，搅翻了五味瓶，混合了一杯茶，这样的茶肆真是中国古代城市文明的一大进步。

然而，值得注意的是，人情茶肆往往藏污纳垢。如名字很好听的"花茶坊"，这样的茶肆则不以喝茶为正，而是娼妓、闲汉之流打聚处。比较著名的还有临安的西坊南潘节干、俞七郎茶肆，保佑坊北朱骷髅茶肆，太平坊郭四郎茶肆，太平坊北首张七干茶肆，等等。名为茶肆，实则卖笑，毒化了社会的氛围。

不过从整个宋代城市茶肆状况来看，健康的茶肆已成为一大行业，它有着严明的规章制度，有着自己的"市语"，培养起了自己的"博士"。如宋话本《万秀娘仇报山亭儿》所述：

襄阳市内一万家茶肆，家养的茶博士陶铁僧，因每日"走州府"，即偷茶肆的钱，被万三官人发现，赶了出去，不上十天钱尽，"又被万员外分付尽一襄阳府开茶坊底行院，这陶铁僧没经纪，无讨饭吃处"。

这样的茶肆，还是为数不少的，是它们构成了宋代城市茶肆的中坚。宋话本《阴骘积善》就叙说了发生在这样茶肆里的一个感人的故事：

张客在客店遗失一装有锦囊的布囊，内有大珠百颗，被林善甫拾到。林为找到失主，于沿路张贴"拾物告示"。张客见到直奔京城，在一茶肆找到林善甫，林与张客对上遗失的珠数，便将百颗大珠悉数交张，张执意要给林善甫一半，林坚拒，只是恐后无以为凭，让张写一副领状再领去这珠子。张客只得写"领状"领了珠子，林善甫还特意说道："你自看仔细，我不曾动你些个。"

这一故事，据编定者开头交代是"京师老郎流传至今"，可知流传已久。这与史家津津乐道的宋代王明清《摭青杂说》中的那个茶肆还金的故事相仿佛，几乎同出一辙，特别是结尾处，失主李氏为答谢茶肆主人拾金不昧，要将遗失的数十两金子分一半给他，主人说出一通掷地作金石之声的话来：

　　官人想亦读书，何不知人如此？义利之分，古人所重，小人若重利轻义，则匿而不告，官人将如何？又不可以官法相加，所以然者，常恐有愧于心故耳。

这些深得"义利"精髓的话，出自一位茶肆主人之口，它深刻表明了一种有别于传统道德的市民意识正在成长，而且达到了相当高的程度。店主的义行，引得这时聚集在茶肆观看的五十余人，无不以手加额发出叹息，认为这种风格是世所罕见的。

意味深长的是，王明清记叙的此事，是发生在东京最著名的酒楼樊楼旁边的一家小茶肆里，这是茶肆对酒楼的一种补充？还是茶肆的一种独立的发扬？或二者兼而有之？总之，在宋代城市中，酒楼与茶肆像一对互相影响的伴侣，相辅相成，它们互相依扶着，并肩携手，共同迈进，在一种从未有过的城市天地里，掀起了一种超越前代启示后代的新的饮食风情。

诸色饮食

在东京，凡是卖熟食者，都用诡异言语吟叫，这样食品售出才快。曾经有一位卖"环饼"的小贩，常常不言所卖的是什么食品，只是一个劲儿长叹：吃亏的便是我呀！当时正巧昭慈皇后被废黜，在瑶华宫居住，而这位小贩每次到瑶华宫前，依旧搁下挑担叹息着说这句话。开封府衙役听其言观其行，好生怀疑，捕他入狱。经审讯，方知他是为了早点卖出环饼，故意使用这样奇特的语言，并无他意，但语关重大，打了100棍才放出来。

有了这惨痛教训，此后，这位小贩挑担卖环饼时改口道：待我放下歇一歇吧。他的遭遇，他的变化，他的与众不同而又有些诙谐的叫卖语言，成为一桩引人发笑的故事，去买他的环饼的市民由此增多了。

记述这件事的文人，是有感于这位小贩为了卖饼，在吆喝上标新立异，招来了皮肉之苦的传奇故事。然而客观的记述也从另一面反映出东京食品行业已具有相当的规模，否则怎么会出现这样的竞争现象？

这位卖环饼的小贩，只不过是庞大的食品行业中的一名散兵，他是从属于宋代城市遍布在大街小巷的饼店的，当然也可能他是自做环饼自卖的，像清河县镇上自做炊饼自卖的武大郎那样。

在宋代城市里这种现象还是很多的。苏东坡在海南儋耳做官时，就曾与一做环饼为生的老太太为邻。老太太多次请苏东坡为她作首诗，苏东坡欣然写来：

东坡小像

　　纤手搓来玉色匀，碧油煎出嫩黄深。

　　夜来春睡知轻重，压匾佳人缠臂金。

此诗以饼入诗，饶有风趣，也反映了制饼业的普遍和兴盛。

　　的确，在宋代，饼的意义是很宽泛的，凡是用面做的食品，都叫饼。像火烧而食的，叫烧饼；水瀹而食的，叫汤饼；笼蒸而食的，叫蒸饼；馒头叫笼饼……饼的花样可谓繁多。

　　饼的兴盛，根源是在市民阶层中兴起的一种图简便适口的食风。苏东坡在黄冈时，曾作过一首《食猪肉》诗，和城市中的食猪肉的风气，有着一定的内在联系：

　　黄州好猪肉，价贱等粪土。富者不肯吃，贫者不解煮。慢着火，少着水，火候足时他自美。每日起来打一碗，饱得自家君莫管。

诗话家周紫芝认为这是苏东坡作的滑稽文字游戏，后来他读《云仙散录》上黄升从早晨到黄昏煮二斤鹿肉，才知苏东坡的"火候足"是有充分来历的。

苏东坡固然是官场中人，但他的才子气质，又使他不同于一般官吏对除公务以外的诸如饮食之类缺乏审美情趣，在相当多的场合，苏东坡常常是才子的禀赋占据上风，这就使他能发现美，写出具有真性情的作品来，《食猪肉》就是这样一首非常典型的诗作。

苏东坡非常准确地把握住了"富者不肯吃，贫者不解煮"这一点，精确总结了煮猪肉的诀窍，从而为宋代城市中的知识分子阶层提供了一种可口的佳肴。由于这道美食价钱不贵，便很快在城市中下市民中传扬开来，这就是后代美食家津津乐道的"东坡肉"的源流。

以苏东坡这样的品位，可见知识型美食家对城市食风是有很大影响力的，这也是因为美食家有钱也有闲，他们能够研究出既有营养又有文化意蕴的食物来。苏东坡就曾开过一个单子，向人推荐理想的"食次"：

烂蒸同州羊羔，灌以杏酪，食之以匕不以箸。南都拨心面，作槐芽温淘糁。以襄邑抹猪，炊共城香稻，荐以蒸子鹅。吴兴庵人斫松江鲈脍，即饱，以庐山康王谷水，烹曾坑斗品茶。

以宋代城市生活标准来看这些食物，用不着花很多钱，而且极易做到。如单子上所说的"槐芽温淘"，即"冷淘"，是一种去火清热的面与菜制素食，价廉而物美，故很快在城市食店里流行起来了。

苏东坡归纳"槐芽温淘"为美食，揭示了饮食历史发展的一条规律，那就是有相当多的美食，最初起自民间，但又需经美食家研究整理，再流传开来，为更多的人所接受。

像北宋初期善篆书、有诗名的郑文宝，就创制出一种"云英面"。这种面的制作颇像江南人好做的鲜脯鲙炙，无不有埋在饭中杂烹的"盘游饭"的风味。其方法是：将藕、莲、菱、芋、鸡头、荸荠、慈菇、百合，混在一起，选择净肉，烂蒸。用风吹晾一会儿，在石臼中捣得非常细，再加上四川产的糖和蜜，蒸熟，然后再入臼中捣，使糖、蜜和各种原料拌均匀。再取出来，作一团，等冷了变硬，再用干净的刀随便切着吃。

身为大臣的郑文宝不可能是"云英面"的始作俑者，他肯定是巧取民间厨人制面之精华，综合出"云英面"的制作方法来，然后他又将"云英面"方子赠给其他好吃之人，这使"云英面"的影响更加扩大，以至收入宋代食谱。

再以讲究吃海鲜而闻名的梅圣俞为例，他家经常吸引一些习气相投的有知识的食客，一时间，鲤鲂之脍，飞刀徽整，梅家几乎成为研究海鲜的中心。这在叶梦得的《石林避暑录话》中有着记录。梅圣俞就是在这样的宴席上，赋《河豚鱼》诗一首：

春洲生荻芽，春岸飞杨花。

河豚于此时，贵不数鱼虾。

这首诗告诉我们至少在宋代城市中的知识阶层，吃河豚已成风气了。

这是由于河豚吃鱼虾而颇肥腴，故引诱士子纷纷来吃。苏东坡居常州时，里中士大夫家有妙于烹河豚的，请东坡来共享，女人和孩子都跑到屏风间，希望能得到苏东坡的品题。只见苏东坡下箸大嚼，寂如喑者，家人大失所望，这时苏东坡忽下箸说：也值一死！于是全家大乐。

这一段文字，将苏东坡知味贪吃的形象刻画得惟妙惟肖，足见河豚确是无比的美味。但河豚确有剧毒，食之夺命并非胡言。宋代的费衮就主张：

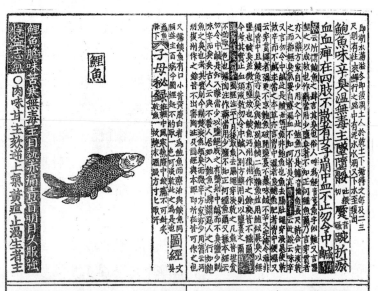

鯉魚

《重修政和经史证类备用本草》鲤鱼图

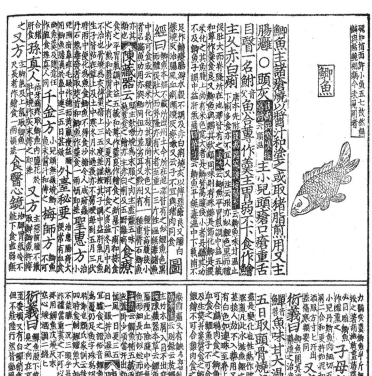

《重修政和经史证类备用本草》鲫鱼图

河豚之目并其子凡血皆有毒，食者每剔去之，其肉则洗涤数十遍，待色白如雪，再烹。苏东坡也提出：煮河豚用荆芥，煮三四次，换水则无毒。

看来河豚有毒，可是并非人人会烹制，但市民又想吃，于是，美食家研究出了行之有效的烹制河豚的方法。而且，为了解决口腹之欲，美食家还创造了"假河鲀"的吃法——

杨次翁在丹阳时，做羹招待米芾，说：今天为你做河豚。米芾疑虑不敢吃，杨笑着对他道：这是用别的鱼做的，假河豚。所谓假，乃象形也。如《山家清供》中所记"假煎肉"的制作：

葫芦和面筋都切成薄片，分别加料后用油煎，然后加葱、花椒油、酒，放一起炒，葫芦和面筋不但炒得像肉，而且它的味道也和肉味相同。类似这样制法的假河鲀、炸油河鲀、油炸假河鲀，已作为名菜，纷纷出现在食店里。

可见，美食家的提倡，对市民认识河豚和吃河豚，还是起到不小的催化作用，而且，饮食商家能够闻风而上，也的确能将海鲜制作出美味来——

像东京东华门何吴二家造的鱼鲊，是从澶滑河上打鱼斫造，贮入荆笼，一路上用水浸泡运入京城的。它是切成十数小片为一把出售，号"把鲊"。因控干入物料，肉益紧而味道甚美，名闻天下，以至有"谁人不识把鲊"之语。

蟹本是南方水产，可是在东京的食店里却也风行一时。市民往往将生蟹拆开，调以盐梅、椒橙，然后洗手再吃，故这种蟹叫"洗手蟹"。甚至停泊在汴河边的船家的妇女也能够做这种洗手蟹吃，它的绝妙使人赋诗道：

紫髯霜蟹壳如纸，薄萄作肉琥珀髓。

主人揎腕斫两螯，点醋揉橙荐新醴。

痴祥受生无此味，一箸菜根饱欲死。

唤渠试与齑釜底，换取舌头别参起。

美味洗手蟹，对市民阶层的饮食品位提高是有潜移默化作用的，它促使美食家和市民不断钻研新的饮食方法，从而使宋代城市饮食市场上新、奇、特诸类食物品种不断涌现。市民吃的水平已从一般的味道美转向意境美的境地了。如橙酿蟹，也就是市民经常所说的蟹酿橙：

将黄熟带枝的大橙子，截顶，去瓤，只留下少许汁液，再将蟹黄、蟹油、蟹肉放在橙子里，仍用截去的带枝的橙顶盖住原截处，放入小甑内，用酒、醋、水蒸熟后，用醋和盐拌着吃。这种橙酿蟹，不仅香，而且鲜，更主要的是它使人领略到了新酒、菊花、香橙、螃蟹色味交融的艺术氛围……

这种形质兼美的食品在宋代城市中已经很多，市民们已不仅仅满足于口腹之欲，而是将一般的食物也都赋予一种意境的追求。像名字煞是好听的"酥琼叶"，其实是将宿蒸饼薄薄切就，涂上蜜或油，就火上炙，地上铺上纸散火气，炙好后，非常松脆，有止疗化食功效，而且嚼起来还可如杨万里所说：作雪花声……

市民还将对食物的审美情趣，扩大到视觉上，于是，雕花蜜煎应运而生。所谓雕花，较早出现的是在东京饮食市场上用瓜雕刻成的花样食品，即"药瓜"，还有用油面糖蜜制成的"笑魇儿"果食。

这是一种赏心悦目的工艺性食品，极受市民欢迎，各城市饮食市场也推出自己的杰作，如浦城的冬瓜——安置在寿架台上的一条三尺长冬瓜，刻上了假山、龟、鹤、寿星、仙女，异常精妙。

雕花蜜煎成就最高者为王公府第的厨师，他们用杨梅、冬瓜、金橘、鲜姜、嫩笋等，雕成甜酸的花梅球儿、清甜的蜜冬瓜鱼、微辣带甜的花姜，而且还在金橘、橙子、木瓜上雕出花及大段花、方花，又在青梅上雕出荷叶儿……

这些食品真是美煞，使人羡煞。但是这类雕花蜜煎，费时费力，轻易不摆设，王公只有在款待皇帝时才端出。不过这种追求艺术性的倾向，已扩展到食品制作的各个方面，如那一个又一个冠以"假"字的象形菜，也千姿百态，令人耳目一新——

腰子假炒肺、假团圆臊子、江鱼假蛏、虾蒸假奶、小鸡假炙鸭、五色假料头肚尖、假炙江瑶肚尖、假熬鸭、野味假炙、假炙鲨橙、假熬蛤蜊肉、假淳菜腰、假炒肺羊熬、下饭假牛冻、假驴事件、假蛤蜊、假熬鸭……

可以说，无论天上飞的地上走的水中游的，都可加以模仿，这些象形菜，是用面筋、豆腐、山药和菇类等全素食物为原料，其制法和前面所说的"假煎肉"大同小异。如此巧制出来的"假荤菜"，色形味香俱全，使一般"工薪阶层"的市民都可以品尝得到。

它表明了宋代市民阶层的饮食结构有了重大的变化，素食成分增多。这种增多，是相对而言的，因宋代之前的城市居民素食也占饮食结构中重要成分。宋代市民素食成分增多与前代不同的是，素食的艺术成分更明显，样式也更多，这就如同市民阶层饮食结构中日益增多的水果成分一样。

宋代城市市民对水果的需求量非常之大，在食店里，果子与饮食是平分秋色，一半对一半的，孟元老在《东京梦华录》中专门标明《饮食果子》就是一证。从饮食节次来看，一般是正食上后，必上水果。

这类水果，也包括晒制的干果子、香药果子等，种类很多，出售水果的商贩也很多，子夜时分的东京街头还可看到他们叫卖的身影。这也是由于水果商贩背后有一庞大的"果子行"支撑着，我们可从苏象先记述他祖父行状的文字中窥见一斑——

苏颂曾雇一婢女，此女一家十口住在曹门外，无其他职业，专为果子行锤取石莲肉度日，她说像她家这样专供果子行的就有数十家之多，夏天要锤莲百十车……

以此推算，水果在城市饮食行业中可谓供销两旺。这种局面的形成，

宋《捕枣图》

原因是多方面的，其中不可忽视的一个方面是贵族对水果的喜好和推崇，使之成为一代较新的食风。如产于江西的金橘——

因为远，东京市民很难见到。后运至东京，由于温成皇后爱吃，金橘遂在东京饮食市场上红火起来了。而且，很快，在绿豆中可以保藏金橘多时不坏的方法推广开来了。

这个事例说明：贵族口味的好恶，对城市食风影响还是不小的。这也是符合饮食历史规律的，因为贵族富甲天下，最有条件品尝海陆奇珍。我们可以以南宋皇帝的"玉食"为例，其名目有：酒醋白腰子、三鲜笋炒鹌子、烙润鸠子、燠石首鱼、土步辣羹、海盐蛇鲊、煎三色鲜、煎卧鸟、焅湖鱼、糊炒田鸡、鸡人字焙腰子、糊燠鲇鱼、蝤蛑签、麂膊及浮助河蟹、江姚、

221

青虾辣羹、燕鱼、干爆鲻鱼、酒醋蹄酥片生豆腐、百宜羹、燥子、炸白腰子、酒煎羊二牲醋脑子、汁清杂炊胡鱼、肚儿辣羹、酒炊淮白鱼之类。

这仅仅是皇帝每日赐太子的一部分"玉食"，其制作极其精良，如羊头签，只取两翼；土步鱼，只取两腮；以螃蟹为签、为馄饨、为橙瓮，只取两螯，剩余全都扔在地上作废。

这种食不厌精的风气，达官贵人无不模仿，竞相奢侈，以至出现了韩玉汝丞相那样的每食必殚极精侈之辈，甚至有人养成了一种吃鸽子的特殊才能：吃白鸽后再给他别的颜色的鸽子吃，则能辨出不是白鸽……

一旦有一种品味优良的饮食问世，引领这风头的无不是贵族中人。像宋代城市盛行的易于保存的"鲊"，有一官吏一次就可献出千余罐"鹅掌鲊"。这表明，鲊制作最精的、保存最多的也是贵族。以"黄雀鲊"为例——

黄雀收拾干净后，用汤洗，拭干，再用麦黄、红曲、盐椒、葱丝调和，在扁罐内铺一层黄雀，上一层料，装实。用篾片将笋叶盖固定住，等到罐中腌出卤，便倒掉，再加酒浸泡，密封好，可久用。

这道名食，在北宋时还不易在饮食市场上看到，但那时的贵族为随时都能吃到这道美味，便在家中储备了许多"黄雀鲊"。以蔡京为甚，他家有三栋房屋，装满了从地下积起来直顶到正梁上的"黄雀鲊"。

从一鲊可见当时的整体食风。临安城内之所以出现了"效御厨体式，贵官家品件"的超高级食店，正是为了迎合这种奢侈食风而设立的。这种皇家王府的饮食风格，能够代表这个时代饮食的最高成就，但它较难普及。

所以，我们在研究宋代城市食风时，要关注那些最能反映主流的饮食活动。如宋代城市的公众饮食制度已有条不紊地建设起来，十分周到，像在什么样的季节吃什么样的食物，已约定俗成——

元日的元阳茧，上元的油画明珠，人日的六上菜，二月十五的涅槃兜，上巳的手里行厨，寒食的冬凌，四月八日的指天馉馅，重五的如意圆，伏日的绿荷包子，二社的辣鸡鸾，七夕的罗糇罗饭，中秋的玩月羹，中元的盂兰饼馅，重九的米锦，冬至的宜盘，腊月的萱草面，腊八的法玉科斗……

这些"节食"，上自皇帝下至普通市民，无一例外，都予遵循，只不过在质量上和排场上有所区别。较为普遍的是一些有益于健康卫生的饮食已为各阶层所共同关注，这一焦点是新的保健饮品——清凉饮料，主要品种为：

甘豆汤	豆儿水	鹿梨浆
卤梅水	姜蜜水	木瓜汁
沉香水	荔枝膏水	苦　水

宋刘松年《茗园赌市图》中
卖饮料的妇女

金橘团　　雪泡缩皮饮　　椰子酒

梅花酒　　五苓大顺散

香薷饮　　紫苏饮

实际上，这些清凉饮料，兼具药的成分，如"雪泡缩皮饮"具有解伏热、除烦渴、消暑毒、止吐利的功效。特别是霍乱之后服热药致烦躁者，极宜服这雪泡缩皮饮。它的成分是：

缩砂仁　　　　　　乌梅肉（净）

苹果（煨，去皮）　甘草（炙，各四两）

干葛剉　　　　　　白扁豆（去皮，炒，各二两）

饮雪泡缩皮饮的时候可每服四钱，水一大碗，煎八分，去滓，沉服。水冷时饮解烦。也可热也可温，随意饮服，以它代替饮热水是最好的。

像香薷饮，其药用价值就更大了，如宽中和气，治饮食不节，饥饱失时，或冷物过多，或硬物壅驻，或食毕便睡，或惊忧恚怒，或劳役动气，脾胃不和，三脘痞滞，内感风冷，外受寒邪，憎寒壮热，遍体疼痛，胸膈满闷，霍乱呕吐，脾疼翻胃……统统都在香薷饮的治疗之列。尤其是中酒不醒，四时伤寒头痛，只要饮上三服，发了汗就可痊愈。常饮香薷饮，还可益脾温胃，散宿痰停饮，能进食，辟风、寒、暑、湿、雾露之气。

以上列举的这些清凉饮料，多在闷热夏日上市，由于它兼具治病防病功效，所以很受广大市民欢迎。即使一些标有酒字的饮料也是这样，实际与那种粮食烧酒无涉。如梅花酒起源于绍兴年间的临安茶肆：

以鼓乐吹《梅花引》曲卖这种清凉饮料，用的是银盂杓盏，好像酒肆卖酒时论一角二角似的，因此名为"梅花酒"。饮这样的"凉水"，已成为宋代城市市民暑天中的一种时尚，这就如同每天早晨市民们所饮的"煎点汤茶药"一样——

在宋代城市中，无论早晚还是白天，都可看见出售"煎点汤茶药"的，尤其是在时交五更的早市上，街头巷尾传来的"煎点汤茶药"的叫卖声响作一片，已成为一道亮丽的城市风景……

"煎点汤茶药"，茶为主要，以宋代常见的"煎香茶"来看，它的制作方法是：每百钱上春嫩芽，合一升去壳蒸熟的绿豆，再细磨十两山药，掺入脑、麝各半钱，重新放入盒中一同研磨约 20 杵下，再放入罐中密封好，窖三天后，再把这种香茶放在水里煮，使所含的成分进入水中，好似煎药。

无怪乎宋代美食家林洪有这样的认识："茶即药也，煎服则去滞而代食。"煎茶时间越长，味道也就越好。而"点茶"，就是在炭火将茶叶水烧得滚沸起时，用冷水点住，茶叶水再滚沸起，再用冷水点住，如此点三次，才能收到色味皆佳的效果，这是一般的"点茶"规律。

由于茶叶的丰收，茶坊遂在城市普及，"点茶"也就在城市中流行起来，各式点茶竞争相长，出现了"点茶不一"的局面。如当时茶叶多产自

— 诸色饮食 —

宣化辽金碾茶煎汤壁画

南方，北方人特别难得到它，一旦得到茶叶，又以为茶叶味不好，所以在茶叶里放入许多杂物煎点，正如葛立方的《韵语阳秋》中所说："北方俚人茗饮无不有，盐酪椒姜夸满口。"

这与北宋话本《快嘴李翠莲记》中所描绘的李翠莲"煎点茶"相同。她是这样说的：

> 此茶唤作阿婆茶，名实虽村趣味佳。
>
> 两个初煨黄栗子，半抄新炒白芝麻。
>
> 江南橄榄连皮核，塞北胡桃去壳粗。
>
> 二位大人慢慢吃，休得坏了你们牙！

类似这样的"煎点茶"，是属于低层次的。

高层次的点茶是能将茶点得"极匀"，有的能点得水脉成禽兽虫鱼花草之物象，纤巧如画。还有的如徽宗的《大观茶论》中所言：将茶点得上下透彻，如酵蘖之起面，疏星皎月，灿然而生。达到这种意境是很不容易的。

"点茶"在城市，特别是上流社会中，已作为一种专门的学问，人们无不把点茶当成具有高度文化修养的标志。如曾布、吕惠卿同为内相时，与客人一起吃茶，他们频繁注汤于茶水中，客人见状说：身为翰林司，为什么不了解点茶呢？

这话固然有取笑的意思，但有道理，因为点茶是有一套程序和讲究的，不是任何人都点得了的。这就如同丁谓的《煎茶》中写的："轻微缘人麝，猛沸却如蝉。罗细烹还好，铛新味更全。"

点茶需有各种条件配合，而且最好"点茶须是吃茶人"，还要以一味好水配合，若杂以他水，则亟败。像苏才翁与蔡君谟的煎茶相斗，蔡君谟就专用惠山泉，苏才翁茶不精，便取天台竹沥水煎点，才能取胜。

在点茶时，还要点得适度。多点，则使人生厌；少点，则又有余。全靠精神集中，恰到好处。这样煎点出来的茶才好喝，像苏轼所说的："试烹一盏精神爽，好物元来不须多。"可这并不等于只有茶才能使人精神爽，从某种观点上说，汤比茶更具有止渴快气益精髓之作用。《水浒传》第二十一回描写：山东郓城县镇上，五更时分就出现了赶早市卖汤药的王公。他在县衙前碰见了老主顾宋江，宋江向他解释自己起早是"夜来酒醉，错听更鼓"，王公便得出结论"必然伤酒"，他便向宋江"浓浓地奉上盏二陈汤"。读者千万不要以为这是小说家言，"二陈汤"是流行于北宋大小城市中最普通的一种"汤药"。

从医学角度看，二陈汤主治：痰饮为患，或呕吐恶心，或头眩心悸，或中脘不快，或发为寒热，或因食生冷，脾胃不和。其成分是：半夏汤洗七次，橘红各五两，白茯苓三两，甘草炙一两半。

煎点时，每服四钱，用水一盏，生姜七片，乌梅一个，同煎六分，去滓，热服，不拘时候。它对"伤酒"无疑是能起化解作用的，即使不伤酒，倘每早起来喝上一盏二陈汤，也会提神养身的，正像欧阳修吟咏的那样："论功可以疗百疾，轻身久服胜胡麻。"

"汤药"有如此优越之功效，自然可以堂而皇之载入典籍了。粗略翻检宋代的一些典籍，就会发现汤药阵容颇为壮观：盐豉汤、荔枝圆眼汤、缩砂汤、无尘汤、木星汤、木杏汤、香苏汤、紫苏汤、干木瓜汤、湿木瓜汤、白梅汤、乌梅汤、桂花汤、豆蔻汤、破气汤、玉真汤、薄荷汤、枣汤、快汤、厚朴汤、益智汤、仙术汤、杏霜汤、生姜汤、胡椒汤、洞庭汤、檀汤、挝脾汤……

汤品纷呈局面的形成，也和贵族的提倡有着密切的关系。首先，皇帝就将"汤药"与"茶"赏赐给自己欣赏的人物、远征的将士，以示宠爱。北宋政府还有一条规定：宋选人、使臣等无职田或职田不足者，于俸禄外另给"茶汤钱"。

所以，拥有"茶汤药"简直成了一种荣誉，这更引得王公臣僚起而效

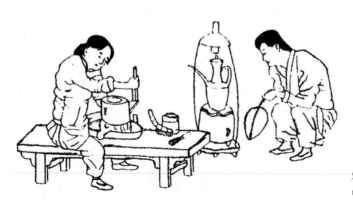

仿，最为常见的是他们碾制汤末、丸药、茶饼，随身携带，须臾不离。像人们所熟悉的《拗相公饮恨半山堂》中的王安石，在罢相返乡途中，痰火病发，他就吩咐手下人只取一瓯沸汤来，将沸汤调"丸药茶饼"服了，这才确保痰火病未发起来。

这又反映出有身份的贵宦还随身携带煎点汤茶的器皿，而且这种器皿绝非一般。开宝年间，有一身着布衣的美须髯者，引着一须眉皓白担布囊的仆人，叩开了洛阳甘露寺院门，高大丰肥的院主与他相礼攀谈，时间长了，布衣者便命老仆取茯苓汤末和两只金盂、一只小金汤瓶，然后向僧人索火点金瓶，借寺院的托子点汤。

这种金汤瓶当是上品，以此类推，稍差的汤瓶是银质的，次之则是铁的或者瓷石的。汤瓶分为金银瓷三种，就是因为社会各个不同层次都需要煎点汤茶。在宋代城市中，已把点汤茶当成了一种礼节。

如宋真宗与晏殊谈话，坐下便"赐茶"；谈话完毕，起来便"点汤"。"讲读官"在上朝时，也是"赐坐饮茶"；讲读完毕，饮汤乃退。看来，"客至则设茶，欲去则设汤"，已在城市里成为规矩。

可是也有不设茶，只设汤的，如范纯夫每次日当"进讲"，这天夜里在家先讲，众弟子全部来听讲，他不设茶，只点汤而退。这多半是在一种比较随和的环境中。也有反其道而行之的：客人一来则设汤。

武臣杨应诚来了个标新立异，家里有客来时，他经常用蜜渍橙、木瓜之类的水果，作为茶汤款待客人。于是，去他家的客人予以仿效，但有人认为：客人来了久坐，说话多了伤气，故在他走时则将汤端上，前人的意思一定是出于此点，宋代人不应为嫌。

然而由于文化素质的不同，宋代的许多市民是很难掌握这一尺度的。有客人来，便将茶与汤一起点上端上，以至客、主都喝空了盏，这就使人好笑。而公厅之上，主人的汤，不能准备很多，许多客人因此也就盏杯里空空的，这就是本想行礼反而失掉了礼节，更可笑了。

可是，习俗一经形成，便有其相对独立性。无论先茶后汤，还是先汤后茶，它们总是一支树干的两朵花，并蒂生放，相得益彰。施耐庵这样的小说大家也用笔忠实记录了"煎点茶汤药"这一情形。其余的小说家们也

煎点汤茶药图

在其作品中，不止一回地勾勒出了一个又一个侍候顾客吃茶、吃汤的茶博士形象。元代杂剧中也出现了许多类似"则我这汤浇玉蕊，茶点金橙"的景象，这自然是北宋城市"煎点汤茶药"之余韵……

画家也运笔描绘出了宋代城市这一最为常见的食风景象，如南宋佚名画家所作的，现藏于黑龙江省博物馆的一幅图——

六位着宋代城市下层市民服饰的商贩，围成一圈，右侧二商贩端盏吸饮，一手捧盖碗的商贩凝神观望，左侧一笑呵呵的商贩从一长颈容器中往一盏内倒饮料，他身后一商贩，躬身俯首，一手用夹子在炉灶内拨弄，一手握一长颈汤瓶，左侧第一位商贩，一手握盏，一手提装长颈饮料容器的移动炉灶，似等右侧端盏吸饮者的品评意见……

此画构图紧凑，气韵恬静，但并无题名，有专家认为它描述的是南宋城市卖浆情况，故名为"卖浆图"。笔者认为不妥。根据宋代城市煎点汤茶药成风这一史实，似乎冠以"煎点汤茶药图"较为合适。

《历代名公画谱》中摹
赵孟頫《斗浆图》

无论从杯盏、容器，还是可移动的炉灶、夹子、炭条等，都可看出这是六位活跃于南宋城市中的煎点汤茶药商贩，或可称之为煎点汤茶药艺家，他们聚拢一处，正在比较着煎点汤茶药的优劣。

　　这种描画市井贩卖煎点汤茶药的图画，是宋代以前从来也没有过的。元明清三代均出现了紧步这幅《煎点汤茶药图》后尘的绘画，如明万历年间《历代名公画谱》中的《煎点汤茶药图》，元代赵孟頫所绘的《斗浆图》，图中人物、物品与宋代这幅《煎点汤茶药图》几乎同出一辙，亦步亦趋。两相比较，不难看出宋代城市食风的影响长久！从图中似乎可闻到那煎点汤茶药浓烈的馨香，熏得人心醉……

婚育之俗

圣朝祖宗开国，就都于汴，而风俗典礼，四方仰之为师。

——宋·耐得翁《都城纪胜·序》

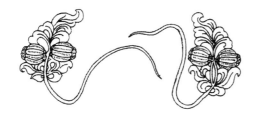

嫁　娶

在东京，有一富户为儿子娶一媳妇，刚过三天，就被皇宫中一位指挥官命令入见，结果，泥牛入海无消息，半个月不见人归来。这事发生在颇得人望的仁宗朝，富户自然上告到开封府。

开封府尹范讽为此毅然去面奏，他对仁宗侃侃而谈：民妇既成礼，而强取之，何以示天下？范讽所说的"礼"，即是严格按纳采、问名、纳吉、纳征、请期、亲迎程序而进行的婚姻礼俗，它是维系社会安定发展的重要大礼，怎么能随便破坏呢？

仁宗闻言以为极是，立刻降旨，放出此女子，在御榻前交给范讽带回。透过这件事看，即使是皇帝，也要摆出一副尊重婚俗的样子，尤其是在城市里，讲究礼仪，婚俗是千万马虎不得的。

首先，任何一桩婚姻的形成，都要由媒人往来通言。那些严循明媒正娶戒律的名门，需要的媒人是戴盖头（即帷帽），拖裙到颈，着紫色套服，衣饰华丽者，她们的装束几乎和贵妇人一样。

所以，从外地来到东京的人，见一妇人着红褙子，戴紫幕首，却没有仆人跟随在后面，就感到诧异。皇帝为使宗室与有钱富户联姻，选定了数十名官媒人，也就是这般模样。

中等门户，所需媒人则着冠子，黄包髻，系把青凉伞儿。

再次之就是头挽一窝丝，身穿粗布衣，混迹在市井城镇上的王婆之流。

她们做媒为生，练就巧舌如簧，可以：

> 开言成匹配，举口合姻缘；医世上凤只鸾孤，管宇宙单眠独宿。传言玉女，用机关把臂拖来；侍案金童，下说词拦腰抱住。调唆织女害相思，引得嫦娥离月殿。

这样的媒人真是不简单，所以男女双方都将希望寄托在媒人身上，尤其那些婚姻未圆满者。像宋话本《小夫人金钱赠年少》中描写的：

东京界身子里拥有十万资产、年过六旬的张员外，孑然一身，便想续弦，找来了张媒、李媒，委托她们为之说亲。但是条件苛刻，他一要人才出众，二要门户相当，三要有十万贯房奁。

两位媒人明知这非常不实际，肚里暗笑，口中却答应这三件事都容易。结果，她们把张员外的年纪瞒了三四十岁，和女方说了，又到张宅讲定财礼。成亲那天，女方才知是位鬓发皆白的老员外，叫苦不迭，后悔已晚。

为了钱财，媒人就是这样指鹿为马，颠倒黑白。有人特别感叹宋代城市媒人的这种见钱眼开的做法：到女家则说男家不求备礼，而且帮助出嫁遣

男家正式草帖

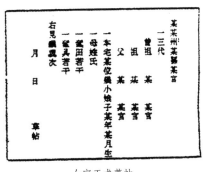

女家正式草帖

之资；到男家则厚许其所迁之贿，而且虚指数目。

　　轻信了这些媒人的话而成了婚的人，往往赍恨见欺，夫妻反目，乃至离婚。可是，没有媒人，任何婚姻都不成。即使强霸妇女的财主，也要使强媒硬保，否则名不正言不顺。一句话，城市婚姻的序幕，必须要由媒人拉开。

　　在媒人的主持下，婚姻的第一步是起个"草帖子"，或者"讨一个利市团圆吉帖"，看看吉利否、无克否。媒人一般都带着这样的帖子，往往是"从抹胸内取出"，如"一幅五男二女花笺纸"，由议亲人写了，她们带给男女双方。

　　若双方见草帖后彼此满意，再告诉媒人通一个更细的帖，也叫"定帖"。上面写着男家曾祖、祖父、父亲三代名讳、职业，议亲的是第几位男子，何时所生，父母在不在堂，家有多少财资，主婚的是哪位尊长等。

　　女家也以对等的形式，将自己情形一一写明。两家把定帖放在彩色绸缎或布衬着的盘子里，选个日子送给对方，这就表示此事可谈。下一步就是"相媳妇"，是由男方亲人或媒人上女家去看，也有男子亲自去看的，这唤作"过眼"。

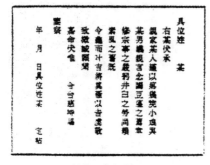

男家正式定帖

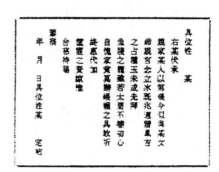

女家正式定帖

相媳妇的地点往往在酒楼、园囿等雅致环境，这颇有些今日自由恋爱的味道，但是自始至终却充满着男强女弱之意。如男方用四杯酒，女方准备两只酒杯；若新人中意，男方即以金钗插于冠髻中，这叫"插钗"；若不如意，送二匹彩缎，美其名曰"压惊"。

也有相退女方的男子，被女方告发的，东京的司法机关，即依据刑律条例判决，引起市民的议论，认为这样处理太甚。这表明，婚姻观念已有些许松动，但因循守旧的势力还是很大。

倘若不去相媳妇，那就只好听天由命了。都官凌景阳，与东京一豪门孙氏女子成婚，但怕自己年纪大，就匿报了五岁，待交礼时，才知这位孙氏女子比自己还要大，原来她匿报了十岁。此事荒唐，引得皇帝都大笑，这就是没有去相媳妇的后果。

假如去相媳妇，而且相好了，那就很快由媒人去道好，议定礼，再往女家报定，接着男方选黄道吉日，送聘礼，婚姻的节奏就加快了。当然，快不快取决于当婚者的主观意图，这要看下财礼多少。

财礼与议亲、送定前后的那类小礼还不同，那是些象征性的物件，如男方家人担着盛一点酒的大酒瓶，装八朵大花、八枚工艺饰品，用花红系在担子上，送往女家。女家用两瓶淡水，三五条活鱼，一双筷子，放入送来的大酒瓶内，用这"回鱼筷"回应。

到了以摆谱为荣的南宋都市里，富裕之家，则准备珠翠、首饰、金器、销金裙褶、缎匹茶饼，牵送两只羊，还有装上大花的四罐酒樽，用绿销金酒衣或罗帛帖套花酒衣盖上，酒担用红绿缎系上，送往女家。

女方备些紫罗匹缎、珠翠须掠、篋帕鞋鞍等回定礼物，再用两只空酒罐，放满清水，投入四条金鱼、一双筷子、两棵葱，作"回鱼筷"送往男家。只有官户富豪，才用金银打造一双鱼筷，用彩帛做两棵生葱，挂在鱼水罐外面。

可是，"下财礼"就非同小可了，因为它意味着婚姻已完全成"定论"。

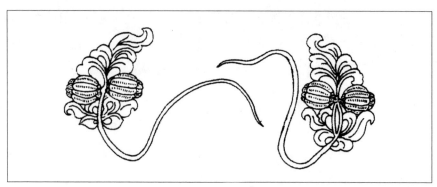

饰有瓜果枝叶纹样的金耳环（江苏无锡宋墓出土）

男女双方，都要倾其所有，有钱人家送聘礼，以送"三金"为时髦，即金钏、金镯、金帔坠。送不起金器的家庭，用"银镀"的代替。

这种以金为主的财物聘礼，闪烁着好一派富贵气象。这是在唐代婚姻聘礼中所未见的，也是元代婚姻聘礼所未达到的，反映了商品货币经济在宋代城市婚姻中占有的无可争辩的主导地位。

此外，官宦之家还送销金大袖或红素罗大袖缎、黄罗销金裙、缎红长裙、珠翠团冠、四时髻花、上细杂色彩缎匹帛、花茶果物、团圆饼、羊酒……简直像展开了一场送聘礼的比赛，看谁送得多，送得好。

在宋代以前，这一习俗并不明显。但到了宋代，"将娶妇，先问资装之厚薄；将嫁女，先问聘财之多少"，已成为最基本的婚俗第一步，然后再立契约，"以求售其女"，所以"世俗生男则喜，生女则戚"。

倘若城市中的富室，一次新婚，最低程度要有"半千质具"。王安石嫁女到蔡家，慈寿宫赐一珠褥，就值数十万钱。南宋景定年间，一小小九品郑姓将仕郎之女庆一娘，许嫁给万知县之子，仅资装费钱就高达十万五千贯，随嫁五百亩田尚不算在内。

通过以上一高一低两例，可以推想婚姻论财已成为一种普遍的风气，这与宋代以前讲究门第、等级的悬殊是有明显区别的。在这种风气影响下，为下聘财损资破产，乃至嫁娶失时、不能成礼的特别多。

故官府将聘财定立等第，以男家为主，大致分为上、中、下三等：

> 上户　　金一两，银五两，彩缎六表里，
> 　　　　杂用绢四十匹。
> 中户　　金五钱，银四两，彩缎四表里，
> 　　　　杂用绢三十匹。
> 下户　　银三两，彩缎三表里，
> 　　　　杂用绢一十五匹。

这只是大体的规定，目的是让市民们下聘嫁礼时有所遵循。实际上，即使没有钱的市民，也要硬撑着备一两匹彩缎、一两封官会，加上一些茶饼鹅酒。

有的穷苦市民，不顾"报应"，竟到居处附近的大庙，取人们布施给寺院的缣帛以嫁女。至于一贫如洗之家，奁具茫然，但假如女子姿色可取，这就要由男方送首饰衣帛等物，叫作"兜裹"。

然而，也有女方奁具万计，只慕男方仪容，情愿不要男方分文，只想及早成婚的。男方一旦答应，女方便来人，"施供张，敷茵几，金玉绮绣，杂然盈前"。然后便是笙箫之音，镗锵渐近，女子乘花舆而来……

这与东京有权人家，专去科场上选婿，毫不考虑男方的阴阳凶吉及其家世同出一辙。这唤作"榜下捉婿"，女方还给男方缗钱，唤作"系捉钱"。后来富商和广有钱财者，也都到科场上捉婿，并成倍付"捉钱"，以诱士人上钩。

捉到一个女婿一次就给千余钱，这一明码实价还是非常之高的。可是一旦从科场上选来的这女婿与女子成婚后，其家则要索取"遍手钱"。

通过女不看男家世只重相貌，女方重男才干而不虑其他的这二事，可见宋代城市婚姻不计较门第、"不问阀阅"的端倪，而且它透露出宋代城市婚姻直逼钱财，专问实际而不好虚名的举措，已是很有代表性，以至可以成为宋代城市婚姻的最大特色。

所以，即使男方再贫穷，也要备纳采、问名之礼，始为允当。而受了聘送的富家女子，不仅要用双匹绿紫罗、金玉文房玩具、珠翠须掠这样的女工礼物答回，而且还要送给媒人缎匹、盘盏、纸币、花红礼盒等。

送礼到此还不算完。到迎亲的前三天，男家开始送催妆花髻、销金盖头、花扇、花粉盘、画彩线果等物品，女家则回送罗花幞头、绿袍、靴笏等。一直到了成亲的前一天，"下财礼"才告一段落。

因为这时要"铺房"，由男家备床席桌椅，女家备被褥帐幔；女家出人去男家铺设房奁器具，摆珠宝首饰；等等。张幔设褥、布幕置毡的程序，演变成了女家夸耀的机会。像公主出嫁的房奁，还由皇帝降旨许官员去参观。

到"迎娶"那一天，婚礼将以欢天喜地热热闹闹的面貌出现，这与宋代以前的婚礼成鲜明对照。早在《礼记》就提出"婚礼不用乐"，后一直延续到北周，才开始出现"嫁娶之辰，多举音乐"的记载，但很快禁断。

唐代嫁娶时，虽有广奏音乐、歌舞喧哗的现象，却遭官方取缔。至北宋前朝皇帝、皇太子还是袭用旧制，婚礼仍不举乐，可民间却松弛多了，《清波杂志》中曾说元祐哲宗大婚时，宰执议论不用乐，宣仁太后反对道："寻常人家，娶个新妇，尚点几个乐人，如何官家却不得用？"这就告诉了我们，城市婚礼用乐已司空见惯。《事林广记》中一段话也透露出这一新礼节的抬头、不用乐的旧制的崩溃：

近俗，六礼多废，货财相交，婿或以花饰衣冠，妇或以声乐迎导，猥仪鄙事，无所不为，非所以谨夫妇严宗庙也。

在乐队吹吹打打声中，男家陪伴人各拿花瓶、灯烛、香球、沙罗洗漱、妆盒、照台、裙箱、衣匣、青凉伞、交椅等物，跟着送"迎客"的车子或花担子前往女家。女家在男家来人迎亲前，叫出嫁的女儿先拜家堂并祖宗，以保过门平安，并且要有一大套吉利话：

> 今朝我嫁，未敢自专。
> 四时八节，不断香烟。
> 告知神圣，万望垂怜。
> 男婚女嫁，理之自然。
> 有吉有庆，夫妇双全。
> 无灾无难，永保百年。
> 如鱼似水，胜蜜糖甜。

一嫁娶一

待迎亲队伍到女家门口，女家用酒礼款待来人，并散"利市钱"，乐官作乐催妆，待嫁的女子"房中巧妆画，铺两鬓，黑似鸦，调和脂粉把脸搽。点朱唇，将眉画，一对金环坠耳下。金银珠翠插满头，宝石禁步身边挂"。

这时，有"克择官"报时辰，茶酒司仪互念诗词，促请新人出屋登车。新人登上车，从人却不肯起步。此刻，有人念这样的诗句：

> 高楼珠帘挂玉钩，香车宝马到门头。
> 花红利市多多赏，富贵荣华过百秋。

新人家只得赏了这一求利钱酒的，担才起了，迎至男家。北宋时，迎娶的人先回男家门口，吵吵嚷嚷向男方要钱物，这叫"拦门"，旁边还有人吟诵拦门诗，以推波助澜：

宋代石刻中的抬轿图

仙娥缥缈下人寰，咫尺荣归洞府间。

今日门阑多喜色，花箱利市不须悭。

绛绡银烛拥嫦娥，见说有蚨办得多。

锦绣铺陈千百贯，便同萧史上鸾坡。

拦门礼物多为贵，岂比寻常市道交。

十万缠腰应满足，三千五索莫轻抛。

这时，由男方以"答拦门诗"回敬：

从来君子不怀金，此意追寻意转深。

欲望诸亲聊阔略，毋烦介绍久劳心。

242

洞府都来咫尺间，门前何事苦遮拦。

愧无利市堪抛掷，欲退无因进又难。

拦门过后，该进行"本宅亲人来接宝，添妆含饭古来留"这一习俗，是由媒人拿着一碗饭，叫道："小娘子，开口接饭。"这是表示新人入门之初，吃夫家饭，成夫家人。也有喂粗粮的，以示女子进门后要艰苦持家。

南宋城市则没有拦门一礼。只待新媳妇下车后，由阴阳先生拿着盛五谷豆钱彩果的花斗，向门首撒去，孩子们争着捡拾。撒谷豆这一点和北宋是一致的，其用意是在压青羊、乌鸡、青牛这"三煞"。习俗认为，三煞在门，新人不能入，若入则会损尊长及无子。撒谷豆，三煞则自避，新人方可进门。

新媳妇是踏着青布条或毡席行走，一女子捧着一面镜子在前面倒行，或者由二女扶持行走，先跨马鞍，据说这是来自唐五代的婚俗。那时，军阀混战，礼乐废坏，无暇讲究婚姻制度，遂取一时世俗所用仪式——

因当时胡人乘鞍马风甚，于是，便有了新媳妇跨女婿准备的马鞍的婚俗。直到明清时期，这种由女婿以马鞍置地，令新媳妇跨过其上，叫作"平安"的婚俗仍保持着，标示着宋代城市婚俗一直引领着宋以后的婚俗潮流。

新媳妇还要在草上、秤上过，入了门，进一当中悬挂着帐子的房间，稍微休息，这叫"坐虚帐"。或者一直到一间屋内，坐在一张床上，这叫"坐富贵"。这时男家委托亲戚接待女子亲家，"亲送客"，急急忙忙喝完男家准备的三盏酒退走，这叫"走送"。

北宋城市婚礼进行到此，出现了有趣的一幕：堂中置一马鞍，女婿要坐上，饮三杯酒，女家再遣人请他下马鞍，连着请三次，才能把他请下来，这叫"上高坐"。凡是举行婚礼，只有女婿上高坐，才称得上是最隆重的仪式，如谁家不设此礼，就会被男女宾客视为阙礼。即使北宋的名儒巨公、衣冠旧族也都要举行这"坐鞍礼"。这或许是对当时旋风般的草原民族彪悍的仰慕、撷取？

到了南宋城市中，这点变化出现了，男子不像传统戏剧中那样着大红袍，而是穿绿衣裳，戴花幞头，到一张放在床上或离地面很高的椅子上就座，这也叫作"高坐"。先由媒人，后由姨或舅母请，他们各斟一杯酒，男子接住饮了，再由岳母请，把他请下"高坐"，回房坐在床上。这时新人家的门额，横挂一条彩帛，已被人扯裂下来，夫婿进门后，众人争着扯着碎片散去，这叫"利市缴门红"。

然后，礼官请两位新人出房，男执槐简，挂红绿彩，绾"同心结"倒行；女面向男，把"同心结"挂在手上，缓缓行走。这种被无数文学艺术样式反复重复过的礼节，唤作"牵巾"。也有女子专以此写诗祝贺的，如《灯下闲谈》：

到了堂前，双方并立，请父母、女方亲人，用秤或机杼挑开"盖头"，露出女子的面容，再行参拜男家高祖及诸亲戚的礼节。礼毕，女子再倒行手执"同心结"，牵引着新郎回房，讲"交拜礼"。

宋代城市婚礼席上的参拜仪式，有的是宋代之前就有，如拜舅姑诸亲，有的则是自宋代方始，如夫妇交拜。"交拜礼"之后，礼官用盘盛金银钱、杂果，在房中撒掷，这叫"撒帐"。它与"撒谷豆"禳三煞不同，而是寄寓着祝愿得子、长命富贵等吉祥幸福之意，这可从"撒帐致语"中看出——

窃以满堂欢洽，正鹊桥仙下降之辰；半夜乐浓，乃风流子佳期之夕。几岁相思会，今日喜相逢。天仙子初下瑶台，虞美人乍归香阁。

诉衷情而款客，合欢带以谐和。苏幕遮中，象鸳鸯之交颈；绮罗香里，如鱼水之同欢。系裙腰解而百媚生，点绛唇偎而千娇集。款款抱柳腰轻细，时时看婵人娇羞。既遂永同，惟宜歌长，寿乐是夜也。一派安公子，尽欲贺新郎。幸对帐前，敢呈抛撒。

值得注意的是，宋话本《快嘴李翠莲记》中所载撒帐祝词，与《翰墨全书》乙集所录完全一致，可见这种撒帐祝词已形成了一套格式，互相借鉴，传录甚多，但又都是喜庆吉祥的框架。

礼官一面不断吟着喜词，一面拿着喜果撒向帷幕间，方位有东、西、南、北、上、中、下、前、后。这种边吟边撒的撒帐致语，极好地烘托出欢乐祥和热烈的气氛，所以直到近代仍广泛采用。孙宝瑄在光绪二十八年即 1902 年 9 月 22 日所记的《忘山庐日记》中录下了别人教他的"洒帐词"——

宋人洒帐之歌，使熟记，待洒时遂唱曰：洒帐东，帘幕深围烛影红，佳气葱笼长不散，画堂日日醉春风。洒帐西，锦带流苏四角低，龙虎榜中标第一，鸳鸯谱里稳双栖。洒帐南，琴瑟和鸣乐且耽，碧月团围人似玉，双双绣带佩宜男。洒帐北，新添喜气眉间塞，芙蓉并蒂本来双，广寒仙子蟾宫客。洒帐中，一双云里玉芙蓉，锦衾洗就湘波绿，绣枕移就琥珀红。洒帐毕，诸位亲朋齐请出，夫夫妇妇咸有家，子子孙孙乐无极。

从这段文字可以反观宋代城市婚俗的撒帐致语是相当生动的。撒帐结束后，男左女右，剪下一绺头发，绾在一起，为"合髻"。这种仪式源于唐代，在宋代城市婚俗中得以完善，它与男冠女笄是不一样的，是表示二性合一、生死相随、患难与共、白头偕老的信物。

接着，把两盏酒用红绿"同心结"绾住盏底，男女互饮，这叫"交杯酒"，也叫"合卺酒"。它的最早源头虽可追溯到上古，但"交杯酒"一词却最早出现于宋代城市婚俗。这期间有一演变过程——

众所周知，卺是一个瓠分割而成的两个瓢。瓠，苦不可食，用来盛酒必然有苦味，新夫妇各用一瓢共同进酒，不但象征着夫妇合为一体，而且也比喻夫妇当同辛苦。到了北宋末期，婚礼用的"四爵两卺"便常用酒杯代替了，并在《政和五礼新仪》中得到了确认。男女喝"交杯酒"时，礼官还念"合卺诗"助兴：

> 玉女朱唇饮数分，盏边微见有坏痕。
>
> 仙郎故意留残酒，为惜馨香不忍吞。

这时，男子用手摘下女子头上的花，女子用手解开男子身上的绿抛纽，再把杯扔到床下面，酒杯一仰一覆，这就是大吉的征象，寄托着天翻地覆、阴阳和谐的意思。而且有所发展的是，宋代城市合卺之夕，女婿登上高堂，赋诗催妆，已成常礼。

有一亲家父母先观女婿，母亲曾认为其女像菩萨，却嫁了个多髯麻胡子似的人物，待索诗时，这麻胡子女婿却大显其才，大书道：

> 一双两好古来无，好女从来无好夫。
>
> 却扇卷帘明点烛，待教菩萨看麻胡。

此诗一出，满堂传观，来宾哄动，一致认为这位女婿不是凡人。

重和元年（1118）的新科状元王昂，也是在这样的情况下，妇家立索"催妆词"，王昂才思敏捷，迅写《好事近》词，其中"喜气拥门阑，光动绮罗香陌"、"留取黛眉浅处，画章台春色"，意境动人，遂推为合卺之诗的佳作。

待赋诗完毕，这时该开始"掩帐"了，新人换装，换好后，礼官迎请两新人到中堂，行参谢之礼，亲朋讲些庆贺话，男女双方亲家行"新亲之好"礼，再入礼筵。南宋一般是喝五杯酒，再到别间歇坐，讲讲亲情，再重入礼筵，饮四盏酒，结束这个仪式。

北宋这一套则比较简单，较之南宋不同的是第二天五更时分，要用一有镜子的桌台放在高处，让新娘子拜，这叫"新妇拜堂"，再拜父母亲戚。然后用绿缎，做工精细的鞋、枕献上，这叫"赏贺"。男子父母则给她一匹布，这叫"答贺"。

然后女婿去女方家，这叫"拜门"，拜门也可以在新婚后的三天、七天之后。到女家，女婿也要献上绿缎，做工精细的鞋、枕，女方父母也给他一匹布，再设席喝酒，南宋时这叫作"会郎"。酒席散了，女家准备吹鼓手送女婿回家。

北宋和南宋的婚俗还有相同之处，女家往男家送彩缎、油蜜、蒸饼，北宋叫作"蜜和油蒸饼"，南宋叫作"三朝礼"。北宋时，新婚三天之后，女家到婿家致酒作会，叫作"暖女"。

到南宋此礼并不太严格了，只要九天之内举行即可。这中间还可以取女子回家，送给她彩匹、冠花、盒食等物，这叫"洗头"。新婚满一个月后，女家送"满月"礼盒，女婿家摆下酒席，招待亲家及亲眷，这叫"贺满月会亲"。

至此，整个婚礼仪式圆满完成。

虽然其中不乏成婚男女的愉悦，不乏欢乐甚至调侃的色调，但是这样的聘娶婚俗，还是由幕后的父母之命、媒妁之言策划操纵而演成的，任何成婚的男女都不能违背，也不可能违背这个规律。

因为许许多多的男女，有的尚在母腹中，就定了"指腹婚"，在襁褓中订婚的更屡见不鲜，男女长大成人后，更是双方父母包办。有的父母为所谓"天下之义",可自作主张任意为女求婿,或为子配女。

即使年当嫁娶未婚而死者,也要体现出父母之命、媒妁之言的精神,完成"冥婚"。那是由专做这种媒的"鬼媒人",选通帖子,男女双方父母以其帖子命祷而卜,卜后再制冥衣,即双方各备男冠带、女裙帔等衣物。

这些物品交给"鬼媒人"后,在男墓地举行"合婚"仪式,墓前放置果酒,设两个相并的座位,两座后各立一长一尺有余的小幡,以此二幡,举行合卺,判定标准是二幡微动,就可以"相合"了,若一幡不动,也算可以相合。

对死去的男女,都要让他们恪守着规定好的婚俗行事,那阳间的男女结合更是要一丝不苟。在某些掌握着生杀予夺大权的统治者手里,任何青年男女的婚配都是不允许僭越他们能够允许的范围,否则就会招来杀身之祸——

临安咸安郡王府内的绣作璩秀秀,与碾玉待诏崔宁,曾由郡王当着众人之面,将璩秀秀许给崔宁,两人彼此也都满意。一次,郡王府失火,他们偶遇廊下,一并逃出,直奔两千多里外的潭州结为夫妻,开店度日。谁知被王府军兵发现,报知郡王,郡王因他们未经自己同意私自成婚,就一反初意,勃然大怒,将他俩抓回,把崔宁问成大罪,杀死了璩秀秀,后来崔宁也为此死去。

但是随着风气的开化,越来越多的青年男女,大胆地走上自择配偶的道路。一对从不相识的青年男女,只因在东京的一个茶坊逢面,四目相视,俱各有情,那女孩心里暗暗喜欢那男子,便以买糖水为由说道:"我是不曾嫁的女孩儿。"那男孩儿也有爱慕女孩之意,也以买糖水回应:"我不曾娶浑家……"

话本作者借一盏甜蜜蜜的糖水,传递出男女双方一见钟情、互相求爱若渴的心意,真可谓匠心独运,而且背景是选在人烟繁阜、拥挤不堪的市井中间,也是那么勇敢,那么热烈,这在宋代以前的城市婚俗中是根本不可能出现的，在宋代以后的城市婚俗中也从未见过，甚至要远胜现代青年的求爱方式，它不愧是中国古代城市中一支石破天惊的青春爱情之歌！

还据《南烬纪闻》等宋代笔记佐证：尤其是在节日当中，男女青年毫无顾忌，南宋某地的男女"合婚"，都是自己去选择，往往是"男自负女而归，不烦父母媒妁引也"。

可是，一点稚嫩的婚俗胚芽，它只能像初绽的蓓蕾，在茂盛的封建思想园圃中，很难长成为枝繁叶茂、郁郁葱葱的婚姻之树。尽管在沧州小市镇上也有招男子入门"做女婿"的"入赘婚"，还有令人感到意外的弟弟因姊姊而娶到妻子，妹妹因哥哥而得到夫婿的自由恋爱婚，寡妇的再婚等各式与传统不一的婚姻……

但，从根本上，婚俗园圃的格局是不容改动的。就像北宋皇室宗女很多，一开始为之议婚不限门第，有钱的人家为了将来求得一官，以庇门户，便贿赂宗室求婚。这样，连络互引，东京有名的富族"大桶张家"，最多的时候竟和皇帝的三十多个近亲攀上亲家。

然而，元祐年间，娶宗女而官至左班殿直的广州藩坊刘姓人死了，他们娶的宗女膝下无子，所以刘家就要争分财产，一直闹到朝廷。这时，朝廷方才醒悟，自此下令："宗女嫁夷部，因禁止，三代须一代有官，乃得娶宗女。"

是的，婚俗的园圃虽有新风吹来，可只不过是偶尔的，微微的，是为点缀升平而出现的一朵朵悦目但没有长久生命的纸花。作为封建文化的婚俗，必然由制造它的社会给予制约，而且从不留情面，极其冷酷。东京枣槊巷里的官人皇甫松，因中了一位和尚使用的奸计，就可以扭住自己"花枝也似的浑家"，到开封府便把她"休了"。

而女子，在婚姻中是没有自由平等权利的。东京李吉员外的女儿翠莲，自小口快，嫁到张员外家，多言多语，惹得一家之主张员外大怒说道："女人家须要温柔稳重，说话安详，方是做媳妇的道理。哪见过这样长舌妇

穿长裤的劳动妇女像

人！"终以日久必败坏门风、玷辱上祖为由，执意让儿子把她"休了"。这样被休回家的女子，爸爸妈妈也是不欢迎的。李翠莲虽然挑描刺绣，大裁小剪，浆洗缝联，劈柴挑水，样样精通，可是她因不被两家见容，只好凄凄凉凉、孤孤单单到明音寺出家当个小尼姑去了……

生　育

　　洪迈的《夷坚志》中曾记述：婺源严田农民江四，生活很富裕，行迹却无赖，妻子初产是个女孩，江四便将其投入水盆，逾时尚活，江痛掐其女两耳，皆落，如刀割似的，遂死。第二年，江妻又生一两耳缺断女，像上次被掐痕迹。里巷居民认为这是报应，都说若再溺杀，必有殃祸，劝江四存育，江四这才将这个女孩留下来。

　　这种溺女现象不止安徽一地，福建农村生男至第四子，再多就不养了；女子则不至第三，若再多，临产时用器贮水，生下来即溺死。北宋朝廷针对这种现象立下了禁赏，可是愚昧的乡民却习以为常，邻保亲族皆与隐瞒……

　　好像是为了回应这种野蛮、落后的农村生子不育溺杀的风俗似的，宋代政府在各主要城市里建立起了"慈幼局"。海内外史学家们对宋代生子不育溺杀的风俗曾作过不少的研究，未知是否对出现在宋代城市中的幼儿慈善机构作过深入的探讨。

　　慈幼局的宗旨是：如果贫穷市民无力养育子女，许其抱至局，写上出生年月日，局里设有专职的乳娘抚育。他人家若无子女，可到局来领养。每年灾荒发生，贫穷市民的子女多抱入慈幼局，故道上无抛弃子女。

　　这种幼儿慈善机构，是中国历史上的第一家。宋代灭亡之后，元明两代均未再建，只是到了清代才重新设置起慈幼机构，其间中断有三四百年之久，这恰恰证明了在宋代城市中对儿童生育的重视。这种重视不光是在儿童的慈善方面，而且在儿童生育的所有方面，已形成了一整套相当严细的规矩——

每当孕妇怀孕月份快满之时，她的父母亲、舅舅、姑姑，用银盆或彩画盆，盛着一束粟秆，用绵绣巾或生色帕袱盖着，上面放着花朵，并用有五男二女花样的草帖子送去，以示吉祥庆贺。还用盆、盒装馒头、彩画鸭蛋 120 个、生枣并送，这叫"分痛"，以示娘家亲属对产妇分娩疼痛分承之意。又送去做成卧鹿、眠羊动物模样的果子，小孩的彩衣，当成"催生礼"，表明欢迎婴儿早日平安降生的美好愿望。

又有"催生符"，想是必挂或必烧。"催生歌"确有助于孕妇——

一乌（梅）三巴（豆）七胡椒，细研烂捣取成膏。

酒醋调和脐下贴，便令子母见分胞。

为了使孕妇的生产顺利，宋代医学家还从专业角度规定了孕妇生产时的必备用品。在陈自明的《妇人大全良方》中基本分为两类。一类是药：

保气散	佛手散	枳壳散	榆白皮散
黑圣散	大圣散	神寝元	花药石散
保生元	催生丹	黑龙丹	雌雄石燕
理中元	生地黄	羌 活	葵 子
黄 莲	竹 茹	乌 梅	甘 草
海 马	陈 皮	姜 钱	黑 豆

一类是物：

催生符	马衔铁	煎药炉	滤药帛
醋炭盆	铫子	软硬炭	煮粥沙瓶
干蓐草	汤瓶	干柴茅	小石一二十颗
暖水釜	灯笼	灯心	火把
油烛	发烛	缴巾	软厚禧
洗儿肥皂头发		断脐线及剪刀	

还有一类是为孕妇准备用的而不是吃的食品：枣子、白蜜、元灰酒、好醋、白米。另备童子小便，纯属荒诞，但也堂而皇之写入《妇人大全良方》，显然是当时宋代城市中盛行的一种迷信陋习。

如果以这些物品与城市高层即皇家孕妇物品相比，则差距立见。《妇人大全良方》中孕妇所备之物主要是为一般市民之家，皇家孕妇所备"分痛"、"催生"物品，种类和市民之家相差无几，可量大、齐全，尽显富贵。

如同是小石子，市民为一二十颗，皇家为50颗；同是食物，皇家一次备十盒"吃食"，包括一口蒸羊、八节生羊剪花、羊六色子、枣大包子、枣浮图儿、豌豆枣塔儿、炊饼、糕、糖饼、髓饼。

至于果子，要饰以金银，达500个，影金贴罗散花儿则为2500朵，金银罗缎则备200匹罗，4674匹绢，24两8钱7分4厘金，4440两银，三贯足银钱。袋要装画，铁要涂漆，剃头的刀要檀香匣盛……

虽然物品上可以折射出"平常风光"和"富贵气象"，但在实际习俗当中，应该说差距并不大，因为不管何方神圣都要一律遵从大自然的规律，像妇女生下小孩，市民、皇家都是要在三天之后给小孩落脐带炙囟脑门儿。

此后，孕妇亲属都要为孕妇送些膳物。至满月，则外面亲家都要用金彩缎珠翠、杂果食物等送给孕妇，以开"洗儿会"。在宋代城市中，洗儿已成为最重要的生育习俗，这可从宋代的《小儿卫生总微论方》中体现出来。

其书对初生婴儿这样说道："须先洗浴，以荡涤污秽，然后乃可断脐。"

《小儿卫生总微论方》书影

婴儿洗浴，其步骤首先是：需将预先煎好用瓶存贮的煎药暖好倒入水中，或用猪胆汁汤洗儿，使之不患疮癣，保持皮肤滑泽。或用金虎骨丹砂煎汤，以辟邪去惊。或用二两白芷、三两苦参挫碎煎汤，以去诸风。或用蒴藋、葱白、胡麻叶、白芷、藁本、蛇床子煎汤，以退热。或用苦参、黄连、猪胆、白芨杉叶、柏叶、枫叶煎汤，以去风。或用大麻、茯苓、陵香、丁香、桑葚、藁本煎汤，以治诸疮……

洗浴对初生婴儿的重要性是显而易见的，故从唐代始，名画家周昉就专画《麟趾图》，细致入微地描绘了宫中一盆洗三儿的景象。宋代也有类似的洗儿图，不过是在芳茵上、芭蕉下、栏槛前、大盆中洗一小儿的。明代画家仇英则精心临摹了这幅洗儿图，几可乱真。于此得知洗儿传统悠久，为世人所崇奉，在宋代城市中尤为市民所看重。

每逢洗儿，好友亲朋聚会一堂，在银盆内煎香汤，下洗儿果、彩钱、葱蒜，用数丈色彩绕住银盆，这叫"围盆红"。请来宾中尊长，用金银钗搅水，这叫"搅盆钗"。来宾将钱撒入盆中，这叫"添盆"。

盆内有枣儿，少妇纷纷争着拿来吃，因为枣儿是生子的象征。这时，已用清水洗过的婴儿，家人把他（她）的胎发剪下来，装入一个小盒，并用彩色线编织成绦带子络上。由母亲抱着小孩，向诸亲客人一一道谢，再抱入姆婶房里，这叫"移窠"。

洗儿时，要作诗祝贺，北宋苏轼曾戏作道：

> 人皆养子望聪明，我被聪明误一生。
>
> 惟愿孩儿愚且鲁，无灾无难到公卿。

南宋王以宁的《浣溪沙·洗儿词》则一派庄重：

> 招福宫中第几真，餐花辟谷小夫人，天翁新与玉麒麟。　　我识外家西府相，玉壶冰雪照青春，小郎风骨已凌云。

从北宋、南宋一诗一词可见，盼子成龙，一脉相承，虽然诗词作者均为士大夫，但他们的文字之作也间接地反映了一般市民的这样的心声。事实上，即使贫穷的市民，也把育子仪式看得非常隆重。如普遍在生子100天后举行"百晬"仪式，不能开筵作庆的市民人家，则把盘、碟、碗放在地上，里面盛着果木彩缎、花朵针线等日用物件，让孩子过去拿，看小孩先拿什么物品，以此来预定小孩将来干什么，这叫"试晬"。

贵富之家更是要这样。需特别指出的是，据《东京梦华录》记述，市民家庭已普遍为孩子摆上了最为时髦的官诰、笔砚、算秤等物品。《东京梦华录》所说的"算秤"是算盘和秤提的简称。

秤提，宋代《名公书判清明集》第十一卷《秤提官会》中有其明确指称。"算"为算盘，1921年河北巨鹿故城曾出土直径为21mm的北宋大观二

试晬图

年（1108）木制算盘珠。再看《清明上河图》中所绘"赵太丞家"当门的桌子上摆着的一个九档的算盘，可知算盘在北宋末叶已在城市中广泛应用了。这一时期的城市儿童真是幸运，很小很早就受到了新的科学技术之光的沐浴……

在"试晬"仪式上，较多的还是各式玩具，《宋史·曹彬传》记曹彬在"百晬"时，就左手持干戈，右手取俎豆，一会儿又取一印。后来的《养蒙图说》专将曹彬"抓周"的故事突出出来，大加宣扬，因曹彬成长后确以武功挂印，为节度使。其实，曹父为节度使，曹彬抓周时提戈拿印，可为巧合，也属合情，而且曹彬"父母以百玩之具罗列于席，观其所取"，玩具枪印摆放在曹彬面前，刚满百天的儿童哪有不抓之理？

这个故事透射出了宋代城市已非常重视用玩具给儿童以教化这一有益的育儿方式，这一观念并已转为全社会的共识，儿童玩具大批大批地出现，开创了中国古代城市儿童玩具鼎盛的新纪录——

像临安沿街叫卖的物品中以"小儿戏耍"玩具为最多：线天戏耍孩儿、鸡头担儿、罐儿、碟儿、鼓儿、板儿、锣儿、刀儿、枪儿、旗儿、马儿、闹竿儿、黄胖儿、桥儿、傀儡儿、猫儿、棒槌儿……

记述者用一连串的"儿"字，形象地烘托出了儿童玩具济济皇皇的壮美场景，市民甚至将泥孩儿玩具都算作游西湖时的"湖中土宜"，儿童玩具的普及从此可见一斑。《武林旧事·小经纪》中就这样说道：儿童玩具，名件甚多，尤不可悉数，像相银杏、猿糖、吹叫儿、打娇惜、千千车、轮盘儿，每一种玩具都有数十人卖，依靠卖玩具为衣食之地，这是别的城市所没有的。

这种现象的确是宋代中小城市所未有的，而且在宋代以后也未达到过这样深的程度，我们从现存天津艺术博物馆王襄先生捐献的宋代陶瓷儿童玩具中，还可感受到这种独特的光彩——

这些玩具通高在 3.5 厘米左右，最高不过 5.5 厘米，姿态有立、卧、伏、蹲各式，有的以色彩夺目，有的以装束动人。如白釉绿彩爬娃，全身施黄白釉，眼嘴却以绿釉点出，臀部用绿彩装饰。如白釉盘髻娃，着右衽交领长衣，发髻前方饰二莲蓬，十分新颖。有的则态憨神朴，有的则威猛强健，如立耳、圆睛、翘嘴、四肢粗壮，前后伸开的褐釉小狗，如昂首、狞目、宽鼻、张口，披毛竖立，尾贴背上，前腿直，后腿屈，蹲踞于地的绿釉狮子，均生气勃勃。这些玩具儿童特点鲜明，如伏卧的白釉榴子男娃，下肢为石榴体，这是取其石榴房中多子之意而创作的；白釉盘髻娃，髻呈鱼饰，右手持莲，寄寓着"连年有余"的美意……

玩具的多样性，显示了宋代城市育儿方式的活跃性。如果我们按照这条路子，再将目光转向遗存下来的宋代陶枕、图画、铜镜等，便好像打开了潘多拉的匣子，一下子放出了一大群活蹦乱跳的小精灵，从而看到了一个极其健康、极其活泼、极其广阔的城市育儿的世界——

如故宫陶瓷馆陈列的宋代民窑烧制的一陶枕，上有一儿童手持扇形的长棒正在击球，此种器具和广泛开展的步击扑棒球杖无异。再看故宫博物院所藏《蕉荫击球图》，立于长案后面的少妇，正在仲裁两位持类似乒乓球拍式的短拍、或蹲或立的儿童击球的输赢，它使我们知道让儿童在体育活动中去竞争的观念已较为普遍，又知用球拍击球比赛之体育样式在宋代城市儿童中已颇受欢迎，否则艺术品中亦不会一水两流，化为陶枕，形成图画。

又如河北邢台曹寅庄出土的钓鱼纹陶枕，上有一儿童躬身于岸边，手执长竿垂钓于水边，水下，三条栩栩如生的小鱼正在争吞钓饵。而另一幅苏汉臣所绘儿童戏水捕鱼的《捕鱼图》，仅其旁题诗就可以使人想见烂

钓鱼纹陶枕

漫一片：

　　　　　十岁婴儿妙入神，水边游戏任天真。

　　　　　翻嫌点尔童心减，冠者何须五六人。

　　从那一个个陶枕，我们仿佛见到当年的硕学儒士，也置有小儿捉迷藏的枕屏画像，也在上面题以儿童游戏娱情之诗："遂令高卧人，敬枕看儿戏。"使我们真切感受到儿童游戏在宋代城市已成风习。

　　从那一幅幅冬庭秋园的婴戏图中，我们似乎听到两儿童为抢夺一杆玩具长枪而发生的叽叽喳喳的争执声音。而另一处一男童一女童，将一根孔

一 生 育 一

冬日婴戏图

《婴戏杖头傀儡》陶枕

《婴戏悬丝傀儡》陶枕

《儿童骑竹马》陶枕

《儿童弄影戏》铜镜

雀羽毛拖在地上，将一绣花锦旗来回摇摆，引逗着一只花猫随着他们的羽毛、小旗跳跃，猫鸣、婴叫从绢纸上传到我们的耳畔……

看河南济源出土的《婴戏杖头傀儡》《婴戏悬丝傀儡》三彩陶枕，如闻那皂衣白裤孩童的横笛声、绿衣黄裤婴儿的击锣声，儿童俯地支手举杖头傀儡而戏的情境历历在目。看《儿童骑竹马》陶枕，那用一根刻木马头形状的短竹竿放于胯下，一手握竹马前端使其后梢拖地作向前奔跑状的男童，那元宵"社火"中的小儿竹马如在目前。

看《儿童弄影戏》铜镜，镜背纹饰中有一双手各持人形"影人"的儿童坐于幕后，幕前有五个儿童围观，它使笔者想起佚名所绘《蕉石婴戏图》中三婴在帐帏后作影戏人的表演。这是宋代城市的儿童，利用光学原理的映画技术，操纵由兽皮雕成人形，涂以颜色，勾上脸谱，其四肢头部均可活动的"影人"，在光源与支起的幕布之间，做出种种动作，使幕布上显现出影像的生动表演。它又使笔者想起《武林旧事》中所说儿童看此影戏而"喧呼，终夕不绝"的话来，也被感染而兴奋不已。

宋佚名《蕉石婴戏图》局部

从陶枕、图画、铜镜中，我们好像漫步在宋代城市春夏秋冬四季，亲品野菊的芬芳，荷花的清新，落英的缤纷，松柏的翠绿，清楚地看到了宋代城市的儿童是怎样生活在一种优雅富裕的环境之中。在精巧的太湖石，宽厚的芭蕉叶，鲜妍的青草，明净的蓝天之间，儿童无拘无束陶然于户外，在大自然怀抱中尽情地挥发着无尽的体力。薄薄纱衣下显露出的丰满娇嫩的肌体，表明了他们是自有城市生活文字记载以来体质最佳的市民子弟，这个时代需要他们这样的身体矫健、活跃异常的儿童来点缀。

在镇江市中心大市口东约200米五条街小学后身出土的一批宋代苏州儿童嬉戏陶土捏像还可证明：两位儿童，一位摔倒，臀部着地，右臂支撑，脸上一副无所谓的表情；另一位匍匐于地，右臂环曲，左臂撑前，头却高昂。他是将对手摔倒，被对手拖倒在地吗？虽倒犹荣。旁观者为三儿童，中间者站立，右侧者蹲坐，都在为嬉戏的两位儿童鼓气，而左侧一位儿童，神态悠闲，尽在默观。五位儿童，嬉戏观看，姿势毕肖，透露出体育运动已成宋代城市儿童常修一课，同时也使我们对儿童体质进行了一次生动的

苏汉臣《秋庭戏婴图》（局部）

检阅。

我们又通过另一类《儿童斗蟋蟀图》，进一步感觉到宋代城市儿童再也不是唐代周昉笔下的宫廷贵子的模样，而是带着普通的城市居民家庭的气象出现的"市民样"。巍峨殿堂隐去，市井园圃代之而起，曼回的廊腰，高啄的檐牙，已不再见。一缸一几，一凳一木，一笑一嗔，一争一夺，已和日常生活毫无二致，世俗景象已成为宋城儿童生活的永恒背景。

从陶枕、图画、铜镜中，我们还知道许多新的育儿史实，如《子孙和合图》中的三个儿童，正在盛满水的椭圆盆中作放船之戏。这种船上有楼阁、桅杆，型体重大，属于宋代驶往远洋的巨舰之列，这是育儿方式已有科学技术教育成分的展示。又如台北故宫博物院所藏苏汉臣的《秋庭戏婴图》，一女童一男童，正在一镂空圆几上摆弄玩具，修长直立的花石前的另一镂空圆几上陈列着罗盘、T 型图尺，这更可证实在宋代城市儿童中已有了学习科学技术热。

我们又知道，女童已不养在深闺而是作为男童的对衬而神闲气定地出现在各项活动之中，几近主角。如临安像生叫声社中的小女童就是主力，苏汉臣的《水戏图》中教坊女童的立机飞丸、绝胜银盘的出演就足以使我们击节赞赏不止。

陶枕、图画、铜镜，如果排列开去，将展现出宋代城市儿童生活、体育、游戏的各个方面——下棋、捉迷藏、歌舞、耍刀枪、戏傀儡、捉蝴蝶、洗澡、吃梅、礼佛、采荷……一个两个富而不尊的风光，一帧两帧华而不贵的画面，一只两只长方形的众童被服杂错的三彩陶枕，一方两方雕铸着群儿亲切围坐的铜镜，组装成宋代城市精致的儿童生活的场景……

就好像画了100个男孩的《百子嬉春图》一样：有的赏画，有的抚琴，有的上树，有的携幼，有的放风筝，有的舞狮子……生动感人的儿童健康活动的形象的崇厦巨堂已构成，引我们走入，供我们欣赏，使我们像痴迷于伎艺，流连于勾栏的宋城市民一样，终日居此，不觉抵暮……

宋代市民日常生活

《百子嬉春图》

当我们从锻炼其体魄、娱乐其生活的儿童身上，深深感受到宋代这种育儿方式的文明时，也看到宋代城市里充溢着一种对儿童健康持柔弱扶植为主的思潮，以至形成了一种如许多学者认为的那样"呵护有加，而锻炼不足的幼儿保健文化"。这从宋代的医学可以折射出来——

在东京最繁华的马行街上，就设有专治小儿疾病的医家。《清明上河图》可证：有一挂"赵太丞家"招牌的私人诊所，四个大字之间，建筑装饰的斗拱很大，与间壁一豪族住宅门头上的斗拱相较毫不逊色，又与其门首对竖三大高招字牌、门框上的小招牌相映照，颇显富丽堂皇，气派非凡。

铺画中，一坐方凳的妇女怀抱一小儿，对面一着长衫戴纱帽的儒雅男子，手端器皿正向小儿作送药状……从这画面可知，这是东京一家有声望的小儿医铺，它与史载相合，是宋代城市儿童保健独成系统且有相当规模的有力证明。它使笔者又想起临安。在早晨专做批发生意的诸多铺席当中，张省干金马杓小儿药铺，就是其中的一个，它以独特的名称在形形色色的铺席中占有一个席位，证明了宋代城市儿童保健生意是非常兴隆的。

不仅如此，宋代城市儿童保健理论也已成系统，主要表现在居住在城市中的许多医家的著作，如钱乙的《小儿药证直诀》，刘防的《幼幼新书》，佚名的《小儿卫生总微论方》，陈师圣等编的《产育宝庆集》，严用和的《济生方》，佚名的《产宝诸方》，等等。

有许多医生，是以治儿童疾病而著名的，据说钱乙到东京治愈了长公主及皇子的疾病，并写出了专治儿童疾病的《颅囟经》，其名取自"小儿初生，颅囟未合"之意，论述极为精当，故被授为翰林医学乙幼科，自此冠绝一代，名扬天下。

这从另一个侧面，反映了宋代社会特别是城市对儿童疾病治疗的重视。即使不是专门的小儿病书，如吴彦夔的《传信适用方》、王衮的《博济方》、许叔微的《类证普济本事方》等医书都专设了小儿病方一门。

经医家的开掘和研究，人们普遍对儿童体质保健有了明确的认识：儿童生理特点是五脏六腑，成而未全，全而未壮，易虚易实，易寒易热，因此儿童的治疗原则为"柔润"，不宜痛击和蛮补。

在儿童诊断方面，许叔微的《类证普济本事方》较早记载了诊断指纹法，使对儿童疾病的诊断更为科学。从宋代开始，医家发现了儿童最常见的疾病为麻疹、天花（即痘）、惊风、营养与发育不良（即疳）等四类，并归纳出了一系列的防治方法，如对儿童的急惊风，要以镇惊、截风、止搐、清热解毒、祛痰为基本治法。

对儿童的养护也很细致，《小儿卫生总微论方》中专有《慎护论》，从小儿初生开始，到乳母的哺养，一年四季怎样穿衣服，吃什么好，不应吃什么……都明明白白一一写清。董汲编著的《旅舍备要方》，还针对寄住旅途之中的儿童常见的疾病对症备好了药方。

百般呵护、精心养育儿童的这种思潮，还反映在食品保健方面。在宋代城市中就出现了专为儿童制作的保健食品，以糖果为最，其原因就是这一时期，人们都认识到如王灼《糖霜谱》中所说：糖是消痰、除心烦热的佳食。

而且，糖还可以在制作时使用方圆雕花等模子，做成象形糖，如宣仁太后曾在熙宁年间的上元灯节时赏赐皇家外族的每位儿童两个乳糖狮子即是一证。

宋代城市的儿童糖食，多做成"戏剧糖果"样式，在笔者的视野中，这是糖与果联在一起为一词的较早出处。想来必是以吸引人的戏剧中的各种形象制成糖果，以使儿童更加喜爱。这些"戏剧糖果"种类很多，主要有：行娇惜、宜娘子、秋千稠糖、葫芦、火斋郎果子、吹糖麻婆子孩儿、糕粉孩儿鸟兽、像生花朵、风糖饼、十般糖、花花糖、荔枝膏、缩砂糖、五色糖、麻糖、锤子糖、鼓儿饧、铁麻糖、芝麻糖、小麻糖、豆儿黄糖、杨梅糖、荆芥糖、破麻酥等。

除儿童糖食外，较多的还有儿童点心小吃，如：沙团、箕豆、法豆、山黄、褐青豆、盐豆儿、榧子、蒸梨儿、枣儿、米食羊儿、狗儿、蹄儿、蛋儿、栗粽、豆团、糍糕、麻团、汤团、水团、汤丸、馉饳儿、炊饼、馎栗、炒馎、山里果子、莲肉、数珠、苦馎、甘蔗、茅洋、跳山婆、栗茅、蜜屈律……

　　这些食品易消化，以甜居多，如"水团"，陈达叟的《本心斋疏食谱》，曾对这种食物这样描述过："团团秫粉，点点蔗霜。浴以沉水，清甘且香。"这表明水团是用秫粉包糖，用香汤煮熟而成。这样的食品是很适合儿童的

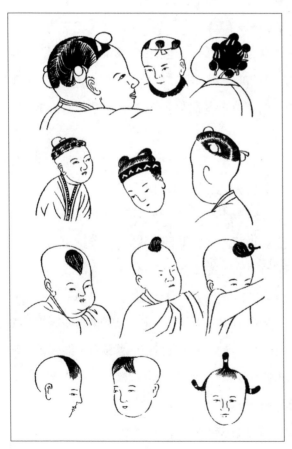

宋代城市各式儿童头像

生理特点的。

为了使儿童健康成长，宋代城市还形成了一种以儿童及其形象祈祷去邪纳福的风气。它较为集中地体现在七夕时节，如东京的小儿女在这一天，须买新荷叶执之，效颦摩睺罗。至临安，这种风气仍在延续，《梦粱录》中说："此东都流传，至今不改，不知出何文记也。"

实际，早在唐代城市的寺院里就有这种现象，段成式的《酉阳杂俎》中说道政坊宝应寺有齐公所丧的一岁孩子，"漆之如罗睺罗"，供奉在寺中。这证实了摩睺罗的来历是与宗教祭祀有关。

《阿弥陀经疏》可证：释迦牟尼出家六年，罗睺罗生了下来，诸侍皆疑他不是佛种。释迦牟尼成道后，还宫说法，罗睺罗的母亲、释迦牟尼的妻子耶输陀罗，为雪清白，让罗睺罗持"欢喜丸"赠父，释迦牟尼为检验罗睺罗是否是亲子，遂将诸侍者尽化为佛，可是罗睺罗却将丸准确地交给释迦牟尼，诸侍者方信他真是释迦牟尼所生。

罗睺罗在佛经中的含意是"覆障"，即因他居母腹七年方生而得名，但他与释迦牟尼相逢便认，显示了他具有极其聪颖的慧根。罗睺罗15岁出家，在佛的十大弟子中密行第一。在七夕节时用罗睺罗"乞巧"，祝愿妇人生个男孩，是再合适不过了。

目前，我们能看到的最接近摩睺罗形象的是河南博物馆所藏的一宋代白釉加彩陶瓷童子玩具，其形象是童子上身着背心，敞怀露腹，手持荷叶，骑坐在鼓形绣墩上，腰间扎带，带垂两腿间，红黑彩釉，勾画眉目，仪态大方。

据此，我们可以想见，宋代城市中所售据梵文罗睺罗音译讹传而成的"磨喝乐"，或可称为"魔合罗"的，大致如是。许多市民之家为了追求一个品质俱佳的摩睺罗，不惜倾注血本。宋话本《碾玉观音》中的碾玉工匠，就想用一块上尖下圆的玉，"好做一个摩睺罗儿"，即是一例。

从北京故宫博物院所藏宋代玉器来看，玉雕摩睺罗童子确为一大

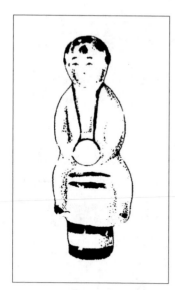

宋代白胎彩绘童子

宗，其形象一般多为短衣窄袖，手腕带环，有的身着小马甲、大肥裤，形态各异，最为常见的为执荷叶童子。这一形象源于佛书《杂宝藏经》，说的是——

波罗奈国的仙山，梵志神住在山上，他经常往山石上大小便，有一只雌鹿舔食了他的便溺而怀胎，生下一女。梵豫国王知道后，娶了此女。此女怀孕月满时生下了千叶莲花，但被大夫人放在篮子里扔到河中任其漂流。乌耆延王领众侍打捞上来一看，莲花的每一片叶子上都有一个小儿，于是他便加以养育，这些小儿都长成了力大无穷的勇士。

宋代的摩睺罗形象吸收了这一情节，如苏汉臣的《婴儿戏舞图》中所绘的就是赤身系红兜肚的数名婴儿，戏舞在如碗般大的数枝荷花旁……很明显，这是将宋代城市生育的理念融入其中了。

这样经过点化的摩睺罗形象，寄寓了市民们祈求聪明，祈求健康，祈求多男多子，祈求佛家保佑的愿望，以至在宋代城市中摩睺罗已发展成了颇具广泛意义的各式各样的泥孩儿。这些泥孩儿不光在像东京、临安这样的大城市屡见不鲜，就连苏州、常州，甚至鄜州（今陕西富县）这样的中小城市也出现了专制从二寸到七寸不等的泥孩儿的专业手艺人，著名的有袁遇昌、田玘等。

他们制造的摩睺罗泥孩儿，主要是供市民在生育活动中使用的，如祭祀，如敬神。许棐曾描述过一妇女买摩睺罗泥孩儿之际的心情，是很具代表性的："少妇初尝酸，一玩一心喜。潜乞大士灵，生子愿如尔。"这再清楚不过地表明了宋代城市的生育思想是凭借着艺术化的摩睺罗形象而深入人心的。

休闲

休假、节日、庆典、祭祀……在宋城中数不胜数，因而成就了许许多多休闲时光。中国的城市市民生活文明方式，就诞生于休闲之中。

狂欢上元

美国学者伯高·帕特里奇的《狂欢史》中曾总结狂欢类型，认为一类是与社会道德相一致的集体狂欢行为。他追述古希腊人经常举行的这种集体狂欢时说道：

所谓庆典一般也是一次规模宏大的宴会，巨额耗资多由国家负担。人们身着华丽服装，装扮成各种神女和追随酒神的狂女、精灵等，在全城各处欢歌起舞，互相嬉闹，开着色情性的玩笑。三四月份要举行月神节和城市狄俄尼索斯节的庆典，合唱队为纪念狄俄尼索斯唱起了赞美歌，漂亮的男孩们舞之蹈之。夜晚，人们喝得烂醉如泥，然后露宿街头。

如果撇去希腊的地名和人名，这情景倒与宋代城市的上元灯节颇相吻合，因为上元灯节就是这样一次与社会道德相一致的集体狂欢行为。

汉代永平年间，明帝因提倡佛法，每到正月十五日晚即令点灯，并亲自到寺院张灯祭神，以示尊崇，放灯习俗即由此始。

又赵翼《陔余丛考》中说：上元起自魏，因尊信道士而来。即道教有上、中、下三元之说，三官大帝中的上元天官火官就是在正月十五日诞生，故正月十五日为上元。每年正月十五，皆不可以断极刑事，这就给上元涂抹上了一道欢快的色调。

据说，吴越钱王来东京朝拜时，进贡了不少金帛，在正月十五过上元节时，买了十八、十九两夜，与十五、十六、十七三天相续为五天上元节，但这只能做民间传闻。上元节的实际起源，是建隆元年（960）开始——

这年元夜，赵匡胤登上了宣德门城楼，只见灯烛荧煌，箫鼓间作，士女欢会，填溢禁陌……宋太祖心意甚欢，特意问身旁大臣李昉：人物比之五代如何？李昉回答说：民物繁盛，比之五代数倍。

这大约触发了赵匡胤借上元张灯欢庆一番的念头。加之以后陆续削平二李，讨定荆湘，孟氏投降，于是，赵匡胤在乾德五年正月甲辰，以年丰米贱无边事为由，特诏开封府在上元节时，更放十八、十九两夜，宜纵士民行乐，自此便为惯例。

这种以欢乐为宗旨的惯例的形成，除却宋政府基于国势强盛，需纵容百姓享乐以调节节日气氛的因素外，也有宋以前，如唐代每年正月十五上元日，民众张灯欢乐的传统因素，两种因素交并一处，迸发出了像火山熔浆般的灼人热浪。

这热浪是由香雾，是由彩山，是由美男，是由丽装，是由家家的灯品，是由处处的锦帐，是由鲜艳的花市，是由夺目的金莲，是由如流水的车，如游龙的马，是由人人午夜到天明的狂欢汇聚而成的。

只要看一看当时描述城市上元的文字，就足以使我们惊讶不已了，任何一个朝代的欢乐庆典都难以与之相提并论。随便抽出刘昌诗的《上元词》中的二首，就可知上元的气象是何等热烈不凡了——

紫禁烟光一万重，五门金碧射晴空。

梨园羯鼓三千面，陆海鳌山十二峰。

香雾重，月华浓，露台仙仗彩云中。

朱栏画栋金泥幕，卷尽红莲十里风。

五日都无一日阴，往来车马闹如林。

葆真行到烛初上，丰乐游归夜已深。

人未散，月将沉，更期明夜到而今。

归来尚向灯前说，犹恨追游不称心。

刘昌诗是南宋官员，他所写的情景主要是东京上元之盛况，看来，东京市民上元狂欢，是特别令人怀念的。这是因为自宋代开始，由于游乐时间更为充裕，东京市民将上元祭祀太一神从昏时到天明的观灯习俗加以充分发挥，将东京布置成了一片灯的汪洋，以至宋话本《小夫人金钱赠年少》中竟出现了这样的描写上元之夜的语言："是人都去看灯。"东京界身子里胭脂绒线铺主管张胜，是位平日有个风吹草动就不肯外出的大老实人，也要破夜不出门的惯例，上街看灯。因为宋代城市上元之夜的灯景太诱人了，光灯的品种就有：

坐车灯、衮球灯、球灯、緐绢灯、日月灯、诗牌绢灯、镜灯、字灯、马骑灯、风灯、水灯、琉璃灯、影灯、诸般琉珊子灯、诸般巧作灯、平江玉珊灯、罗帛灯、沙戏灯、火铁灯，进馅架儿灯、像生鱼灯、一把蓬灯、海鲜灯、人物满堂红灯……

好像天上的星星翻转到地上，化作了万灯千盏，闪闪烁烁，遍处生辉，触目皆是，装点着宋代城市的上元之夜。这种情景的出现，是和市民普遍投身欢庆节日之中，自己要成为上元灯节主角的情绪有关。

像刘昌诗诗中所言的"卷尽红莲十里风"，就是宋代市民自己动手制作出来的灯景：一根竹子，破成20条或10条，用麻线系住竹条头，使其弯曲，再用纸糊上，成为一叶莲花，每二叶莲花相压，便成盛开莲花形状，点燃蜡烛，置放其中。

类似这样人人都可以制作的莲花灯，书籍上已将其制作步骤明确记载，从而标示出了上元灯具制作已相当普遍。灯具的制作由简单到复杂，逐渐出现不惜花费工本材料的倾向：

如全用白玉做成，使人爽彻心目的福州灯；

用绢囊贮粟为胎，因之绕缀，及成去粟，浑然如玻璃球的新安灯；

圈片直径有三四尺，全用五色琉璃制成的苏灯；

用五色珠为纲，下垂流苏，灯上或为龙船、凤辇、楼台故事的珠子灯；

镞镂精巧，五色妆染，用影戏之式的羊皮灯；

用千丝结缚弱骨，轻球万锦装扮，碎罗红白相间，剪缕百花万眼，一看好似彩云笼罩着月魄，珠光宝气围绕着星星的万眼罗灯；

尤其那种飙轮拥骑，回转如飞，灯罩上绘出战争场面的马骑灯，人人爱看。姜夔有《感赋诗》：

一 狂欢上元 一

纷纷铁马小回旋，幻出曹公大战年。

若使英雄知国事，不教儿女戏灯前。

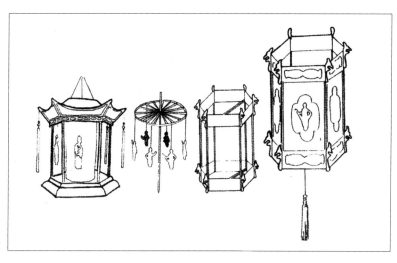

走马灯

马骑灯的构造是很新颖的：在一个立轴的上部横装一个叶轮，叶轮的下边，在立轴底部的近旁，装个烛座，当烛燃烧时，产生的热气上腾，便可推动叶轮，使它旋转。

立轴的中部，沿水平方向横装几根细铁丝，每根铁丝外粘纸剪的人马，夜间点烛，纸剪的人马便随着叶轮和立轴旋转，使其影子投射到以纸糊裱的灯壁上，成为灯画，灯内所映现的人物故事，走马似的循环反复展现在人们眼前。

走马灯的发明，从科学技术发展史来看，它是现代燃气涡轮机的萌芽，可是宋代市民却利用空气受热后上升冷空气下沉的原理，将其转化为走马灯的制造，这真是为了上元灯节挖空了心思，在中国乃至世界的狂欢史上都值得大书一笔。

各种灯品汇聚一处，其最高成就为"灯山"，也可称为"鳌山"。东京的鳌山通常是冬至日下午开始扎缚，架造时间长，规模气魄大，有人竟把鳌山扎缚到"高一十六丈，阔三百六十五步，中间有两条鳌柱，长二十四丈，两下用金龙缠柱，每一个龙口里点一盏灯，谓之双龙衔照"。这就壮观得吓人了。

临安则扎缚起了琉璃灯山。它高达五丈，上有大彩楼，大彩楼中有安着机关可以活动的人物。灯山上有大殿，铺连五色琉璃阁，阁上都是球文戏龙百花。殿阁梁栋之间的涌壁，诸色传说故事描绘其上，其中龙凤噀水，蜿蜒如生。小窗间垂吊着小水晶帘子、流苏宝带。设在中间的御座，与五色玉栅簇成的"皇帝万岁"四个大字，交相炫耀。灯山上还有伶官迭奏新乐，恍如天上广寒宫殿……

宋代中小城市的上元之夜，也不甘落后于大城市，像成都，每夜要用油5000斤，其他费用可想而知了。成都的灯山，竟胜于京城，上设飞桥亭榭，崇高森罗；万炬层出，照耀璀璨。灯山前，缉木为垣，其中旋植花卉，满放捕来的山禽杂兽，市民登垣绕览，大开眼界。

一个小小的温州，仅太守堂内张挂的绢灯就达千盏。到润州任职的钱子高，为欢度上元灯节，要在因胜寺法堂对面搭"戏幄"，竟要使人把花砖遍甃。严雅如新地铺设掘开，埋上柱子，无非是要在上元大摆阔气。

偏远的甘肃宁州城，每逢上元，市民便去南山顶上，把盛着薪火的瓦缶，贯以环索，用一绳维系，从上坠下，远远一望，真如天上奔星下临，因此它被当地人唤为"彗星灯"。

那位在上元献诗歌颂皇帝与民同乐的蔡君谟，在守福州时竟不顾民间疾苦，命令百姓在上元夜，一家要点灯七盏。元祐间，蔡京守永兴时，时值上元，阴雨连下三天，十七日雨停，蔡京便让再张灯两夜，可是准备不出膏油，然而蔡京执意要张灯，便违背北宋法制，动用了城库贮油，以至被转运使所弹劾，但掌国政的吕大防却不以为然，认为不致加罪。

城市放灯，制造升平气象，当权者真是不遗余力。然而有的官吏过分强调上元张灯，也使市民叫苦不迭，这就损害了上元灯节的节日意义。从整体来看，宋代中心城市，和许多中、小市镇，大多具备雄厚的财力，为上元张灯创造了有利的条件。在这方面，以苏州为最好——

苏州腊月里，各式各样的灯就上市了。稀奇价贵的灯，往往很多人竞买，久争不下，就以赌博而定，谁胜了谁就得灯。待上元夜点起"坊巷灯"，街巷间一片辉煌火树。每里门都制作将好句子题在上面的"长灯"，还有龙灯、鹿灯、月灯、葡萄灯、栀子灯……

最多的是莲花灯。地上，有被人滚动的大球灯；天上，有被人掷入的小球灯。那种用生绢糊成的大方灯，因上面画着历史故事，引得一群人观看。桥梁上竖起了木桅，置竹架如塔形，逐层张灯其上，这唤作"桥灯"。就连停泊苏州河畔的渔户，也接桅樯之表，放置一灯，极目一眺，此樯灯和星星竞放光明……

从苏州一市窥见，灯成了上元欢乐的基础。有了灯，在灯的照耀下，市民们才可能狂热起来。当然，与之相配合的还要有吸引人的娱乐才行，城市均像准备灯一样准备着娱乐节目。这些节目以东京的样式为典型——

在开封府仪曹及殿中省主持下，用棘刺围绕起如盆状的大棘盆，在棘盆中竖立着许多仙佛车马的木像。还有高达数十丈、结束彩缯的长竿，竿上悬挂着纸糊的百戏人物形象，它们乘微风而飞舞，犹如天空飘来的神仙。棘盆内设乐棚，专供官衙的专职乐人演奏。从伎艺人中选拔出来的诸色绝艺者，在音乐伴奏下，飞丸掷剑，缘竿走索……

有的伎艺人在大庭广众之下，当着皇帝的面表演"藏火"绝技：那是至道初年的上元夜，一伎艺人带着一火焰熊熊的巨盆，迎立于太宗的驾前，高声扬言：大家看藏火戏。只见他褪去其他服装，只披一绯袍，将巨火盆掩饰起来，再拉绯袍在两手团揉，像无物似的，过了一会儿，将绯袍掷于地，

上元之夜演出的绝技

即举而披之，襟袖间火焰四射，将他的须眉都灼了，可是"藏火者"却神色自如，豁开绵袍，只见火在袍中，燃烧如前，而且火势更猛……

像这样在上元之夜出演的绝技是很多的。伎艺人都愿意将自己的拿手好戏，在上元之夜演出，因为这时观众最多，最易将绝妙的伎艺加以传扬，所以这时的绝技最为集中，像张九哥表演的吞双面锋刃的铁剑，小健儿的口吐五色水等。

尤其是像鱼跳刀门、使唤蜂蝶、追呼蝼蚁这样的绝技，若不加以考寻，恐怕现代人无法知道这类绝技的确切面目。像鱼跳刀门，从字面上考查，是利刃竖起之门，使鱼跳过。可如何跳？笔者翻阅史料，从陈继儒的著作中得知一训练舞鳖法，可以佐证：

　　烧地置鳖其上，忽抵掌使其跳梁。既惯习，虽冷地，闻拊掌亦跳梁。

以此条记载映照鱼跳刀门，可知鱼跳刀门的表演方式，是用响声刺激鱼高高跃出水面，跃过刀门。

使唤蜂蝶，乃宋代新发明的幻术，会者甚少，只有庆历年间，一唤张九哥的伎艺人，曾为燕王表演。他取一匹帛重叠，剪成蜂和蝶，蜂蝶随着张九哥的剪子飞去，或聚到燕王衣服上，或聚到美人钗髻上，这场面使燕王大悦。片刻，张以怕失去燕王的帛为由，招呼蜂蝶一一飞回，一匹帛又完好如初……

以上所述绝技，只在东京上元夜演出，其余场合尚未见到这类演出的踪迹。这属于专业性的伎艺，需要伎艺人长时间的钻研才能在公众面前出演。在上元夜较多的是群众性的自娱自乐演出，娱乐的市民构成了狂欢上元的主体。

如临安的舞队，一伙竟达千人之多。舞蹈演出的波澜从冬至以后就翻卷了。那些为了赚钱的乘肩小女的小舞队，每晚灯烛初亮，便响起声声箫鼓。除了专供豪贵欣赏，舞女们还去客邸最盛的三桥等处，往来舞蹈，收费也不高。

"茸茸狸帽遮梅额，金蝉罗剪胡衫窄。"她们故作奇异的外来装束就足以使市民争看不已了，所以"欲买千金应不惜"，更何况她们舞姿动人，市民即使倦意重重也强随着她们演出的鼓笛，甚至看完"归来困顿殢春眠，犹梦婆娑斜趁拍"。待上元之夜，她们便汇入了数以千计的舞队中了。

如果说乘肩小女的演出是商业性的，而这时上街的舞队，则完全是娱乐性的。苏州的灯市上，就有着夹道陆行为竞渡之乐的划旱船舞和水傀儡舞。还有"钳赭装牢户，嘲哳绘乐棚"等戏耍。临安的舞队，则更是规模庞大，花样百出了，可以说是以人物故事为主，集唱、念、做、打兼为一体的歌舞戏剧大会演——

像"村田乐"以乐旦、正末扮为一对在农村劳动的伙伴，用唱对念，表现了田野丰收的喜悦之情。"瞎判官"表现的则是戴假面，留长髯，着绿袍，穿靴抱简的钟馗形象。他的旁边有一人用小锣相伴招，并伴有舞蹈动作。更有胜一筹者，如"抱锣装鬼"，他们穿着青贴金花短后衣服，贴金皂裤，赤脚携大铜锣，装成厉鬼，踏舞步而进退。

还有动人心魄的"武舞"：一人舞大旗，一人翻筋斗；人在旗中扑，旗在人中卷。"狮豹蛮牌"又是另一种格调：许多挥舞木刀枪持兽面盾牌的健儿击刺打斗，在乐队奏出的"蛮牌令"中，他们变化阵势，两两对舞……

上元之夜是不受任何约束的，民间艺人还将流传于临安的一桩佛教轮回，冤冤相报的传说——"月明和尚度柳翠"，编演成"耍和尚"的滑稽舞蹈。和尚是坚决不允许近女色的，但是月明和尚却因柳翠女子破了"色戒"。艺人偏选这样体裁，搬演到市民中间，又名为"耍"，肯定是对崇高如神的佛家人物加以无情的嘲弄，动作引人笑乐不止……

市民需要的只是开心，所以各种平时不易登场的节目，在上元之夜尽管演出，无人会加以干涉，只会加以喝彩。傀儡戏就在这时大派用场。如"快活三郎"，原是用泥捏塑人物，有机关以动手足，货于市中的泥偶玩具。由于受人欢迎，艺人便以它的形体，编演成了快活三郎、快活三娘的傀儡戏。

据宋代笔记载：有一刘姓者，经常酣饮，饮酒时必大呼连唱"快活"二字，故人们送他一"刘快活"的绰号。

于此可知，所谓"快活"，乃是无拘无束之意。甚至大诗人苏轼都将"快活"入诗，如"丰年无象何处寻，听取林间快活吟"。在宋代城市中，

明《三才图会》中傀儡图

283

"快活"是使用频率较高的市民用语，成为市民狂欢情绪的一个最为通俗的反映。

类似傀儡戏的，还有踢蹬鲍老、交衮鲍老，也都是：身躯扭得村村势势，舞袖舞得郎郎当当。此外，苏州的鼓乐社火，都不可悉记，更何况临安化装舞队，队队相与竞夸了。他们摘采生活中的现象，加以升华，大抵以滑稽取笑，可谓"轻薄行歌过，颠狂社舞呈"。

像乔三教、乔迎酒、乔亲事、乔教象、乔焦馄、乔谢神、乔捉蛇、乔学堂、乔宅眷、乔像生、乔师娘、乔卖药等，"乔"为"装"，必定是加以

明刊本《水浒全传》插图：失声笑鲍老

装扮生发，加以调侃诙谐。这样多的好戏集中在一起，引得许多心盛少年，拦街嬉耍，这就使本来簇拥不前的舞队，更无法行进，以至天亮了，鼓吹还不绝于耳……

从正月十五日到十九日这五夜，政府每夜都派官员点视舞队，规定舞队南到升阳宫赏酒烛，北至春风楼赏钱，这就是皇家的所谓"买市"。皇家所买的还包括上元的"节食"，那就是小贩们向市民大肆兜售的乳糖圆子、水晶脍、韭饼、蜜煎、生熟灌藕、南北珍果……

这些"节食"除乳糖圆子外，其时令色彩远不如苏州节食那样风味独具。苏州一入正月十五，市民就锅抛下糯谷，转手翻成米花，以爆谷，俗称"爆孛娄"，来卜年华，占喜事，问生涯。家家又簸米粉，作名为"圆子"的米粉丸。市民还吃麦芽熬成的白饧，俗言吃这种糖，能去乌腻，所以又唤"乌腻糖"。还有春茧、宝糖馓都入上元"食次"。

临安的节食大异苏州节食处，是市民吃食物的劲头还没有看买上元节食的兴趣大，因为政府差出的吏魁用大口袋满装楮券，只要遇上小贩，便犒以数千钱。于是，小贩中的狡黠者，用小盘子装几片梨、藕，一次又一次从稠密的人群中腾身挤到吏魁面前，请支"官钱"。官吏虽然明知他是几番来请支"官钱"的，也不公开禁止。

这种近似闹剧的买卖节食的行为，盖出于政府对上元之夜所制定的只要玩得痛快百无禁忌的指导思想。整年身居深宫的皇帝也非常需要狂欢上元来调剂精神，几乎每年的上元之夜，皇帝都要做出与民同乐的样子，原因就在于此。自大观元年（1107）起，东京的彩山中间还高张大榜，用烫金大字书写"与民同乐万寿彩山"。为了兑现这一口号，普通市民都可以登上这灯光灿烂的彩山观灯、玩游戏。

上元时的城市，已经完全陷入一种狂热的欢乐气氛之中。整整五天，每个人都是穷日尽夜才回家中，没有闲空睡一觉，也来不及小憩，神情朦朦胧胧地相互召唤着赶快整理一下"残妆"，再出去游玩，因为邀请的客人已在门口等候了……

有的贵族之家就在上元之夜专去看人，至于大城里的人，如东京、临安两城，更是引人多看了。因为此刻，就连从驾臣僚也接受了皇帝赏赐的宫花，簪在耳畔，引得人人都羡慕，市民遂想出别法效仿——

妇女们都戴上大如枣栗、似珠茸的灯球灯笼，以及缯楮做成的玉梅、雪梅、雪柳、菩提叶、蛾蜂儿等，以至传诵出这样的词儿："灯球儿小，闹蛾儿颤，又何须头面。"男人们则用白纸做成的飞蛾，用长竹梗"标之"于头上，穿行在稠人列炬中间，真似漫空飞舞的"蛾"。

更有甚者，有一种唤为"火杨梅"的食物灯火，是用熟枣捣炭丸为弹，再串在铁枝上点着火。显然，市民不是为吃它，而纯属是为了插在头上，

戴灯球妇女

在本来已经很耀眼的灯光中，别出一"火"……"此时方信，凤阙都民，奢华豪富"，这是崇宁年间进士李邴，看到东京上元之夜的情景而发出的惊讶之语。

更使人惊讶的，是上元之夜青年男女的活跃。只要彼此钟情，就可以成其好事，有男女双方一识便意浓，在巷陌又不能驻足调笑，便到市桥下面"野合"寻欢，然后便道别分手……这种就像喝一杯水一样随便的异性相交，在整个古代城市上元历史上也是鲜见的，它标示着宋代城市上元狂欢，已达到了相当的深度。

青年男女们的性需要赤裸裸地释放了出来，毫无顾忌地在众目睽睽之下，手拉手，肩并肩，仅端门一处这样的少男少女，"少也有五千来对儿"。他们将上元之夜当成了自己纵肆情爱的乐园，许许多多青年男女由相识到相爱到结成永久夫妻的故事不绝于闪闪的彩灯旁……

宋代的小说家敏锐地注意到这一点，搜集上元青年男女的这种独特的狂欢情爱，写成了一篇《张生彩鸾灯传》。小说家着力描写了一位轻俊标致的张舜美秀士，是如何见到一位随一盏彩鸾灯而来的绝色美女，便进行"调光"的。小说家总结的《调光经》法，堪称一篇上元之夜浪子与女子调情的"指南"文字——

> 情当好极防更变，认不真时莫强为，锦香囊乃偷期之本，绣罗帕亦暗约之书。撇情的中心泛澜，卖乖的外貌威仪。才待相交，情便十分之切；未曾执手，泪先两道而垂。搂一会，抱一会，温存软款；笑一回，要一回，性格痴迷。点头会意，咳嗽知心。訕语时，口要紧；刮涎处，脸须皮。以言词为说客，凭色眼作梯媒。

这"调光"，像大野奔雷，豁亮无掩。这"调光"，似长川大河，一泻无余。它将平日不敢明言的被认为大逆不道的男女之间的调情，公开出来，明确出来，并涂以游戏放浪的色彩。为了使"调光"经得起检验，小说家还用一段文字刻画了张与女子的"调光"成功：

> 说那女娘子被舜美撩弄，禁持不住，眼也花了，心也乱了，腿也苏了，脚也麻了，痴呆了半晌，四目相睃，面面有情。

于是乎，张舜美与那女娘子情做一处，于上元之夜相约私奔……而这只不过是上元之夜千千万万狂欢青年男女中的一对，小说家加以浓缩点化为一段狂欢佳话，供市民欣赏品味。实际上，《张生彩鸾灯传》的原型是《醉翁谈录》中的《红绡密约张生负李氏娘》——

那是狂欢上元之时，有不满自己婚姻的妇女，大胆地将写上"得此物有情者，来年上元夜见车前有双鸳鸯灯可相见"字样的香囊、红绡帕掷于乾明寺殿前，以期求年轻男子，有一叫张生的秀士拾得这一信物。

在来年的上元夜，在雕轮绣毂、翠盖争飞的车流之中，张生见到一挂双鸳鸯灯的香车，他勇敢上前，用诗句向这位未见过面的女子倾诉了衷肠。车中女子一听便知去年上元夜遗下香囊、红帕的事成了。张生和这位给一位太尉做偏室的李氏会了面，并在次夜三鼓时分私奔出城，去苏州开始了新的生活。

这种事颇具传奇性，但在狂欢上元的青年男女之中又是非常自然的、是完全可能的。青年男女们的大开大合、大喜大悲、大起大落、大快大闹的故事，不仅仅是给文艺家们提供了一个无比丰富的创作源泉，更主要的是使上元的狂欢更能煽情，更具节日的号召力。

但是，就在绮罗丛里、兰麝香中，正宜狂欢之际，也屡屡发生许多鼠窃狗盗乃至趁乱抢人的事情。如神宗朝，王侯贵戚女眷，在宣德门外两庑设下用绢缎、布匹扯作的帷幕，摆下酒肴，观看灯火。那花炮烧着了一位宗王家的帷幕，一时烟焰四起，众人撞跌，竞相躲避。一些坏人趁火打劫，

宋代宫中闹元宵图

婢女等辈的簪珥钗钏，都被人抢去。盏碟粉碎，家人也都丢了帽，挤落鞋。但人人都在，独缺小姐真珠姬，原来是一伙专趁上元狂欢时作案的剧贼，乱中将真珠姬掠到郊外进行奸淫，再将她卖与城外一富家为妾。

又过了一年，这伙盗贼又在上元作案，这次他们劫的是襄敏公的十三郎南陔。谁知年方五岁的南陔非常聪敏，觉得背自己的人怪，便知此人是贪图他头上那顶洋珠、宝石攒簇成的帽子，便将帽子揣在怀中，也不言语，也不慌张。近东华门时，见几乘车子，南陔过去攀辕呼叫，那背南陔的贼人，恐被捉住，将南陔撂下逃跑。南陔因此得救，并被送至神宗面前。神

289

宗遂命捕贼，这伙专在上元狂欢时作案的强盗终于落网，受到严惩。

连贵族之家的子女都要受到威胁，政府便采取了防范措施，在大城市每一坊巷口，都设立了儿童最愿看的小影戏棚子，用以引聚小儿，以防走失。因为观灯狂欢的市民如潮似浪，极容易出差错。更何况专有无事生非者，如东京的上元夜之时，有不少恶劣少年，联袂喧笑，以遮侮行人为乐，这也应算是宋代城市狂欢上元的另一面。

赏心乐事

南宋的张约斋曾把春夏秋冬四季中的每一季，划分为孟、仲、季三个月。

即正月孟春，二月仲春，三月季春。四月孟夏，五月仲夏，六月季夏。七月孟秋，八月仲秋，九月季秋。十月孟冬，十一月仲冬，十二月季冬。

在张约斋笔下，每个月都有节日、有活动，如果说正月岁时更新，是节日活动之高峰，还情有可原，可那平平常常的四月孟夏，却也是活动不断，好像每天都在节日之中——

初八日亦庵早斋	随诣南湖放生	食糕糜
芳草亭斗草	芙蓉池赏新荷	
蕊珠洞赏荼蘼	满霜亭观橘花	
玉照堂尝青梅	艳香馆赏长春花	
安闲堂观紫笑	群仙绘幅楼前观玫瑰	
诗禅堂观盘子山丹	餐霞轩赏樱桃	
南湖观杂花	欧渚亭观五色罂粟花	

在史家以往的研究中，一向认为城市的一般市民是无法享受游玩之乐的，只有那些达官贵人才有资格享受节日乐趣，实际出入很大。在宋代城

宋徽宗《听琴图》（局部）

市，最普通的市民都有机会和条件，充分沐浴在岁时节日的欢乐之中。

这是因为宋代的城市，旅游和娱乐的功能愈益显著。在南宋驿路上的白塔桥商店里，就专门出售一种称为"地经"，类似今日导游图性质的《朝京里程图》。

《朝京里程图》，以京都临安为中心，把南宋所属地区通向临安的道路和里程，以及可以歇脚的凉亭、旅店的位置，标得非常清楚。所以，有人在桥壁题诗说："白塔桥边卖地经，长亭短驿甚分明。"

南宋印刷出版了导游图，说明临安可游玩处很多。如果将当时描写这方面城市风貌的文字综合起来看，那是再清楚不过了：

百亭千树，林间水滨；花迎野望，烟禁春深；景多妍丽，俗重登临；

潺潺鸿沟，涣涣洧水；帷幕蔽野，轩盖成阴；暮而忘归，乐不绝音；高显宏丽，百美所具；移市景日，倾城赏心；四方异花，于是乎见；百啭好鸟，于是乎闻……

倘若仅仅是在盛夏时分到柳树成荫、榆树成林的汴堤上去游览一番，就会获得无限乐趣了，更不要说是到城内香花如绣、莺啼芳树的园林去。广大市民已经善于利用城市优越的游览玩乐条件，在岁时节日展开自己的赏心乐事之举——

如宋代城市中较为普遍的春天赏花活动。以洛阳牡丹为例，一到花开时节，洛阳城中无论贵贱都插花，就是挑负担者也是这样。花开时，市民便来游赏，甚至在古寺废宅处为市，并张幄幕，笙歌之声相闻。最盛的像月陂堤、张家园、棠棣坊、长寿寺东街与郭令宅，一直到牡丹花谢才算结束。

像能开千叶黄花的姚黄牡丹，全城市民必倾城往观，乡下老百姓也扶老携幼，有的不远千里赶来观看这种花开盛景。这样的风气像传染病一样，迅速蔓延传遍了整个宋代的城市。像号称"小西京"的四川天彭，也是一到牡丹开时，自太守而下，都往花盛处张饮，帘幕车马，歌吹相属，最盛的时节就是清明、寒食之际。

这种以春序正中、百花齐放之时最堪游赏的观念，已成为宋代市民的共识。正是由于有了这样的认识，人们积极推动着各种时序性节日向着更耐欣赏、更加好玩的方向变化发展。"打春"即是这种时序性节日的范例——

自北宋开国以来，每年正月初六日，"立春"来临的时候，都要由太史局造一只土牛，放在迎春殿。待这一天到来，由太常寺备乐，将这只土牛迎出殿堂，然后鞭牛，举行俗称为"打春"的仪式。

用土牛以示农耕之早晚，早在周秦时代就开始了，历代相传成习。发展到了宋代，土牛仪式又有了"重文"的迹象。如土牛本不着色，任土所宜；可是宋代所造的土牛，或赤或青，或黄或黑，"遂有造春牛毛色之法，以岁干色为头，支色为身，纳音色为腹。立春日干色为角、耳、尾，支色为胫，纳音色为蹄"。所以苏东坡用"衣被丹青"的句子来形容土牛。

至于立在土牛旁专司策牛之职的土偶人，即通常所说的"勾芒神"及其服饰，甚至土牛的笼头、缰索皆有规度，不容乱造。从策牛人服饰看，头履鞭策，可随时候之宜，用红紫头须之类，不像他站的位置那样严格。

策牛人的位置，则必须是：春在岁前，策牛人则在牛后；若春在岁后，则策牛人在牛前；春与岁齐，则土牛与策牛人并立。假如立春在腊月，则是春在岁前，即策牛人在牛后；立春在正月内，则是春在岁后，即策牛人在牛前。

就天文历法而言，"寅辰午申戌子为阳"，"卯巳未酉亥丑为阴"。那么阳岁，策牛人居左；阴岁，策牛人居右。土牛的缰索须长达七尺二寸，象征着七十二节候。土牛的鼻中用桑柘木做成的环，名曰"拘"，以每年正月中"官色"为准。

如此丰富的色彩，如此烦琐的规矩，土牛做成，其结果必然是观者如堵。在远离东京的四川成都，还未到立春时节，由于县吏将土牛、策牛人放置府门外，便呈现出观者颇众的场景。

每逢此时，常有当朝大手笔写出《立春祭土牛祝文》之类的文章，表达诸如"土牛示候，稼穑将兴，敢徼福于有神。庶保民于卒岁，无作水旱，以登麦禾"等吉祥之意。也有著名文士赋诗，较为形象地刻画出鞭春的氛围。神宗时代的龙图阁直学士韩维在题为《立春观杖牛》的诗中这样写道：

清霜凉初曙，高门肃无哗。

行树迎初日，微风迎高牙。

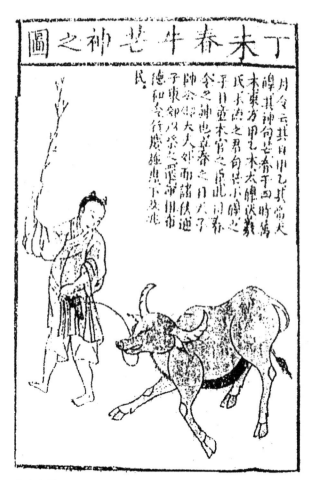

打春牛图

慈辰亦何辰，见此气候嘉。

有司谨春事，象牛告田家。

微和被广陌，缨弁扬葳蕤。

代鼓众乐兴，剡剡彩杖加。

盛仪适云已，观者何纷拿。

因思古圣人，时儆在不差。

礼实久已废，所重存其华。

晋非鲁观宾，胡为亦咨嗟！

正像韩维诗所描绘的那样，官吏们手挥鞭杖，在鼓乐的伴奏下，抽打土牛，揭开了"立春"的序幕。按《礼记·月令》篇记载，当时出"土牛"但不用杖打，可是到了宋代却有了"打牛"的仪式。

宋代以前，出土牛放置几日乃至七日才除掉，可是，宋代却是打完立即除掉。更为有趣的是，当"鞭春"完毕，市民蜂拥而上分裂这条土牛，人们前挤后推，互相攘夺，以至有人在争抢中毁伤了自己的身体。

市民之所以年年在立春时演出这样的一幕，就是因为宋代有一种习惯的说法：得土牛肉者，其家宜蚕、宜田，又可治病，兼避瘟疫。如《宣和宫词》写道："春日循常击土牛，香泥分去竟珍收。三农以此占丰瘠，应是宫娥暗有求。"看来，皇宫内苑也未超脱这一活活泼泼的民间"打春"的风情……

在宋代城市中较多的还有一种宗教性岁时节日，从上至下都是非常热衷的。如宋政府在大中祥符二年（1009）六月特下《六月六日赐休假诏》，颁布全国："在京百司及诸路，并赐休息一日。"这就从时间上保证市民可以在六月六日崔府君的生日里欢乐一番。其实崔府君只不过是一主幽冥的神灵，他的生日并不是特别重要的宗教性岁时节日，但也使整个社会十分重视。

与崔府君生日相提并论的是六月二十四日"灌口二郎"即俗称"二郎神"的生日，史书说此日"最为繁盛"。政和七年（1117），徽宗还曾专为修二郎神庙宇下过一道诏书，自春及夏，市民们都去背土献役。更早一些时候，在四川的益州，一百多名恶少年，还要造二郎神像，为他们的造乱壮声势。

不管什么样的市民，出于何种目的，都对二郎神顶礼膜拜。这不单纯因为他是自秦代就传下来的神，而是在很大程度上，宋代市民继承了自唐代以来的将二郎神用"戎装，被金甲，珠帽，锦绣，执弓，挟矢"予以美化的传统，经过不断反复的繁衍变化，二郎神被塑造成这样的形象：

头裹金花幞头，身穿赭衣绣袍，腰系蓝田玉带，足蹬飞凤乌靴，龙眉凤眼，皓齿鲜唇，手执弹弓，丰神俊雅。

由于二郎神在市民心目中是这样一位翩翩美少年的形象，故有不法之徒，打扮成他的模样，到太尉府中勾引内宫遣回的韩夫人。韩夫人被假二郎神的丰采迷惑，竟与其勾搭成奸。这个故事倒是反映出了二郎神在宋代城市生活中影响之大之深。

《勘皮靴单证二郎神》这篇宋代话本中所描写的韩夫人，一看到二郎神像竟情不自禁："目眩心摇，不觉口里悠悠扬扬，漏出一句悄语低声的话来：'若是氏儿前程远大，只愿将来嫁得一个丈夫，恰似尊神模样一般，也足称生平之愿。'"

一尊土木形骸，之所以能产生这样的效果，就是因为二郎神已由须仰视才见的神的地位变至活生生的亲切可触的市民化的理想人物位置上了。这一特点在其他宗教性岁时节日上体现得也很充分。如每年除夕的驱鬼游行——

《吕氏春秋·季冬纪》有除夕前一日，"击鼓驱疫疠之鬼，谓之逐除，亦曰傩"的记录。商周至战国时期，上自天子，下至百姓，在腊月及其他时间，都有一系列傩仪，以便驱疫。汉代以后集中在腊八或除夕举行。

《后汉书·礼仪志》中载："先腊一日大傩，谓之逐疫。其仪，选中黄门子弟年十岁以上，十二岁以下，百二十子为侲子，皆赤帻皂制，执大鼗，方相氏黄金四目，蒙熊皮，玄衣朱裳，执戈扬盾，十二兽，有衣毛角。"

宋代以前除夕夜驱傩样式大致如是，除唐代驱傩又称为"打野狐"，傩仪有些微变化，如方相氏由一位增至四位，"侲子"扩充到了500人外，其余均如《后汉书》中所述。

到了宋代，除夕驱傩为之一变，最显著的变化是方相氏、十二兽消失了，代之而起的是门神、将军、判官、钟馗、小妹、六丁、六甲、五方鬼使、神兵、土地、灶君、神尉之类，多达千余人。他们从宫内鼓吹走出，吵吵闹闹，游行至城外，"埋祟"散去……

比较而言，除夕驱傩这一宗教性岁时节日，变化到宋代，是更贴近市民生活了，娱乐成分更强了，宗教祭祀性相对减弱了。这可以方相氏、十二兽来说：

方相氏，是古代逐疫的神，送丧时也用他，也就是人们常说的开路神、险道（先导）神。方相氏的最早起源是黄帝因元妃嫘祖死在道上，令次妃嫫母监护于道，因此嫫母为方相氏。嫫母面貌丑陋，便成为逐疫驱鬼的神。

十二兽，又通称为"十二神"，其形象有的为虎首人身，衔蛇操蛇，四蹄长肘；有的有翼能飞，似牛狸尾，尾长曳地，其声如狗，狗头人形，钩爪锯牙……或称穷奇，或称强良，形象丑恶无比，令人作呕害怕。

门神等为市民所乐见的形象，代替了方相氏、十二兽，成为驱傩队伍的代表，这是因为市民将宗教性的岁时节日当成了一桩赏心乐事来对待——

据史载，汉代就有门神，从出土汉墓中的壁画和石刻线画中可见。唐代则有寺庙药叉天王之形象，可为门神雏形。至宋代，河北定县静志寺真身舍利塔的塔基内门侧壁画中也出现了门神形象：

东侧画头戴金盔，身披铠甲，全身戎装，手持利剑、宝塔的天王；西侧

宋代市民日常生活

从后世门神像依然可见宋门神模样

画的天王，右手执剑，左手舒掌当胸，足下踏有药叉。此图绘于太平兴国二年（977），可谓后来秦琼、尉迟恭门神图形之范本。

这个壁画中的形象与太平兴国五年（980）雕版印刷的《大隋求陀罗尼曼陀罗图》中所绘的天王形象吻合，也与宋代的《大字妙法莲华经卷首图》《妙法莲华经卷首图》中的天王形象相像。他们应都被视作门神的一种。

《武林旧事》中已有朝天门外竞售"诸般大小门神"的记载，表明当时门神样式已有很多。而且据《繁胜录》可知，有的大门神竟与成人高低相等，这是门神形象愈益迈向平常人间的脚步声的回响……

李嵩《岁朝吉庆图》也表明了这一趋向，图中表现了宋代春节期间市民共饮屠苏酒、主客相拜祝贺和下马投刺等活动，而门楼所贴武门神，院内屋门粘贴的文官像，均与日常生活中的武将文臣无异。

《大字妙法莲华经卷首图》局部之天王图

　　这使人想起苏轼借门神之口自嘲的一句话来："吾辈不肖，傍入门户。何暇争闲气耶。"宋代门神已没有什么神圣之处了，更多的是大众化和观赏性，以其贴近日常生活的形象去驱傩，自然是无拘无束，开怀大畅了……

　　在驱傩队伍中，颇具观赏性的还有钟馗、小妹之形象。在宋代以前，钟馗多以用指挖鬼眼睛、挟鬼、吃鬼等使人恐怖的模样传播于世。宋代，则将钟馗形象愈益生活化。如在戏剧中，钟馗已是假面长髯，裹绿袍，旁一人用小锣相招，和舞步，作"舞伴"。戏剧中还相继出现"钟馗嫁妹"等具有浓郁生活气息的新内容。

　　有关除夕驱傩的记载中虽未明言钟馗、小妹是怎样表演的，但从目前藏美国华盛顿费利尔博物馆、宋末龚开所画的描绘钟馗和小妹乘坐舆轿出游的热闹场面的《中山出游图》，可以领略到宋代城市除夕驱傩这一宗教性岁时节日已世俗化了的景象——

　　钟馗已不再是那种狰狞厉鬼模样，而是像一位胖墩墩的老官吏，端坐舆上，袖手回眸，悠然自得，只是两只巨眼圆睁，鼻孔硕大朝天，仍显露出神威凛凛。小妹及其侍女，则均以墨当作胭脂涂抹面颊，出人意表，妙趣横生。但诙谐之中亦见端庄，只见小妹长裙曳地，高髻朝天，少女老妇，簇拥随后，俨然贵人模样。

　　二十余个奔走趋行的小鬼，大小胖瘦，高矮不齐，黑白分明，各具神态；或光头，或戴帽，或侧首回顾，或仰面昂首；有架舆的，有肩壶的，有扛宝剑的，有挑行装的，有挎包裹的，有背葫芦罐的。他们多为赤背裸体，与小妹、侍女的丽服靓装互相映照。

　　在驱傩队伍中，还出现了与市民日常生活最为密切的品级最低的神祇

钟馗画像

"土地"。宋代有一幅佚名所作的《大傩图》，有专家认为这是迎春社火舞队而非驱傩队，其实，驱傩本身就是政府组织的社火舞队形式。笔者倒是觉得，这一《大傩图》更确切地说，应是表现土地神，也就是俗称的"土地老儿"驱傩时的情景：

图中12个人，除一手执响板伴奏者稍为年轻一点，其余均为庄稼村老面目。他们所着服饰，所执道具，无一不和土地收成、水产食物有关，有的戴竹笠，有的顶畚箕，有的戴粮斗，有的顶牛角，有的将水瓢、炊帚悬挂腰间，有的用鳖壳装饰膝盖，有的手擎一裂开露出籽实的长瓜，有的袍脚绘满嬉水的龟、蚌、蝌蚪。

12位土地老儿，9人头簪雪蛾、蝴蝶、雀翎、松枝、柳叶、梅花，真是"老夫聊发少年狂"。只见他们疯疯癫癫，张张狂狂，手之舞之，足之蹈之，呈游龙摆尾之势，驱傩而行。这使我们想到整个驱傩的千人队伍——

他们也都是经过一番化装，戴着面具，穿着绣画杂色衣装，手执金枪、银戟、画木刀剑、五色龙凤旗帜，颇具观赏性。而且驱傩活动，已渗透进更多的歌舞、百戏、杂剧等艺术样式的因子，娱乐的成分得到了大大的加强。

这就使土地、钟馗、小妹、门神等，这些形象的活泼性和伎艺性更加突出，他们已不再是专司镇妖辟邪的神，而是食人间烟火，有血有肉、有情致有性灵的神，他们更接近于现实中的市民，更符合市民的理想和愿望，这就使驱傩这一宗教性的岁时节日更富赏心乐事的意味。

当我们将目光从宗教性岁时节日再转向宋代城市另一种较频繁的节日——政治性节日时，就会发现这类节日也具有赏心乐事的性质，而且程度也很高。所谓政治性节日，不外是朝廷的庆典、政府的祭祀、皇帝的生日等。

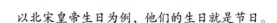

以北宋皇帝生日为例，他们的生日就是节日。

大傩图

太祖二月十六日生，此日为长春节。

太宗十月十七日生，此日为乾明节，后改为寿宁节。

真宗十二月二日生，此日为承天节。

仁宗四月十四日生，此日为乾元节。

英宗正月三日生，此日为寿圣节。

神宗四月十四日生，此日为同天节。

哲宗十月十日生，此日为兴龙节。

徽宗十月十日生，此日为天宁节。

钦宗四月十三日生，此日为乾龙节。

皇帝的生日，不仅全国上下都要庆贺，而且百官要入宫"上寿"，并举行盛大宴会。宴会上的伎艺演出，是集中了全国伎艺精粹的大会演。其中"小儿队舞"尤为有趣，共两百余名十二三岁上下的儿童参加演出，分为十队：

一为柘枝队，穿五色绣罗宽袍，系银带，戴胡帽。

一为剑器队，穿五色绣罗襦，裹交脚幞头，戴红罗绣抹额。

一为婆罗门队，着紫罗僧衣，绯裆子。

一为醉胡腾队，着红锦襦，系银鞊鞢，戴毡帽。

一为诨臣万岁乐队，着绯绿罗宽衫，浑裹簇花幞头。

一为儿童感圣乐队，穿青罗生色衫，系勒帛，总两角。

一为玉兔浑脱队，着四色绣罗襦，系银带，戴玉兔冠。

一为异域朝天队，穿锦袄，系银束带，戴夷冠。

一为儿童解红队，着紫绯绣襦，系银带，戴花砌凤冠，绶带。

一为射雕回鹘队，着盘鹘锦襦，系银鞊鞢，射雕盘（盛箭囊）。

两百多名儿童，红紫银绿，色彩斑斓，棉袄宽衫，着装多样，戴玉冠，裹幞头，舞剑器，执锦杖，捧宝盘，挎雕箭，扮外夷来朝，装异域献宝，亦庄亦谐，亦歌亦舞。如果再对照宋代的《百子嬉春图》来看，那种热闹壮观的场面，无不使人陶然而醉，乐不能禁，使过生日的皇帝龙颜大悦。

宋代城市惯兴以儿童来祝福、来祈祷、来欢乐的风尚，尤其重大的社会活动都要让儿童来参加以烘托气氛。像北宋熙宁年间东京久旱不雨，皇帝就下令东京的儿童着青衣，围绕着各坊巷贮满水插柳浮蜥蜴的大瓮，呼喊着："蜥蜴蜥蜴，兴云吐雾。降雨滂沱，放汝归去！"

用儿童寄托吉祥，驱灾降福，即使是久旱不雨，人们也会将此当成赏心乐事。这同北宋美术史家郭若虚所讲"今之画者，但贵其娉丽之容，是取悦于众目"，道理是一样的。一言以蔽之，皇帝生日动用"小儿队舞"表演，就是为了使赏心乐事的氛围更浓……

以此观察，宋代城市中的政治性节日，也将赏心乐事这一观念，像一条鲜明的红线贯穿其中。这也是由于宋代城市中市民阶层的不断壮大，尚奢华、重游玩的风气的抬头，市民们竞相把节日里的赏心乐事作为表现富足的标志。在宋代城市七十余个大大小小的时序性节日、宗教性节日、政治性节日中，莫不以赏心乐事为指归，根本原因正在于此。

尤其是那些传统的节日，从宋以前看，如寒食、七夕等早已存在，但其内容和表现形式均无宋代这样全面、丰富。从宋代以后看，传统节日的内容和表现形式也均未超过宋代。综观310年来的宋代城市生活，除却战乱、灾害外，传统节日始终被市民当成一种赏心乐事来进行的，而且进行得都是那样雅致，那样井井有条，那样生动，那样入情入理。我们不妨撷取端午这样一个片段来看——

一入五月，市民们便纷纷涌上街头，争相购买鼓、扇、百索。鼓，都是小鼓，有的悬挂架上，有的放置座上。扇，都是小扇，分青、黄、赤、白四种颜色，但或绣或画或缕金或合色，式样不一。百索，是用彩丝线结成绉的"百索纫"。

这些端午节物，其源出于夏至阴气萌生，市民恐物不成，故制作鼓、扇、百索，用来避兵鬼，防病瘟。如百索，自汉代传来，每到五月五日，人们用五色朱索装饰门户以防恶气。宋代市民却把"百索"系在胳臂上，以增祝愿成分，正像一首宋词所道："自结成同心百索，祝愿子更亲自系着。"

市民们都在被称为"端一"的五月初一那天买来百索，准备在"端午"即五月初五那天馈赠至爱好友。端午虽未到，"节物"却要预先备好。城内每家，竭尽所能，弄来菖蒲、生姜、杏梅、李子、紫苏，切得细细如丝，撒上盐曝晒，大做这种名为"百草头"的端午果子，或者将梅用糖蜜渍浸，做酿梅香糖。端午最主要的是食物，则是从春秋战国时传下来唤为"角黍"的粽子。在汉代人们只是用菰叶裹着黏米，用栗枣灰汁煮熟了吃，其含义"取阴阳尚包裹之象"。因为五月初五正当夏至，寒气渐消，热气将临，人们吃凉黏粽子，最适宜强健身体。

端午吃粽子已成为一种必需。宋话本《菩萨蛮》叙述南宋高宗母舅吴

宋苏汉臣《五瑞图》

七郡王，将粽子送到灵隐寺布施僧侣即是一证。而且城市中的粽子品种已非常多，有角粽、锥粽、菱粽、秤锤粽、九子粽、松粟粽、胡桃粽、姜桂粽、麝香粽，还有一种把黏米放在新竹筒里，用艾灰淋汁煮，其色如金的筒粽。

市民们还把粽子搭成楼阁亭台式和车船形状，以供观赏。有趣的是，临安习俗认为端午这天为马的"本命日"，凡是上乘骏马，鬃毛尾巴，全用五彩线装束修饰起来，并配上奇鞍宝辔。这些高头大马，华美异常，被牵上街，目的是让市民观玩。

最热闹的是，从五月初一到端午，一连数日，从早到晚响彻大街小巷的卖花之声。据统计，仅端午一早，临安城内外的花钱就可以收入一万多贯。因为市民都买桃柳、葵榴、蒲叶，用大盆把这些花儿植成一团，放置门前，上挂五色钱，排钉果粽，以示供养之意。

无花瓶的人家，也要找个坛子插花。平时无花无人耻笑，唯独端午不能不供养花。一时间，家家都是葵榴斗艳，处处皆闻艾栀香。甚至皇家殿廊上，也环立着数十个大金瓶，插满艾栀葵榴。一阵阵花草的香气和着内廷制作的糖霜蜜果、闪金似的粽子溢流出来的香气，又汇入了一种"杂气"之中，它来自：

红纱彩金盘子中间挂着的用菖蒲雕刻成的张天师驭虎像，左右悬围着的五色蒲丝百草霜，铺在上面的雕刻的蜈蚣、蛇、蝎、蜥蜴等"毒虫"，四周簇拥着的艾叶花朵。这些近似草药的植物混合一处。皇家相信正是这些药草可以驱瘟，市民也相信在这一天采百草制药品，可以避瘟疫。

市民往往是自和泥，捏人形，用艾做头，用蒜做拳，塑张天师的"艾像"。端午节，每家门上都要悬挂张天师画像或"艾像"。有首宋词风趣地道出其缘由：

挂天师撑著眼直下觑，骑个生狞大艾虎。闲神浪鬼，辟炸他方远方，大胆底更敢来上门下户。

市民还用青罗做"赤口白舌帖子"，用以辟邪。这种帖子要在五月五日午时写，这样才可以将"赤口白舌尽消除"。

中午时分，临安大小人家还都点上一炷香，使全城笼罩在袅袅萦绕的香云中。整个五月的中午，天天香火不断，整个城都变成了一座香城，不知此举出自何典？倘从汴京到端午，都用木条作架，用色纱糊成罩食的食罩，又依此样为小孩做华丽的睡罩这一史实分析，那么点香一举的禳灾去邪的意义是占首位的。

市民不单纯将端午当成一个时令性的节日，而且在很大程度上将端午又当成一次娱乐的机会。像清明上坟，倘若是在农村，往往只是祭祀了之，可是在宋代城市中，踏青出游已大大超过了清明节本来的含义——

端午画像

春游晚归图

　　千骑万众，轻车飞盖，汇成一条滚滚的洪流，流向亭榭池塘，流向花木盛开的郊外。只见艳杏烧林，碎英千片，芳菲成屏；只觉山色如蛾，花光如颊，温风如酒。市民们寻香选胜，折翠簪红，荡起秋千，踢起气球……

　　玩累了就在垂垂柳丝下，万绿园圃旁，罗列杯盘，畅饮饱餐。小食贩们如影随形伴着游兴正浓的人们，大卖稠饧、麦糕、乳酪、乳饼等，可又有哪个不带些"门外土仪"？如枣饼、名花、异果、戏具、鸭蛋，还有黄土捏塑成叫"黄胖"的人形泥偶。有人说"黄胖""两脚捎空欲弄春"，似乎泥玩具也沉浸在脉脉春情中了……

　　当夕阳余晖照射在街道上的柳树梢上，游人才进入自己的院落。不少市民是醉步踉跄地走回来的，以致通往郊外的大路上满是遗簪坠珥，珠翠纵横。看来词人骚客以"探春"为题材，竭尽铺陈美化之能事，并不是出于那种只为歌颂"承平日久"的目的，而确实是由于清明时节成了市民赏心乐事的最佳辰刻……

三版后记

时隔19年，拙著《宋代市民日常生活》在中国工人出版社又获再版，使我快慰之极。因为经过实践、时间的检验，证明本书仍具有健旺的生命力，其写作样式得到了读者的认可，甚至越出了笔者所从事的单纯的古典文献研究的范畴，在其他领域亦有反响。

如笔者所获知，近年江西赣州政府某部门"普通教师岗位提高培训"计划所设的第9课《宋代的城市生活》一节就有这样的表述："这本《行走在宋代城市》（中华书局版），堪称是文字版的《清明上河图》，作者以新颖别致的手法，将稗史、方志、笔记、小说等各类表现手法糅为一体，举凡宋代城市生活中的婚育、娱乐、体育运动、饮食等内容，趣味洋溢，令人不忍释卷。全书诗、图、文、史相结合，辅之以休闲散文笔调的铺叙，注释宋代社会生活。"

赣州的评论，很有代表性。本书问世以来，溢美之词，不绝于耳（过奖有之，笔者惭愧）。读者的评论较为集中在《宋代市民日常生活》消融学究气、追求通俗美化的表达方法上，这又与我于拙著始终贯彻义理、考据、辞章"三位一体"缺一不可的风格有关。此次《宋代市民日常生活》的出版发行，则也从这一方面再次作出令人充满希望的回答。

"天意君须会，人间要好诗。"笔者时常用杜甫诗句鞭策自己，会将这种风格由第三版本的再印行而掀开新的一页……

伊永文　2018年7月　时值大暑

二版后记

如何使学生获得有利于更深刻地理解古典文学的知识，从而推进对古典文学的研究，这是摆在古典文学教学者面前的一项课题。笔者有感于此，遂以宋、元、明文学与都市社会生活关系为研究领域，经常徜徉于此领域内外，作些交叉研究，本书就是这一想法的产物。

笔者恪守这样的原则展开研究：有一分材料说一分话，将宋代市民生活置于雄厚材料之上，加以生发，但绝不是罗列材料，而是具体问题具体分析，作微观研究，即遵循所谓的"从个别到一般"的科研规律，由点及面，逐渐对研究对象有所体悟，形成自己的见解。

而见解表述可通过各种途径，选择哪一种则又与研究者学养有关。为了使研究成果通俗化，笔者则采取了诗、图、文、史相结合，辅之以散文笔调铺叙的样式。表现在本书中的是以诗说史、证史；以宋代图画、墓葬实物图来鉴别、诠释宋代都市社会生活。笔者力求别一研究方法和文章写法，既未大段征引历史文献，也未标注详细书目篇名，只将稗史方志、笔记小说各类史乘，糅为一体，以浅白道艰辛，化玄奥为平常，目的只为适合学生和大众的阅读口味。

从专业角度而言，书中所叙事件与典故，皆有所本，可以说史事无一字无来处，均经反复推敲，所以本书一是专家从中可以找到有用的材料，二是一般读者也可以此寻求到较为宽泛的文化知识。正像本书初版问世不久，台湾大学著名宋史专家梁庚尧教授所言："此种作品一方面可以推广历史知识，另一方面亦具有学术性，而且须长期工夫才能有些收获，颇为不易。"《火灾》一节，可以说即是一短篇论文，其中分析城市火灾的原因，很有参考价值，再连接下节《消防制度》看，更有意义。"此番意见出自专家之口，当然颇具深度和代表性，从中不难领会到本书的特点。笔者不再赘言。

本书所用之图部分采自他人著述中临摹的宋代图像，还有据考古发掘报告和出土实物绘出的清晰线描画稿等，其主要来源为以下诸书：《事林广记》及部分宋方志、《政和本草图经》《三才图会》《文物》《宋元戏曲文物与民俗》《龙的故乡》《宋人院体画风》《白沙宋墓》《寻常的精致》《中国风俗通史》《中国服装史》《中国古代服饰史》《中国古代服饰研究》《中国巨匠美术丛书》《中国古代体育图说》《中国古代建筑史》《中国城池史》《辉煌古中华》《傅熹年书画鉴定集》、王世襄编著《蟋蟀谱集成》等。多为诸专家临摹宋代线描场景之图，特此说明，以示感谢。

伊永文　2004 年 7 月于黑龙江大学文学院
中国古代文学研究中心

初版后记

　　笔者力求别一研究法和文章写法，将文史糅为一体。书中所叙，皆有所本。史事无一字无来处，文学材料均经过反复推敲，又辅之以图，可视为亦文亦图亦诗亦史之著作。笔者力图在宋代城市专门研究通俗化方面作一尝试，所运用的手法为俗与雅，二美并，希望读者知其学术用心。

　　记得本书完成，金秋已临。"堤杨脆尽黄金线，城里人家未觉秋。"周密的诗蓦然而来。他是提醒宋城的市民，也是告诫后人，时光流转飞快！笔者有感于此，不敢懈怠，愿以此书为新的研究宋城文明的基点。同时借机向数年间由于《宋代市民生活》而给予我评论、鼓励和帮助的学界师长、编辑还有亲朋，致以深深的谢意……

伊永文　1998年仲秋记于哈尔滨

图书在版编目（CIP）数据

宋代市民日常生活／伊永文著. —北京：中国工人出版社，2018.8
ISBN 978-7-5008-7044-9

Ⅰ.①宋… Ⅱ.①伊… Ⅲ.①社会生活—历史—介绍—中国—宋代 Ⅳ.①D691.9

中国版本图书馆CIP数据核字（2018）第185806号

宋代市民日常生活

出 版 人	王娇萍
责任编辑	傅 娉
责任校对	董春娜
责任印制	黄 丽
出版发行	中国工人出版社
地 址	北京市东城区鼓楼外大街45号 邮编：100120
网 址	http://www.wp-china.com
电 话	（010）62005043（总编室） （010）62005039（出版物流部）
	（010）62379038（社科文艺分社）
发行热线	（010）62005049 （010）62005042（传真）
经 销	各地书店
印 刷	天津嘉恒印务有限公司
开 本	710毫米×1000毫米 1/16
印 张	20
字 数	260千字
版 次	2018年10月第1版 2022年6月第4次印刷
定 价	48.00元